Dedé Mirabal

Vivas en su jardín

Bélgica Adela Mirabal (Dedé) nació en la República Dominicana en 1925 y es la única superviviente de las cuatro hermanas. Vive en Salcedo, donde dirige el Museo Hermanas Mirabal, dedicado a preservar la memoria de sus hermanas.

Vivas en su jardín

Dedé Mirabal

Vivas en su jardín

*La verdadera historia de las hermanas
Mirabal y su lucha por la libertad*

INTRODUCCIÓN DE JULIA ALVAREZ

VINTAGE ESPAÑOL
Una división de Random House, Inc.
Nueva York

PRIMERA EDICIÓN VINTAGE ESPAÑOL, AGOSTO 2009

Copyright © 2009 por Dedé Mirabal
Copyright de la introducción © 2009 por Julia Alvarez

Todos los derechos reservados. Publicado en los Estados Unidos de América
por Vintage Español, una división de Random House, Inc.,
Nueva York y en Canadá por Random House of Canada Limited,
Toronto. Originalmente publicado por Editorial Santillana, S. A.,
República Dominicana.

Vintage es una marca registrada y Vintage Español y
su colofón son marcas de Random House, Inc.

Fotografías cortesía familia Mirabal.

Información de catalogación de publicaciones disponible en
la Biblioteca del Congreso de los Estados Unidos.

Vintage ISBN: 978-0-307-47453-7

www.grupodelectura.com

Impreso en los Estados Unidos de América
10 9 8 7 6 5 4 3 2

Dedico esta obra a mi pueblo,
sobre todo a los jóvenes
que veneran la memoria de mis hermanas.
A los amigos y amigas
que tuvieron el valor de estar a nuestro lado
en los momentos críticos y de peligro.
Y a mi familia.

ÍNDICE

Introducción

El heroísmo más difícil

Julia Álvarez

«*¿Por qué a usted no la mataron?*, me preguntan a veces los niños que visitan el museo».

Así comienza el valiente, conmovedor e inestimable testimonio de la vida y las luchas de Dedé Mirabal y sus hermanas durante la dictadura de Trujillo. Valiente, porque la simple lectura de estas páginas es una experiencia apasionante y aterrorizante a la vez, pues nos obliga a revivir la opresión de aquella época, aún cercana de nuestra historia. Conmovedor, porque las pérdidas de esos años pueden contabilizarse en hechos y en números, pero sólo adquieren la fuerza visceral de la realidad cuando las conocemos en detalle a través del testimonio de una persona que perdió a tres hermanas y a un cuñado querido que fue para ella como el hermano que no tuvo. Inestimable, porque los que —como nosotros— hemos tenido el gran privilegio de escuchar estas historias personalmente contadas por Dedé, durante mucho tiempo sentimos que debían grabarse o recogerse para que no se perdieran.

Tenemos en nuestras manos una verdadera contribución al tesoro nacional, como podrán descubrir de inmediato aquellos que lean este libro. Dedé en persona es una excelente narradora, y la magia de esta obra radica en que ha sabido captar la naturalidad y la vitalidad de su voz.

Admito que cuando a finales de los ochenta me encontré por primera vez con Dedé, esa pregunta infantil pugnaba por salir de mi boca. «¿Por qué no la mataron?». Pero para entonces yo ya era una treintañera consciente de que hay preguntas que la discreción no permite hacer. Con el paso de los años, a medida que investigaba y escribía la novela sobre la vida de las hermanas Mirabal, descubrí la respuesta sin necesidad de formular la pregunta. Es lo que Dedé responde a los niños ingenuos, curiosos: «Quedé viva para contarles la historia».

La idea de escribir sobre las hermanas Mirabal surgió cuando una periodista en Estados Unidos me pidió una semblanza de alguna heroína dominicana para una serie de postales dedicada a difundir la vida de mujeres extraordinarias en todo el mundo. Inmediatamente pensé en las tres hermanas Mirabal. Lo que ignoraba al empezar la investigación es que había una cuarta hermana sobreviviente. Como en nuestro país todo el mundo se conoce y siempre aparece alguna prima casada con el cuñado de la persona con quien uno desea conversar, me resultó fácil contactar y entrevistar a Dedé Mirabal.

En ese primer encuentro la historia contada por la propia Dedé atrapó mi imaginación. En vez de una postal, visualicé un libro entero. Al principio me debatía entre si debía escribir la historia o novelarla, pero a medida que escuchaba a esta narradora experta, se me hizo claro que debía relatar no tanto los hechos históricos en sí mismos, sino la tragedia terrible, las complejas y apasionantes personalidades que mantuvieron la fe en los principios fundamentales de la humanidad y se convirtieron en el motor que terminaría con la persecución y el terror de aquella dictadura. A finales de los ochenta y principios de los noventa aún no se había escrito mucho sobre las Mirabal, así que me refugié en la ficción histórica. Como dijera alguna vez un novelista alemán, «Las novelas nacen de los vacíos de la historia».

Estas memorias, junto con la detallada y útil cronología de Bernardo Vega que las acompaña, nos proporcionan ahora vasta información y un completo recuento de la historia. No puedo evitar pensar que éste era el libro que me habría gustado tener en mis manos cuando escribí *En el tiempo de las Mariposas*. Pero quizás si este testimonio maravilloso hubiera existido, yo no habría sentido ninguna necesidad de novelar una historia ya tan bien contada por una de sus protagonistas. Además, el libro relata no sólo la vida de las hermanas Mirabal, sino también la vida y las luchas de sus respectivos maridos, en particular de Manolo Tavárez, cuyo carácter noble y carismático representa un verdadero contrapeso a la bestialidad de Trujillo. Nunca debemos olvidar que somos capaces de reunir en nosotros dos tipos de seres humanos, y que mientras desterramos a los Trujillos que llevamos dentro y fuera, si queremos alcanzar las estrellas, necesitamos liberar a los Manolo y a las Mirabal que conviven en nuestro mundo interior y exterior. Es más, debemos exigir que sus valores de integridad, coraje y vocación de servicio sean los que rijan la conducta de nuestros servidores públicos.

Luego de la publicación de mi novela, he tenido la oportunidad de hacerme amiga de Dedé Mirabal y de sus sobrinas-hijas Minou Tavárez Mirabal y Jacqueline Guzmán Mirabal. Juntas hemos participado en un gran número de homenajes a Patria, Minerva y María Teresa. Una de esas conmemoraciones fue la inspiradora proclamación por parte de las Naciones Unidas del 25 de noviembre, fecha de su asesinato, como Día Internacional de la No Violencia contra la Mujer. Alrededor del mundo, de Dinamarca a Zimbabwe, de Ecuador a Jordania, mujeres y hombres se reúnen en su nombre, y bajo su símbolo, la mariposa, para reafirmar cada año la lucha contra la violencia de género. Una lucha que nosotros, que estaremos siempre en deuda con las hermanas Mirabal y con otros que murieron durante esa dictadura, debemos continuar.

¡Qué lejos han llegado desde esta diminuta media isla a extender sus alas nuestras mariposas!

En todas estas conmemoraciones, y en estas páginas, Dedé habla de sus hermanas como seres humanos, carne y sangre, haciendo notar que el heroísmo puede vivir en todos nosotros. Ella habla de sus hermanas y nos hace admirar y reconocer su sacrificio magnífico y el desprendimiento sin límites que las llevó junto a otros héroes a dar más allá de sus vidas. Pero no menciona lo que quizás nos parece natural: su propio heroísmo, fácil de pasar por alto. El heroísmo de la disciplina cotidiana, de las docenas de opciones aparentemente insignificantes pero que marcan la diferencia en todo el mundo. Éste es el heroísmo más difícil, el que sobrevive y perdona, pero no olvida. El heroísmo que nos enseña a ser humanos otra vez. «La revolución sólo asegura el territorio en el cual la vida puede cambiar», nos cuenta Rebecca Solnit en su obra sobre los zapatistas, pero «el cambio es la disciplina de vivir cada día».

Esa es también la respuesta que debemos dar a los niños cuando preguntan por qué no mataron a Dedé Mirabal: debía vivir para que pudiera mostrarnos su ejemplo de disciplina diaria, para que pudiera enseñarnos a ser humanos de nuevo.

Los treinta y un años de la dictadura trujillista fueron los más oscuros de nuestra historia. Después de su muerte, Trujillo siguió vivo en muchos de sus seguidores, en los largos años de corrupción y de «dictadura democrática» que le han sucedido, y en las desgracias que continúan plagando nuestra historia sin que se las reconozca del todo. Somos ciudadanos con aspiraciones, luchando por comprender qué nos ha sucedido, tratando de alcanzar la nobleza que hay en nosotros a pesar de las fuerzas malditas que nos tiran hacia el fondo del trujillismo sin Trujillo, y a pesar del profundo pozo de la corrupción que traiciona la confianza pública. Pero Dedé, de manera paciente, reservada, persistente, con dignidad y tolerancia, sigue enseñándonos cómo vivir, igual que sus hermanas nos demostraron cómo luchar y cómo morir. Ella es la madre no reconocida de la nueva nación que todavía estamos construyendo, y nos inspira con sus historias y con su fuerza, su vivacidad, su tenacidad y, más importante aún, con su ejemplo. Quizás no seamos capaces de entender en su real magnitud lo que ella significa y el rol inspirador que le ha tocado jugar. Espero que estas páginas contribuyan a hacernos apreciar mejor lo que ella todavía representa para nosotros como nación y a sentirnos agradecidos de esta última mariposa que aún vive, no sólo en los jardines que rodean el Museo Hermanas Mirabal, sino que ahora podemos sentirla palpitando, vibrante, en estas páginas.

Traducción de Minou Tavárez Mirabal

QUEDAR VIVA

«¿Por qué a usted no la mataron?», me preguntan a veces, con toda su inocencia, los niños que visitan la Casa-Museo Hermanas Mirabal, en Conuco, o mi hogar en Ojo de Agua. Y les respondo: «Quedé viva para contarles la historia». Y ellos aprueban, «¡Ah, sí!», un poco sorprendidos.

A lo largo de los años me he acostumbrado a relatar la historia de mis hermanas a cuantas personas y grupos me lo han solicitado, convencida de que es un testimonio que contribuye a valorar a toda una generación excepcional de mujeres y hombres, y al pueblo dominicano en general, en su lucha por alcanzar la libertad durante los aciagos años de la dictadura trujillista.

Hay una anécdota que quiero contar porque la considero significativa: temprano, cada mañana, me afano en la limpieza del jardín. Generalmente me sigue el hijo de una señora que trabaja conmigo. Recojo cada hojita seca, limpio aquí y allá, mientras él me hace diversas preguntas: «¿Y las Mirabal? ¿Dónde están las Mirabal?». Me detengo y le señalo las mariposas —unas hermosísimas, grandes, amarillas, anaranjadas, marrones— volando entre los anturios, los caprichos, las rosas y las orquídeas saludables, porque nuestra agricultura es orgánica. «¿Son ellas?», pregunta él con los ojos muy abiertos. Yo le respondo: «Sí, son ellas. Ponte a recoger las hojitas para que ellas lo encuentren todo limpio». Día por día, al caminar detrás de mí, el niño exclama: «¡Llegaron ellas! ¡Mira, las mariposas!». En otras ocasiones, me mira y me pregunta: «¿Las Mirabal vendrán hoy?».

Para los niños y jóvenes, la historia de la lucha antitrujillista y el trágico final de las hermanas Mirabal suele tener un fuerte atractivo, tal vez porque la han estudiado en la escuela, o porque han oído, aunque sea con vaguedad, a los adultos referirse a ella.

La verdad de los hechos

Llega una etapa en la vida en que se hace conciencia de la realidad inevitable del ser humano, del gran viaje que todos vamos a hacer. Ahora tengo ochenta y dos años y son tantas las cosas de las que he sido testigo de excepción, tantas las que viví y debo contar...

Con frecuencia encuentro personas que me dicen: «Dedé, ¿por qué no escribes tus memorias?». Es cierto que he hablado con periodistas en numerosas entrevistas y que son varios los libros en los que he tenido participación, pero todos estos recuerdos, amargos y dulces que llevo dentro, nunca se habían escrito.

Hoy, ya más tranquila, cuando se han dado algunas coincidencias propicias —el estímulo de un amigo, la proximidad de una escritora y un fotógrafo cómplices, la insistencia de mis hijos—, creo que ha llegado la hora de hacer un alto y tratar de recordar lo que fue mi vida desde mi nacimiento hasta el presente, con el propósito de dar a conocer más a fondo mis vivencias sobre los acontecimientos que afectaron a mi familia y a mi país durante gran parte del siglo XX.

Quisiera expresar ese testimonio con la mayor claridad posible.

¿Qué deseo que encuentre el lector en estas memorias? La verdad de los hechos. Se han escrito numerosas páginas, se ha hablado muchísimo sobre mi familia, pero siempre he pensado que la historia se deforma, ya sea por simple desconocimiento, por intereses o por acomodamiento, y hasta por la imaginación y el mito.

La novela de Julia Álvarez, *En el tiempo de las Mariposas*, escrita originalmente en inglés, permitió que la historia de mis hermanas se difundiera en el mundo y en Estados Unidos, donde vive más de un millón de dominicanos y miles de latinoamericanos que conocieron en carne propia lo que significa una dictadura. Eso contribuyó a la buena acogida del libro. Al traducirlo al español el éxito fue mayor. Pero, como aclara la misma autora, se trata de una novela, de una obra de ficción. Un día la propia Julia Álvarez me confesó que, como mujer, escribió ese libro básicamente pensando en las mujeres, que la participación de los hombres sería objeto de otra obra y de otros escritores. Supongo que ésa fue la razón por la que, incluso a Manolo, quien merece todo el respeto del país por sus condiciones extraordinarias de líder capaz de inmolarse por su patria amada, Julia no le da mucha importancia en su novela.

A los que me preguntan sobre la veracidad de una situación, acerca de tal o cual detalle, o sobre la imagen de mi esposo en esa novela, por ejemplo, siempre les recuerdo que aunque está basada en un hecho real, se trata de una obra de ficción.

La novela obedece a necesidades y al estilo de su autor o autora, quien a veces exagera o minimiza los acontecimientos para mantener el interés del lector. *En el tiempo de las Mariposas*, como señaló el historiador Bernardo Vega, tiene el mérito de que despierta la curiosidad de los lectores, les hace preguntarse cómo serían los hechos en la realidad. Esa modificación de los acontecimientos históricos en beneficio de la ficción tiene su sentido, su explicación y cumple un propósito.

Sin embargo, hay otras deformaciones de nuestra historia reciente que nacen de la ignorancia o de intereses muy perversos. Es el caso de uno de los asesinos de mis hermanas, Alicinio Peña

Rivera, quien acomodó la historia a sus intenciones personales y escribió libros para beneficiarse económicamente. En su versión, todos los demás son culpables, excepto él. No hace mucho tiempo vino a visitarme un señor que conoció a Ciriaco de la Rosa, y me contó que los asesinos directos de las muchachas y de Rufino estaban furiosos con Alicinio, porque éste se lavaba las manos y les echaba a ellos toda la responsabilidad. Pero no hay que sorprenderse, pues la mayoría de los grandes asesinos trata de justificarse y les echa la culpa a otros.

Mis memorias ubicarán a los lectores en un camino veraz.

Lo que me motiva es, sobre todo, el interés de que las nuevas generaciones conozcan la historia. Quiero que la juventud llegue a comprender mejor la realidad de los hechos y que cuando lea ficción u otro tipo de libros que, sin intenciones de opacar el sacrificio de mis hermanas, contienen anécdotas que no son necesariamente ciertas, pueda discernir entre la realidad histórica y la imaginación. Gran parte de nuestro pueblo no pudo conocer lo que pasó en esos años. Durante mucho tiempo se hablaba de las hermanas Mirabal, como de muchos otros casos, con cierta discreción, con miedo, porque era peligroso. La maquinaria represiva del régimen no fue disuelta con la desaparición de Trujillo.

Insisto, a través de estas páginas, en recordar nombres y hechos que podrían parecer insignificantes o reiterativos. Ello obedece a mi preocupación porque no se olvide a tanta gente conocida o desconocida que jugó un papel fundamental en un momento determinado, corriendo riesgos graves; gente que se sacrificó junto con tantos jóvenes de esa generación gloriosa, cuya memoria merece ser preservada.

Para contar de la mejor manera posible mis recuerdos, los he organizado en cuatro partes. Las tres primeras abarcan tres grandes etapas de mi vida; la cuarta se refiere a la labor que he llevado a cabo todos estos años para preservar la memoria de mis hermanas sacrificadas. Las primeras páginas rememoran un tiempo que he llamado feliz. Van desde los recuerdos más lejanos hasta el momento en que nuestra familia entra en desgracia definitiva con el régimen de Trujillo, situación que marcaría para siempre nuestro destino.

En ese lapso se conocieron nuestros padres y nacimos y crecimos mis hermanas y yo. La familia estableció sus medios de vida y sus relaciones sociales y comerciales más importantes. Me refiero a mi padre, Enrique Mirabal Fernández, y a mi madre, Mercedes Reyes Camilo, conocida como doña Chea, así como a los parientes y amigos más cercanos a la familia. Durante esos años nos educamos, formamos nuestro carácter y elegimos camino en cuanto a ocupación y vínculos afectivos duraderos.

La segunda parte de estas memorias empieza con la fatídica fiesta en San Cristóbal en el año 1949, en la que Minerva desafió políticamente a Trujillo, y concluye con el asesinato de su esposo, Manolo Tavárez Justo, en 1963. Es el tiempo de la tormenta que se nos vino encima. Años de luchas y tragedias, durante los cuales perdimos a Patria, a Minerva, a María Teresa y a Manolo. Antes, en el 1953, ya habíamos perdido a nuestro padre. A pesar de todo, esos también fueron años de amor familiar y de pareja, de nacimiento de hijos e hijas, de amistades puestas a prueba, de conocimiento y de conciencia.

La tercera parte corresponde a los acontecimientos más relevantes tras la muerte de mis hermanas, incluyendo el esclarecimiento del asesinato y el enjuiciamiento de los culpables. En este apartado he recurrido a documentos que ayudan a reconstruir lo sucedido, pues también es mi intención proveer una visión fidedigna, la más cabal posible, a beneficio de todos los hombres y mujeres, especialmente jóvenes, interesados en ese período de la historia. Asimismo, esta tercera parte esboza mi vida sin mis hermanas: el reto personal de sobrevivir y reponerme a la tragedia.

La cuarta y última parte habla del trabajo de mi madre y mío para sostener la familia y educar a los hijos e hijas de las muchachas y a los míos propios; de mi vida hasta el presente y los problemas que debí encarar; de la responsabilidad de mantener viva la memoria de mis hermanas y reflexiona sobre los nuevos compromisos que demanda de nosotros nuestro país.

No puedo terminar estas palabras introductorias sin manifestar mi especial agradecimiento al doctor Juan Tomás Estévez, quien insistió y asumió como suyo el proyecto de que mis relatos orales fueran puestos en tinta y en papel; a Ángela Hernández, que dedicó horas a grabar, organizar y transcribir estos recuerdos míos; al historiador Bernardo Vega, por preparar cuidadosamente la cronología que los acompaña; y a mis nueve hijos e hijas, en especial a Minou Tavárez Mirabal, por darle forma definitiva, por podar, limpiar y regar estas páginas donde, como en el jardín de la Casa-Museo, permanecerán vivas para siempre mis mariposas.

PRIMERA PARTE

RECUERDOS
DE UN TIEMPO FELIZ

I

Nuestra familia

Establecimiento en Ojo de Agua

Mi padre, Enrique Mirabal Fernández, nació en Don Pedro, provincia Santiago. Su papá se llamaba Simeón Mirabal Núñez, y Adela Fernández era su madre. Del lado paterno tuvimos nueve tíos y tías: Ermenegilda (tía Meneja), Rosa, Antonio (tío Toño), Otilio (tío Tilo), Rafael (tío Fello), Aquiles, que murió de niño, Esquirino (tío Quirino), Antonia (Tuta) y Simeón (tío Mon).

Un amigo del abuelo Simeón y padrino de mi padre, llamado Clemente, tenía una finquita en Clavijo, donde está hoy el cementerio de la ciudad de Salcedo. Fue él quien un día invitó a mi abuelo a venir a trabajar a este pueblo que entonces se llamaba Juana Núñez. A esa finca llegaron él y mi abuela con casi todos sus hijos, y aquí se criaron, salvo tío Tilo, que se quedó con su padrino y se reunió con la familia ya grandecito.

Desde pequeños, mi padre y sus hermanos tuvieron la idea de ser comerciantes. Clavijo quedaba como a un kilómetro de Salcedo y ellos venían diariamente a trabajar donde unos árabes que tenían pequeños negocios de quincallerías. Por la noche asistían a la escuela.

Al cumplir dieciséis o diecisiete años, más o menos, tío Fello y papá se mudaron a Ojo de Agua, un paraje un poco más alejado pero también cercano a Salcedo. Eso debió ser en 1916 o 1917, porque mi padre decía que los norteamericanos cruzaban por estos sitios, o sea que ya había comenzado la ocupación.

Empezaron trabajando para don José Espaillat en un comercio que debía ser de dos plantas, pues contaban que la gente pasaba por debajo. José Espaillat, oriundo de Tamboril y padre de Ché Espaillat, quien luego sería compañero de lucha de mis hermanas, decidió irse a vivir a Estados Unidos y les vendió su negocio en Ojo de Agua a tío Fello y a papá.

En la casa de Clavijo se quedó el resto de la familia. Después todos fueron emigrando poco a poco, menos tía Meneja, la única de mis tías que no tuvo hijos y que vivió en esa casa hasta el final de su vida. De pequeñas siempre la visitábamos o la acompañábamos los domingos a misa, y fue ella quien nos llevó a hacer la primera comunión. Era muy alcahueta con nosotras. Por esa época ya mi papá estaba en mejores condiciones económicas y ayudaba a tía Meneja y a tía Rosa.

A papá y a tío Fello les iba muy bien en el nuevo negocio, que consistía en comprar y revender cacao, café, habichuelas, arroz, maíz y otros productos a los agricultores. En ese tiempo decidieron comprar una tarea de tierra y construir una casa, que es la misma que aún preservamos y en la que actualmente vivo. Era una buena construcción para la época y poco a poco se fue mejorando aún más. Se cambiaron paredes, se hizo la galería. En la casa también estuvo la primera pulpería de papá, quien siempre se distinguiría como un hombre de progreso, visión y empuje. Más adelante se preocupó por hacer la carretera de Ojo de Agua a Conuco, y compró más tierras.

Nosotras tuvimos una relación muy estrecha con algunos de nuestros tíos y tías, tanto por la vía paterna como por la materna, así como con los lugares en los que vivieron. Ellos fueron parte de nuestra historia desde que nacimos, como se podrá ir viendo.

Tío Fello se casó con una señora de Moca, llamada María Michel, que murió muy pronto, durante su primer parto. Entonces a tío Fello le dio una hemóptisis, una especie de tuberculosis. Su médico, el doctor Pascasio Toribio, quien había estudiado en Francia, le recomendó irse a vivir a un lugar frío como Jarabacoa, para recuperarse. Al irse, él y papá llegaron a algún acuerdo. Probablemente papá le compró a tío Fello la parte de la casa y del negocio que le correspondía. En ese tiempo las propiedades no valían mucho.

En Jarabacoa, tío Fello sanó y se volvió a casar, esta vez con Lilia Piña, con quien procreó dos hijos.

Toda su vida se mantuvo muy cerca de papá y de nosotras. Venía a visitarnos, y en nuestra niñez y juventud a mis hermanas y a mí nos encantaba ir de vacaciones a su casa en Jarabacoa.

Mi madre, su familia y las marcas de la ocupación norteamericana de 1916

Mi madre, Mercedes, o Chea, como todos la conocían, nació y creció en Ojo de Agua. Su padre, Miguel Ángel Reyes, había venido de Canca la Piedra, Tamboril, y se enamoró de mi abuela, María de los Ángeles Camilo, mamá Chichí, cuya familia era propietaria de pequeñas fincas de cacao. Se casó con ella y se establecieron aquí. Procrearon a mi madre, a Angélica, Carmela, Antonia (Toña), Lalía, José y Miguel.

Mi madre recordaba a su papá como un hombre muy trabajador, que los llevaba a ella y a sus hermanos, desde pequeñitos, a la siembra, a la finca. Muy joven, como a los 36 años, falleció víctima de una epidemia de influenza, especie de pulmonía que azotó por entonces el país. Recuerdo a mamá nostálgica, parada frente a unos terrenos que yo aún conservo, diciéndonos: «Miren esos ciruelos, los sembró mi padre para dividir las propiedades».

En esta misma zona, los marines norteamericanos mataron a unos hijos de doña Rita Campos por considerarlos cómplices de los gavilleros*, acusación que nunca pudieron probar. Juan Osorio, en su novela *Silvana, o una página de la intervención*, inspirada en esos hechos, cuenta que uno de ellos murió con las palabras «Silvana, Silvana mía» en la boca. En esa época en el país había personas que amaban su patria y la defendían de los invasores. Hombres que se respetaban y que tenían dignidad, como Linito Camilo y Perún de la Cruz, que se fueron a la montaña e hicieron resistencia a la ocupación.

Fue cerca de la casa de tía Fefita, prima hermana de mi abuela y muy cercana a nosotros, donde los norteamericanos le quemaron el pecho con hierro caliente a Cayo Báez. Lo torturaron para que confesara quiénes eran gavilleros en la zona y si él era uno de ellos. Lo dejaron tirado, dándolo por muerto, pero tía Fefita, con mucho arrojo, lo recogió y se lo llevó a su casa. No lo dejó morir. Lo curó y luego nos contaba que era un hombre sumamente delgado, que no tenía ni una gota de grasa en su cuerpo.

Mi padre siempre mencionaba que durante la invasión los americanos mataron a varias personas por los alrededores de Salcedo, porque esta zona era un cantón de los gavilleros. En esta provincia el ejército norteamericano estaba al mando de Charles R. Buckalew. En este contexto sucedió un hecho que afectó fuertemente a la familia de mamá. Los revolucionarios fueron donde mi abuela a pedirle ayuda. Mamá Chichí les respondió: «Yo no tengo qué darles. Soy viuda, lo único que tengo es una familia». Pero en el grupo había un infiltrado, un delator de esos que llamamos calié, que fue a contarles a los americanos

---

* Gavillero: nombre despectivo que le daban los norteamericanos a los patriotas revolucionarios que luchaban contra la intervención.

que mi abuela estaba ayudando a los gavilleros. Al día siguiente vinieron los invasores y le informaron a mi abuela que le iban a quemar la vivienda. Esa misma noche ella tuvo que irse con sus muchachos a dormir a la casa de un hermano que le quedaba cerca. Al otro día, cuando regresaron, todo había sido quemado.

Mi madre tenía aproximadamente dieciocho años y mi tío José, su hermano, cerca de diez cuando sucedió ese hecho que marcó a toda mi familia, pero más que nadie a ese tío, el cual por esa razón toda su vida fue un antinorteamericano radical además de antitrujillista. «A Trujillo lo dejaron los americanos. Eso fue lo que nos dejaron», decía él.

Mi abuela le compró a mamá una máquina Singer para que aprendiera a coser y le ayudara a sostener la familia. Todavía conservo el librito con el que aprendió a hacerlo. Se lo debe haber regalado Josefa González de Garrido, tía Fefita, hija de Pedro González, un hacendado tan rico que se decía que había planificado hacer la calzada de su casa con morocotas de oro o de clavaos. Ella, una mujer muy avanzada para la época, fue su maestra de costura. Quería mucho a mi madre, de quien alababa su inteligencia natural y sus muchas habilidades, pues decía que aunque no tuvo la oportunidad de ir a la escuela, aprendió a leer, a escribir y hasta a dibujar.

Su hermana, tía Carmela, que era más joven, sí pudo ir a la escuela, que por ese entonces se estableció con una maestra de San Francisco de Macorís que trajeron a Conuco, donde vivían muchas familias adineradas. Como Conuco queda cerca de Ojo de Agua, a tía Carmela la mandaron a aprender allá, pero mamá no pudo ir debido a que cuando mi abuela materna enloqueció a consecuencia de lo ocurrido, ella tuvo que quedarse cosiendo para ayudar a educar a sus hermanos.

Mamá cosía, bordaba, apreciaba las cosas hermosas y le gustaban los jardines. Nos contaba que luego del incendio construyeron una casita más pequeña, con un techo a cuatro aguas, de las que antes llamaban de Lima, y que allí ella y sus hermanas cultivaron un bello jardín con muchos claveles. «Las flores eran el único adorno de nuestra casita humilde», recordaba.

«Yo aprendí a firmar en los fogones. Escribía en la ceniza», decía. Sin embargo, siempre me llamó la atención que tanto ella como mamá Chichí, aunque no habían ido a la escuela, tenían una linda caligrafía.

Como reacción a lo ocurrido durante la ocupación de los norteamericanos, mamá prefería todo lo alemán, pues según decía era de buena calidad. «Miren este jarrón —nos señalaba—, lo compré en la época en que me casé y vean qué bien conservado está». Consideraba que los alemanes construían los mejores artículos, los de calidad superior. Al hablar de las Singer, por ejemplo, señalaba con frecuencia: «¡Qué máquinas de coser tan buenas!». A sus perros siempre les puso «Nazi» de nombre, y aunque no tenía mucha idea de quiénes eran Hitler y los nazis, sí admiraba al pueblo alemán, y hasta el final de su vida le gustaba destacar: «¡Caramba, todo lo que hacen los alemanes es bueno!».

Otro acontecimiento importante del que siempre se hablaba cuando yo era muy pequeña era el ciclón de San Zenón, que destruyó la ciudad de Santo Domingo en 1930, aunque no hizo mucho daño por esta zona. La mayoría de las casas no era de madera y clavos, sino de tablas de palma, y el agua se metía entre las rendijas. Recuerdo que había un carnicero que picaba carne, cantando la tragedia que había pasado por la capital:

Santo Domingo, qué bello eras
con tus barriadas de bulevar.

Enganchaba las carnitas en un palito de palma y nos las daba mientras seguía cantando los detalles del desastre. En ese tiempo había abundancia, pero como no había refrigeración se cortaba la carne, sobre todo la de res, en tiritas que se curaban sazonándolas con sal y jugo de naranja agria. Aún me parece ver la enramada de nuestra casa llena de esas tiritas de carne, secándose al sol para conservarse.

El matrimonio de mis padres

Mi padre conoció y se enamoró de mi mamá en la casa de tía Fefita, donde ella iba para aprender a coser y bordar. Cuando se casaron, el 17 de marzo de 1923, papá estaba bien económicamente, pero no se puede decir que fuera rico. Mi madre sí era dueña de una finca, aunque todavía no la había heredado.

Los casó el párroco de Salcedo, de apellido Rodríguez, un sacerdote que después tuvo muchos hijos. Aunque en ese tiempo no era muy común, creo haber escuchado que fueron en carro a la ceremonia. Tuvieron que salir a caballo desde donde vivía mi mamá, en Los Limoncillos, Ojo de Agua, hasta el lugar donde esperaban los vehículos, pues la carretera no llegaba hasta su casa. Había sólo un camino y era de una tierra negra, muy negra. Las patas de los caballos se encharcaban en el lodo y hacían muy difícil el paso, pues dejaban grandes charcos de agua. Tanta agua se acumulaba que de ahí le viene a esta zona el nombre de Ojo de Agua. Un poco más allá quedaba la Quebrada Prieta y el río.

Los muebles originales de la casa, estilo María Teresa, así como las camas de bronce de la época, se las compraron a un señor de apellido Peralta que vendía muebles extranjeros, y son los mismos que están en exhibición en la Casa-Museo.

Mi padre y mi madre eran muy diferentes de personalidad y de carácter. Tuvieron un buen matrimonio, aunque no faltaron crisis, casi siempre relacionadas con algunas aventuras amorosas de papá quien, si bien hasta cierta edad fue lo que se dice un esposo modelo, después empezó a tener aventuras fuera del matrimonio.

Quizás ese comportamiento suyo cambió después de que tuvo hemoptisis (tendría entre 35 y 36 años), enfermedad que el médico de la familia, el doctor Toribio, trató con distintos medicamentos, pues aún no se había difundido el uso de los antibióticos.

Todavía me parece ver a mamá llevándole todos los días el café a la cama, con unas gotitas de un aceite curativo que ella estaba convencida de que le mantendría los bronquios limpios. Lo raro es que a él, que había sido siempre un hombre muy sano, a quien no le daba ni catarro, se le agravara de pronto esa enfermedad que le hacía escupir sangre.

Mamá, que era muy celosa y a todo le buscaba una justificación lógica, explicaba que durante la enfermedad papá tomó demasiadas vitaminas y calcio, y que debido a eso, desde entonces empezó a enamorarse y a tener hijos fuera del matrimonio. Se volvió tan enamoradizo que tuvo primero una hija (Iris) y un hijo (Ezequiel) por la calle, y después cuatro hijas más con otra mujer (Margarita, Ana, Zunilda y Adalgisa). Pero a pesar de que los celos carcomían a mamá, y de que nos acongojaba verla sufrir en silencio, nunca escuchamos discusiones entre ellos.

A él le gustaba tomarse un trago antes de cenar, pero no era hombre de salir a beber a la calle ni de emborracharse. Lo suyo era trabajar, pero a veces se montaba en su mula, un animal negro, lindo, con el pretexto de darle una vuelta a la finca, y siendo él un hombre joven, buenmozo, tan blanco que se le podían contar las venas, y además con dinero en los bolsillos, hacía de las suyas. Sin embargo, nunca amaneció fuera de la casa. Mamá trinaba de rabia, pero no le decía nada, al menos no delante de nosotras. Nunca hubo insultos entre ellos. Mamá mantenía el buen ánimo y se dedicaba al trabajo en la tienda y a la casa.

Por esa época no era común que las parejas salieran a divertirse. A mamá no le gustaba salir, pero papá sí lo disfrutaba. Se iba a casa de tío Fello en Jarabacoa a pasarse una semana. «A coger un descansito», decía.

Entonces Ojo de Agua aún era una común de Moca, y como papá era una persona tan sociable, a quien le gustaban las relaciones de todo tipo, con frecuencia las autoridades locales venían invitadas a comer aquí. La pobre mamá era la que iba forzada con todo ese trabajo de preparar comida para tantas personas. No es que papá fuera político —más bien no le interesaba la política—, pero mantenía buenas relaciones comerciales y de amistad con mucha gente. Contaba entre sus buenos amigos a casi todos los personajes importantes de Salcedo en su época: don Víctor Rodríguez, don Jaime Fernández, don Porfirio Montes de Oca y el abogado Juan Rojas. Igualmente ocurría en Moca, donde se relacionaba con don Carlos Mena, puertoplateño de origen; y con los Bordas, compradores de cacao también de Puerto Plata, cuyo hijo, Diego Bordas, luego tuvo que exiliarse.

Una vez nombraron a papá como encargado de estadísticas rurales, sin consultarlo y sin remuneración. Su responsabilidad consistía en censar los productos agrícolas y las personas. Yo era quien tenía que llenar aquellos formularios tan extensos cada cierto tiempo, y me resistía a hacerlo. No los completaba hasta que llegaba la orden de enviarlos ya.

Otro negocio de mi papá era una factoría de arroz. Había obligación de declarar a los inspectores de Rentas Internas —mediante un libro al que denominábamos «el control»— cuántos quintales de arroz limpio producían las fanegas* recibidas de arroz en cáscara, pues había que pagar un impuesto por cada quintal. En cuanto al café, había que llenar un formulario de exportación y otro de consumo. Sólo el café de exportación se lavaba, se despulpaba y se descascaraba. Recuerdo que los ins-

---

* Fanega: medida popular en los campos dominicanos para granos, legumbres, semillas y cosas semejantes, cuya capacidad es muy variable según la región.

pectores venían en motores grandes, Harley-Davidson, que me ponían muy nerviosa, porque además temía equivocarme, y si cometíamos errores pagábamos muchísimo dinero de multa.

En cuanto a mamá, la palabra que mejor la definiría es austera. También era una mujer pulcra, muy preocupada por la limpieza. Una de sus frases favoritas, que luego les repetiría a sus nietos, era «La pobreza la amó Dios, pero la asquerosidad no». Nos acostumbró a eso, a amar la limpieza, lo bello: la casa impecable, con flores adornando todos sus rincones; el jardín esplendoroso, la mesa puesta con esmero...

Opinaba que aunque la comida no fuera muy buena, si la mesa estaba bien puesta, con un mantel bonito, servilletas, platos lindos... sabría mejor. Incluso para el desayuno, y aunque en la casa éramos muchos, adornaba los platos, ponía un quesito rojo picado y un quesito blanco alrededor de los huevos revueltos. Mi padre, que por sus ocupaciones desayunaba un poco más tarde, encontraba siempre la mesa bien arreglada cuando llegaba, muchas veces acompañado, a tomar el desayuno o el almuerzo.

Fue ella quien nos enseñó lo básico de la costura; decía que nadie debía andar con una ropa rota, que en el cuidado está la vergüenza de la mujer. ¿Y a quién se le ocurría levantarse y dejar su cama sin arreglar? Ella no lo permitía. Además era insistente en aconsejarnos. Con respecto a la pareja nos decía: «Las muchachas no pueden esperar a que se les pase el tiempo de casarse, que luego se pegan a cualquier alicate, al primer palo vestido».

Mamá era la que infundía respeto en la casa; era muy exigente con nosotras en muchas cosas. Nos cuidaba, nunca nos dejaba ir a dormir en casa ajena ni a las excursiones de la escuela. Era ella quien nos corregía. A veces nos ponía de rodillas, como castigo, pero venía papá y nos levantaba, dándonos un beso.

«En la confianza está el peligro», repetía siempre. En una ocasión sufrí mucho, pues le pedí permiso para visitar un lugar de por aquí llamado el Cerro de la Cruz, donde los norteamericanos habían colocado una tarja, y por más que le rogué no me dejó ir con el argumento de que también en la excursión iban varones. Ella era celosísima con nosotras.

«¡Ay, la mano del hombre es un veneno! Si un hombre te pasa la mano, caes», nos decía. A mí me tocó soportar los peores celos de mamá, porque Patria se casó joven y Minerva vivía entregada a su lectura y a sus preocupaciones por la libertad.

En 1944 organizaron una gran fiesta en Moca para celebrar el Centenario de la República, y yo me ilusioné tanto con ir que hasta me mandé a hacer un traje muy bello con doña Gelín, una costurera famosa entonces en la región. Papá, que me iba a acompañar, se sintió un poco mal, y por más que lloré, mamá no me dejó ir con nadie más al baile, me puso todas las dificultades. Luego, para consolarme, me decía con cariño: «Mira, Dedé, cuántas gallinas bonitas hay aquí. Mira aquellas pollas pavas», pero yo, llorando y pensando en mi traje y en la fiesta, le respondía: «¡Qué polla pava ni qué polla pava!».

La preocupación por nuestra educación era más de ella que de papá. Quería mandarnos al mejor colegio que hubiera. Averiguó y averiguó, hasta que a través de su primo Arturo Burgos supo del colegio Inmaculada Concepción de La Vega, donde él había enviado a varias de sus hijas a educarse.

A veces sus reacciones eran muy originales. Ella, que rechazaba radicalmente los juegos de azar, en una ocasión se vio obligada a comprar un número en una rifa que hacían los curas a beneficio de la Iglesia de Salcedo y, ¡pam!, salió su número. El cura le trajo el radio, que mamá rechazó firmemente explicándole: «Eso es el demonio tentándome para que yo siga jugando, para que juegue todo lo mío. No quiero el radio. No, no, esas son tentaciones».

Siempre andaba afanosa, trabajando muchísimo, cosiendo, ayudando en la tienda, dirigiendo a los trabajadores agrícolas, cuidando el jardín… A Tonó, que fue como otra hija para ella, una hermana para nosotras y una madre para nuestros hijos, cada vez que le preguntaban por mamá contestaba: «Doña Chea era lo que se dice una mujer de primera».

Nunca le gustaron las fiestas. El trabajo lo era todo para ella; no se interesaba en disfrutar. Aunque a veces lográbamos convencerla de salir a pasear, como una vez que Patria la llevó a la capital y a Higüey a pasarse unos días, no recuerdo que le entusiasmaran esos paseos.

Tenía una sabiduría campesina muy peculiar y la manifestaba en todo momento a través de refranes o de expresiones populares que repetía o que inventaba ella misma. Era suspicaz y tenía un gran olfato para descubrir el engaño de los demás. En la tienda, por ejemplo, ella identificaba a los ladrones de lejos y varias veces llegó a cogerlos con la prenda en la mano.

Todos se le acercaban para pedirle consejo, la respetaban y la querían porque además era muy solidaria, estaba siempre dispuesta a ayudar a la gente, a salirle al frente a las dificultades de los demás. Supongo que por eso es que la abuela materna de Jaimito, el padre de mis hijos, que era a la vez tía política de mamá, decía: «El que está con Chea no está solo. Cuando uno está al lado de ella, se siente acompañado».

Negocios y mi trabajo con papá

Desde el principio de su mudanza a Ojo de Agua, papá instaló su pequeño negocio en una habitación de la misma casa en la que aún vivo hoy. Empezó a irle bien rápidamente y en pocos años ya tenía varios almacenes, por lo que los lugareños empezaron a comentar que Enrique Mirabal era un hombre dueño de «una piedra imán que atrae el dinero».

Como por esos años no era usual exportar directamente, papá le vendía sus productos a La Curacao, la Casa Munné y La Importadora (llamada Indubán, después) que tenían oficinas en Moca. Me impresionaba el gran movimiento que había siempre en nuestro negocio, la cantidad de gente procedente de toda la región, las recuas de mulos, los comerciantes que llegaban a vender o a comprar, los enormes sacos de azúcar, como de trescientas veinte libras, que un trabajador cargaba sobre la espalda. En ese entonces la vida era dura.

Mi trabajo consistía en ayudar a papá en el comercio haciendo las facturas. En nuestro almacén, lleno de arroz, azúcar, fardos de telas de algodón, de tela fuerteazul (de jeans) y de alistados, hasta una farmacita había. Mi padre era un cliente muy bueno, muy serio y cumplidor, que compraba mercancías en Santiago, en el Bazar Parisién, en los Almacenes Tavárez y en La Ópera. Hasta llegó a tener un seguro de vida, algo que no era usual en la época. Se lo vendió don Augusto Vega, de la Confederación del Canadá, y gracias a eso nosotras recibimos los dos mil dólares de la prima cuando él murió. En el negocio había una caja fuerte que siempre estaba llena de dinero, pues en ese tiempo todavía no se usaba guardarlo en los bancos. Aquí todo se pagaba de contado. Si papá iba a Santiago, llevaba rollos de papeletas para pagar y sin embargo nunca fue atracado, pues los asaltos eran cosa muy rara en el país de entonces.

Yo tenía una oficinita en la tienda, donde llevaba los libros de cuentas y me encargaba de las ventas al por mayor, lo que hacía a gusto. No había complicaciones. El negocio era tan floreciente que ni inventarios teníamos que pasar. Comprábamos al contado, cumplíamos con todos, papá avanzaba dinero a la gente, ésta le pagaba, y eso era todo.

Aunque teníamos dos empleados, mamá estaba ahí conmigo, ocupándose de la venta minorista, porque también teníamos una tienda de mercancías al detalle. Las telas se vendían por yardas. Recuerdo que cuando empezaron a venir las telas japonesas, que se desteñían de ver el sol, la gente prefería las americanas porque mantenían el color.

Cuando, ya por los años cuarenta, llegaron las camionetas, compramos por primera vez un vehículo.

Papá me llamaba temprano. «¡Que venga Dedé, que llegaron los clientes!». La verdad es que aunque yo le respondía: «¡Ya me estoy levantando!», me quedaba otro rato durmiendo. Entonces venía y me daba un beso en la cabeza. Era muy bueno y comprensivo con nosotras, apoyador, expresivo. Yo no recibía pago, pero, como dije, la caja vivía llena de dinero y yo podía tomar lo que necesitara. Para ir a Santiago a comprar, simplemente tomábamos un manojo de papeletas de la caja y comprábamos lo que quisiéramos en la tienda El Gallo. Sin embargo, nunca desperdicié el dinero, fui como mi madre, muy austera, tanto que a veces mis hijos me acusan de tacaña.

Había abundancia y había confianza. Papá era arriesgado, de ambición y de visión. Nos llevábamos muy bien, aunque a veces me ponía en unos tremendos trances. «Ella es la que sabe, ella es la que sabe», decía cuando venían los inspectores en esos motores enormes y yo, nerviosa, no hallaba qué hacer. Venían a buscarlo y él, por una ventanita, me ordenaba: «Diles que yo no estoy aquí». «Él no está aquí», decía yo, pero enseguida empezaba a gritar: «¡Diles que ya llegué!». Yo lloraba, quería matarlo. «Papá, pero te están oyendo», le decía. Y él, despreocupado, contestaba: «¡Que oigan!».

Papá nos dejó algunas fincas, aunque a diferencia de mamá a él no le gustaba la tierra. Prefería el comercio, comprar, vender y facilitarles cosas a muchas personas. Prestaba dinero para que se lo pagaran con la cosecha, sin cobrar. El acuerdo era que le vendieran la cosecha a él. «Un hombre tan bueno, ese Enrique», se decía, porque mucha gente le agradecía el apoyo que él le había dado.

Éste era un lugar muy próspero. Era común que se viera frente a los almacenes a cuatro o cinco camiones descargando plátanos, provenientes de la loma, incluso de Gaspar Hernández, ya que podían llegar más fácilmente aquí que a Puerto Plata. Coincidían con las recuas de animales trayendo o buscando productos.

Una vez el quintal de café se vendió a dos pesos. Papá compró mucho y después lo vendió a muy buen precio. Cuando en el año 1937 subió el precio del cacao, también le fue muy bien. Tenía visión de negociante. Compraba gas kerosene y puntillas, porque suponía que iban a subir de precio, y efectivamente, los precios se disparaban y obtenía buenas ganancias.

Solía decir que trabajar sabe cualquiera, pero administrar, muy pocos. «En la administración está el éxito».

II

Nuestra infancia, educación y amistades

Nacimientos

El orden en que nacimos fue: Aída Patria Mercedes, 27 de febrero de 1924; yo, Bélgica Adela, primero de marzo de 1925; María Argentina Minerva, 12 de marzo de 1926 y Antonia María Teresa, 15 de octubre de 1935; todas por parto natural.

Como se puede ver, tres cumplíamos años en fechas muy cercanas, pues nacimos entre el 27 de febrero y el 12 de marzo. Patria sólo me llevaba un año, lo mismo le llevaba yo a Minerva, mientras que entre María Teresa y nosotras mediaba alrededor de una década.

Patria se llamó así porque nació un 27 de febrero, el Día de la Patria, mientras todavía estaban aquí los americanos, que no se fueron hasta el mes de julio de ese año. A mí me pusieron Bélgica Adela por mi abuela paterna, que se llamaba Adela, pero tanto a mí como a Argentina Minerva, nos pusieron nombres de países. María Teresa debe su nombre al santoral, por haber nacido el día que corresponde a santa Teresa.

Después de Minerva nació un varón que murió enseguida. Vino al mundo con un hueco en la espina dorsal. Debió ser espina bífida. No llegaron a sacarle acta de nacimiento, pero sí le pusieron nombre: Víctor Enrique. La ilusión de papá de tener un varón se frustró con esta muerte; años después, cuando nació María Teresa, aún seguía esperando un niño.

En cuanto a mi nacimiento, me contaban que el día que mi madre estaba de parto coincidió con la llegada de tío Tilo, mi padrino, quien vino a vivir aquí. Mi padre lo mandó a buscar a la partera en una mula que, según contaba tío Tilo, le dio muchísimo trabajo amarrar, pero cuando llegó con la partera, yo ya había nacido en manos de Isabel Durán, mamá Chabela, una tía política de mamá que vivía con nosotros. Tío Tilo se quejaba de que ese mismo día papá le hizo llevar a la partera de regreso y no quiso pagarle nada.

Recuerdo el día que nació María Teresa. Patria, Minerva y yo estábamos grandecitas y esperábamos un varón, el varón que tanto anhelaba papá. «¡Hembra, otra vez!», dijo la partera, pero igual fue una gran alegría ver a María Teresa, tan gordita, y con esas piernas tan lindas.

Uno de los familiares que más influyó sobre nuestra infancia fue tío Tilo. Extremadamente inteligente, educado por un sacerdote español, fue la primera persona que nos habló de la *Biblia*, que por entonces no era frecuente leer. Nos quedábamos fascinadas con las historias que nos relataba, como aquélla del buen ladrón y el mal ladrón.

Sus habilidades y su memoria nos sorprendían. Tomaba un puñado de frijoles y, ¡ras!, los arrojaba a la mesa y en el acto decía: «Hay X granos, cuéntalos», y siempre decía la cantidad exacta. Nunca en mi vida he visto a otra persona con esa cualidad, ni entendíamos cómo era que podía acertar con el número de granos. Trabajaba en la tienda y en sus ratos de ocio, cuando la gente se sentaba ahí, en la pulpería, a conversar y a echar pulso, socializaba con todo el mundo.

Jugaba a molestarnos. «Tío Tilo, dénos una galletita dulce», le pedíamos, pero él nos daba un pan. ¡Nosotras gritábamos de pique!

Nos contaba que se lo llevaron preso en 1922, cuando estaban construyendo la autopista Duarte, y lo forzaron a trabajar en ella. Decía que si por la autopista hay tantas matas de mango se debe a que ellos comían mangos y tiraban las semillas por ahí. Incluso cuando se casó, bastante mayor, no se alejó de nuestra familia, sino que vivió hasta su muerte en una casa al lado de la de mamá.

Tío Tilo, tío Fello, tío José y tía Meneja nos consentían. Eran débiles con nosotras, que éramos como hijas para ellos.

Niñez, juegos y escuelas

Tuvimos una infancia muy feliz. Cuando éramos bien pequeñas, Patria, Minerva y yo teníamos tres casitas de muñecas que mamá nos mandó a hacer con un carpintero de la zona, con restos de las cajas en que venían las latas de gas que se vendían en la pulpería. Tío Tilo venía a jugar con nosotras. Tomaba una muñeca y nosotras le decíamos: «Tenga ésta, no nos descomponga la casita». Bailábamos en rondas de niñas, cantando:

El alelí del matutí
tú sabes que yo no duermo
nada más pensando en ti.

Y también:

Las cortinas del palacio
son de terciopelo azul.
Entre cortes y cortinas
ha llegado un andaluz.
Andaluz y cuántos son
veinticinco y un tapón
colchón de oro para los moros,
turún tun, tun, te quedaste tú.

Jugábamos el trúcamelo haciendo un cuadro en el suelo para brincar, o íbamos a bañarnos al río, al charco de los Pichardo, sobre todo cuando nos visitaban amiguitas de Salcedo. Doña Lucila Ariza, la madrina de Minerva, tenía unas hijas de crianza que nos visitaban con frecuencia. En el río, del lado que nos bañábamos, había unas peñas y nosotras nos estrujábamos con ellas, dizque porque servían para descurtir la piel.

Por la noche nos divertíamos escuchando los cuentos de Irenita, la cocinera, sobre Juan Bobo y Pedro Animal, de la Biblia, de cuando Herodes le mandó la cabeza de Juan el Bautista a Salomé. Nos interesábamos muchísimo por esas historias, sobre todo Minerva, inteligentísima, que era quien ponía más atención. Las fábulas sobre brujas y zánganos nos atraían vivamente. Los zánganos eran unos entes que ponían un pie aquí y el otro en la capital, mientras que las brujas eran mujeres que volaban.

Al lado de nuestra casa, en parte de lo que es hoy el jardín, vivían Mateo y Estebanía, pues papá les permutó ese pedazo de terreno por otro. Aunque no tenían hijos, con ellos vivían el hermano y la mamá de Mateo: Polo y la viejita Jacoba. Pues bien, por aquí se decía que Estebanía era bruja. Como siempre tenía un oído tapado con algodón, contaban que un día mientras ella estaba volando la habían figado por ese oído. Mateo, que tenía una úlcera en la pierna, se molestaba muchísimo con quienes se referían a esa úlcera como «la espuela de Mateo», y murmuraban que también lo habían figado mientras caminaba con sus zancadas de zángano.

A pesar de esas fábulas fascinantes para nuestra imaginación infantil, que nos hacían temerles un poco, teníamos excelentes relaciones con ellos. Nos quedábamos como aleladas escuchando tantas historias que nadie sabía de dónde salían. Por ejemplo, se decía —y según mamá incluso ella llegó a oírlo algunas noches— que circulaba por aquí una «visión mala», que se reía fuertemente, seguida del ladrido de unos perros e iba rodeada de un enjambre de nimitas (en el campo se dice que las nimitas o luciérnagas son muertos). Cuando «eso» pasaba por la casa, los perros chiquitos ladraban en cadena.

Hasta tío Tilo, que tenía una novia como a un kilómetro de la casa, contaba que un día que regresaba tarde de visitarla —en ese entonces las diez de la noche se consideraba tarde— oyó el ladrido de los perritos. Sintió tanto pavor que no pudo llegar al almacén donde él tenía su habitación, por lo que se metió en el pasillo entre el almacén y la casa, desde donde escuchó a la visión acezando y el ladrido cercano de los perritos, al que siguieron los perros del vecino. Al otro día, un señor al que le decíamos tío Dimas le preguntó a mamá: «Comadre Chea, ¿y usted sintió eso anoche?». «Sí —dijo mamá—, lo sentimos». Tío José bautizó la visión como «Caco e'nima», y ésta pasó a ser la nueva protagonista de las narraciones nocturnas.

Mi padre mandaba el cacao al pueblo de Salcedo. Ponía dos sacos encima de un caballo y nos montaba a nosotras en el medio. En su pulpería nos esperaba Nino Mojito, el esposo de tía Meneja, para llevarnos a su casa. Allá nos pasábamos algún fin de semana o la Semana Santa. Fue un tiempo muy lindo. Recuerdo que por entonces un señor de Moca comenzó a vender helados. Jamás he vuelto a probar helados de frambuesa tan deliciosos como esos. Tal vez porque el paladar de los niños es privilegiado, aún se me hace agua la boca sólo de recordar el «¡Paquetico helado! ¡Paquetico helado!», que iba pregonando el señor.

En mi mente, los años de nuestra infancia están asociados a la felicidad. Jugábamos, corríamos; íbamos a casa de tío José y tía Minada, su esposa, quienes todos los Viernes Santos nos llevaban a la procesión en unas guaguas que apodaban Palé, que costaban unos centavos y que por esa época comenzaron a viajar de Santiago a Macorís.

Lo teníamos todo. En Navidad papá iba a Santiago a comprar las muñecas y regalos que nos dejarían los Reyes Magos. Conservamos la inocencia durante mucho tiempo, hasta que un año descubrimos las muñecas escondidas y ya no volvimos a poner hierba a los camellos ni agua al Niño Jesús.

Ana Almánzar, ahijada de mi madre y muy amiga mía, me visitaba todos los días y jugábamos mucho. Luego, por los años cuarenta, trabajó en la tienda con papá hasta que se fue a vivir a Estados Unidos. También venían a jugar con nosotras las hijas de David Camilo, primo hermano de mi madre, que estudiaban en el mismo colegio. Teníamos cantidad de amigas con las que jugábamos jacks, matarile-rile-rile, y otras actividades divertidas.

Patria regañaba a Minerva porque se sentaba en el suelo y se ensuciaba. A Minerva le gustaba montar patines y una vez se cayó en el colegio de La Vega y hubo que darle tres puntos en la barbilla.

En el colegio también empezamos a jugar voleibol. Yo era mejor jugadora que Minerva. Formamos un equipo con amigas de por aquí y hacíamos campeonatos intramuros con las muchachas de Macorís y de Conuco. A las cinco de la tarde cerraba la tienda y recorría dos kilómetros en una bicicletita que papá me compró, para ir a jugar con el grupo de amigas. Jugábamos en distintas canchas. Ahí me enamoré de Jaimito, quien luego sería mi esposo, pues en esa época también jugaba voleibol.

Guardo hermosos e inolvidables recuerdos de mis amigas de infancia: de la hija de tía Fefita, Flor Garrido, quien actualmente vive en Miami, y de su hermana Clara, con quienes nos tratábamos muy de cerca; de Alia Cruz, de Ana Almánzar, quien como ya dije casi vivía con nosotras, y de nuestras primas Tata y Dulce Pantaleón, hijas de tía Carmela, quienes con frecuencia venían y se pasaban días con nosotras.

La vida no era como ahora. Todo era tan distinto, tan sencillo, de relaciones primarias tan fuertes. Por ejemplo, era tía Fefa quien nos llevaba a los bailecitos de Reyes, en el club de Salcedo, pues a mamá no le atraían las fiestas. Tía Fefa venía y decía: «Ay, comadre Chea, deje ir a las niñas, yo me las llevo». Tal vez un año sí y otro no, pero fueron de los momentos más agradables que recuerdo de nuestra primera infancia.

Recuerdo que cuando Patria cumplió sus quince años tía Fefa, señora fina y avanzada para su época, le escribió un poema, pero de él sólo recuerdo estos versos:

> *Hoy cumple Patria Mercedes*
> *quince febreros cabales*
> *y le ofrecen sus amigas*
> *flores, música y cantares.*

Estando más grandes, papá nos llevó a Patria, a Minerva y a mí a Santiago a montarnos en un avión. Quería que viviéramos esa experiencia, así que volamos de Santiago a la capital.

En otra ocasión fuimos a conocer el mar y a bañarnos en la playa, pero ya Patria estaba casada, lo que quiere decir que no éramos tan niñas. ¡Cuánto gozamos! El mar me impresionó mucho, me parecía como un inmenso conuco de habas.

Otro viaje divertidísimo fue el que hicimos a Long Beach, Puerto Plata, en una guagua. Patria había ido primero y quiso llevarnos a Minerva y a mí. Este paseo es uno de los más bellos recuerdos que guardo.

Mamá, nuestra salud y educación

A pesar de que nosotras nunca nos enfermamos seriamente ni estuvimos internas en clínicas, mamá se preocupaba por la salud de María Teresa y por una mancha que tenía Patria en un pie, la que creo que era simplemente una marca producto de un rasponcito.

La verdad es que mamá era casi obsesiva con la salud de toda la familia. Mortificada porque a María Teresa le daba una especie de asma, se pasó la vida sobreprotegiéndola, dándole remedios, porque aunque ella había nacido antes de que mi padre se enfermera de hemóptisis, decía que este mal tal vez se heredaba. Le preparaba toda clase de zumos: de ajonjolí, de yo no sé qué diablos, zumo de apazote con cebolla y leche con ajo. Minerva le advertía a mi hermana: «Te vas a embromar. Tú te tomas todo lo que ella te trae», mientras le reclamaba a mamá: «Tú la estás envenenando». Si tosía no la dejaban salir de su habitación porque podía ser un resfriado o quién sabe qué, y ahí venía mamá con todos sus mejunjes y remedios caseros.

Cuando azotó una enfermedad que se llamaba uncinariasis o algo parecido, se popularizaron unos purgantes llamados «Los tres golpes». Había que ir tres veces a La Vega, con un intervalo de ocho días. La primera vez te hacían los análisis y si salías con parásitos tenías que volver dos veces más. A todos nos hicieron análisis y la única que no salió con parásitos fue María Teresa. ¿Y cómo iba a tener con todos los remedios que mamá le daba?

Nos alfabetizamos en Ojo de Agua; estudiamos las primeras letras en una escuelita de madera que aún existe y que entonces llegaba hasta tercer grado. Nuestro maestro principal fue Nicolás Camilo, de quien aprendí casi todo lo que sé. Incluso en el colegio Inmaculada aprendí menos que con él. Seguidor como era de Eugenio María de Hostos, nos enseñó hasta a hacer injertos. El Día del Árbol sembrábamos arbolitos, principalmente de caoba, y teníamos un huerto escolar. Era un verdadero y sabio maestro en todo el sentido de la palabra; enseñaba mucho, y de todo. Otra maestra, Lidia Acevedo, fue quien nos enseñó a bordar y nos dio rudimentos de economía doméstica.

Íbamos a la escuela por la mañana y por la tarde, y para nosotras era como ir a pasear. Quedaba cerca, apenas a unos doscientos metros de nuestra casa, y aparte de que aprendíamos de todo, podíamos jugar con otras niñas.

Conservo la imagen de nosotras, pequeñitas, corriendo detrás de la mula en la que el señor Camilo regresaba a Salcedo los viernes. Recorríamos los dos kilómetros y cuarto, hasta la carretera, donde estaba la casa vieja de mi madre, en la que vivían tío José y tía Minada. Pasábamos con ellos el fin de semana y el domingo, al atardecer, Patria, Minerva y yo regresábamos caminando, muertas de miedo. Patria, que era la más miedosa, proponía: «Yo me pongo en el medio y cada una de ustedes a mi lado». Minerva y yo respondíamos: «Sí, sí, tú sí sabes, en el medio, para que nosotras te vayamos cuidando». Decían que en un cocal al lado del camino salía un muerto, y que en una mata de higo muy grande que estaba donde hoy se encuentra el complejo deportivo próximo a mi casa, salía otro muerto. ¡Tonterías de niñas!, pero con cuánta alegría las recuerdo.

Cuando terminamos esos tres años básicos, mamá, que era la que más se preocupaba porque nosotras estudiáramos, tuviéramos disciplina e hiciéramos amistades buenas, convenció a papá para que nos inscribiera en el colegio Inmaculada Concepción en la ciudad de La Vega. A Patria y a mí en quinto curso, y a Minerva, que sabía más que nosotras, en cuarto, pero antes del mes la subieron al quinto, de modo que casi desde el principio estuvimos juntas en el mismo curso.

No llegamos las tres en la misma fecha al colegio porque papá había decidido que mis hermanas se fueran en septiembre, mientras que yo debía quedarme en la casa hasta enero para ayudarlo un poquito en el negocio. Me veo a mí misma como si estuviera en una película en blanco y negro el día que fuimos mamá, papá y yo a llevar a Patria y a Minerva; me recuerdo diciéndoles adiós con mucha pena mientras trataba de evitar las lágrimas.

El viaje se hacía principalmente en tren. La estación de La Vega quedaba cerca del colegio, en la avenida Gregorio Rivas. Luego íbamos en carros, que venían desde Moca. Papá trataba personalmente con el chofer; estaba convencido de que había que cuidarse de choferes y de guardias. A papá, que defendía su dinero, pues según decía era muy bien ganado, no le parecía muy caro pagar 45 pesos mensuales por las tres en el colegio.

El día en que por fin me mandaron a estudiar a La Vega, recuerdo que fui desde mi casa hasta la estación del tren en Salcedo en una mula que tenía un paso muy bonito. En el anca llevaba a un muchachito para que devolviera el animal a la casa.

Llegué por primera vez al colegio Inmaculada Concepción en la tardecita, pero como Patria y Minerva llevaban unos meses ahí, me sentí en confianza. Para la cena regularmente servían moro de habichuelas negras con huevos fritos, que a mí me parecía muy prieto porque estábamos acostumbradas al de habichuelas rojas, o un pedazo de queso y chocolate. Nunca ponían plátanos ni pan.

La rutina era levantarse, ir a la iglesia para rezar o para la misa, desayunar y después pasar a las aulas. Al mediodía íbamos al comedor. Luego teníamos un receso mientras las monjas comían. Después ellas venían otra vez a rezar. Se rezaba muchísimo. De tarde estudiábamos de nuevo. Algunas recibían clases de pintura; otras de mecanografía, y las demás íbamos a estudiar a un sitio que le llamaban La Cancha, donde había un Corazón de Jesús. Dos estudiantes mayores que nosotras, María Luisa Osterkri y Pucha Rodríguez, hermana de José Horacio Rodríguez, quien luego sería uno de los comandantes de la expedición del 14 de junio de 1959, eran las encargadas de vigilarnos mientras estudiábamos. Estábamos organizadas en «las pequeñas», «las medianas» y «las grandes», y nosotras pertenecíamos al primer grupo.

Llegábamos al colegio en septiembre y no volvíamos a nuestra casa hasta diciembre. También teníamos vacaciones en Semana Santa, pero eran sólo de dos o tres días. Entre las amigas inolvidables del colegio están María Krant, Gladys García y Leyda García. También había un grupito de niñas de Salcedo, como nosotras, entre las que estaban las hermanas de Jaimito. En el colegio también estudiaba Pura de la Maza, hermana de Antonio de la Maza, quien después participaría en el ajusticiamiento de Trujillo.

Otras compañeras a quienes recuerdo son Olga y Deysi Rojas, provenientes de una de las familias más aristocráticas de Moca. Más tarde nos llegó la noticia de que después que Olga Rojas salió del colegio, Trujillo se enamoró de ella, la convirtió en su amante y le hizo una mansión en Santiago. En los terrenos de esa residencia se construyó después de la caída del régimen la famosa urbanización Villa Olga.

Los domingos eran los días de visita de los padres y familiares. En el recibidor, sentado muy derecho, coloradito y vestido de traje blanco, conocí a don Juancito Rodríguez. Me impresionó su figura, que venía precedida por el rumor de ser uno de los hombres más ricos del país. Había sido general y senador, pero después se fue al exilio y dedicó toda su fortuna y su vida a combatir a Trujillo. «Ése es el papá de Pucha Rodríguez», señalaban.

Las monjas nos llevaban todos los domingos por la ciudad de La Vega, en un paseo que disfrutábamos muchísimo. Nos ponían en fila. Los muchachos siempre estaban merodeando, aunque aún éramos muy niñas.

Durante el carnaval nosotras sufríamos, deseosas de ver los famosos diablos cojuelos, mientras en lugar de llevarnos al parque donde se congregaban, nos paseaban por la avenida Rivas, en las afueras de la ciudad, casi en el campo.

La Vega era una especie de centro cultural del país; le llamaban, y aún le llaman, la Ciudad Olímpica, por la cantidad de atletas sobresalientes que han nacido en esa tierra. Tenía una vida intelectual activa y muchos jóvenes escritores y artistas confluían allí, pero en el colegio nos mantenían muy alejadas de esas actividades.

Las monjas franciscanas responsables del colegio Inmaculada eran muy estrictas, muy exigentes, lo que se dice «Ley, batuta y constitución». Eran españolas en su mayoría, aunque había algunas dominicanas, como sor Remedios, de Puerto Plata; sor Altagracia, de Bonao, y la maestra de piano, sor África, que tocaba muy bien, tenía una cara muy graciosa y cojeaba un poco.

Además de las profesoras Victoriana Pérez y Marcia Cordero, se destacaba la recordada sor Inés, que aunque no fue profesora mía, pues era muy joven, sí lo fue de Minerva más adelante. Tampoco puedo olvidar a sor Eloísa, de nombre Laurita Geraldino antes de consagrarse, por su actitud y su posición antitrujillista hasta lo último. Años después, en los meses finales de la dictadura, cuando ocurrieron los acontecimientos que involucraron a monseñor Francisco Panal, las monjas la mandaron a Puerto Rico para protegerla.

Teníamos una pista para patinar, un salón de pintura, otro de lectura y una cancha de voleibol. Entre las alumnas del colegio, en su mayoría hijas de las familias más importantes de todo el país, estaban Cesarina Rubio, de La Romana; las Casanova, de San Pedro de Macorís; Elsa Aristy, de Higüey; Gisela y Zaida Aybar, de El Seibo; Colombina Marrero, de Villa Rivas; Violeta Martínez, de San Francisco de Macorís; Emma Rodríguez, de La Vega, y Aniana Vargas, de Bonao.

Cuando Patria concluyó el octavo curso, papá la sacó del colegio para que lo ayudara un tiempecito en el negocio, pero conoció a Pedrito González, quien se enamoró de ella, y se casaron casi de inmediato.

Como yo era la mayor que quedaba en la casa, y era fuerte y saludable, me sacaron del colegio para trabajar en el negocio familiar. Es decir que al igual que Patria, sólo completé el octavo curso. Habíamos cursado nada más cuatro años de estudios formales; sin embargo, la educación del Inmaculada Concepción era de tal calidad que con lo que allí aprendimos de contabilidad simple nos bastaba para manejar el negocio.

Tuve ganas de protestar cuando me obligaron a interrumpir los estudios para ayudar en el negocio de papá, pero lo acepté porque antes se respetaba lo que decidiera el padre. Siempre había soñado con ser farmacéutica, pero creo que nunca se lo manifesté a papá para no contrariarlo, además de que aprendía mucho trabajando con él. La verdad es que en el fondo disfrutaba esa vida hasta cierto punto variada, llena de visitantes y personajes inolvidables.

Quizás porque me comparaba con la inteligencia descollante y la imponente personalidad de Minerva, desde pequeña me consideré de inteligencia promedio. Dado que era fuerte y bien dispuesta, mis padres entendieron que debía ser yo la que trabajara. Y aunque a veces me quejaba con ellos diciéndoles: «Yo soy la cenicienta de aquí», acepté con gusto mis responsabilidades familiares.

Luego del nacimiento de María Teresa contratamos una empleada doméstica a quien, por decisión de mamá, yo debía supervisar. Si venía la señora a lavar el piso, yo tenía que estar detrás de ella; si había que traer el agua o barrer el patio, me tocaba a mí.

Tampoco es que me sintiera frustrada. Me dediqué con ahínco al comercio y sólo mucho después, cuando vinieron los programas de educación a distancia de radio Santa María, quise reinscribirme para terminar el bachillerato. Ya para ese entonces había cambiado de vocación y lo que me interesaba era prepararme para estudiar Derecho.

Dos recuerdos: Bodó y Fefa

En esta etapa de nuestra adolescencia fue cuando ocurrió la matanza de haitianos, y también por estos años trabajó en casa Fefa, un personaje por el que la gente pregunta con curiosidad.

En 1937, los ecos mortales de la matanza de haitianos llegaron muy cerca de nuestra casa y nos conmovieron. Ocurre que en Ojo de Agua vivía Bodó Atidó, un haitiano casado con una dominicana a quien llamaban Pajayola. Tenía un pequeño comercio a orillas del río Cenoví y venía al almacén de papá a comprar provisiones. Lo recuerdo bien porque nos traía guineítos «del padre» y mangos mameyitos. Era muy simpático y sonreía con unos dientes blanquísimos. Un día la gente empezó a decir: «Se llevaron a Bodó». Él desapareció para siempre, pero su familia se quedó aquí.

Algo similar ocurrió con todos los haitianos de Salcedo, que en su mayoría trabajaban en las tenerías y en la agricultura. El papá de Jaimito curtía pieles, y en su negocio trabajaban muchos haitianos. Se decía que reunieron a todos los de la provincia en Moca y allí los mataron a puñaladas. Niningo Santos tuvo que esconder por mucho tiempo a Bautista, otro haitiano que trabajaba en su casa, para que no lo encontraran.

En cuanto a Fefa, fue nuestra cocinera y trabajó y vivió en nuestra casa durante varios años con su hijo, a quien le decíamos Negro. Fefa creía en cosas de espiritismo y le gustaba contarnos sus experiencias. Mamá se molestaba y nos regañaba porque una hermana suya de padre, tía Chela, también leía la taza. «Lo que están es resquebrajándome las tazas», nos decía, mientras las secábamos en el fuego para que Fefa o tía Chela nos las leyeran. «Un enamorado, un paquete que llega, un viaje, un hombre triste que te da la espalda, un regalo, un bulto, un hombre que se fue, otro que viene…», siempre decían lo mismo, pero nos entreteníamos con ellas.

Alrededor de 1940 la situación empezó a cambiar por donde vivíamos. Hubo numerosos pleitos y enfrentamientos entre personas del lugar. La gente pidió que se pusiera un cuartel de policía y papá prestó un almacén para que lo instalaran. Les dábamos la comida a los alistados asignados allí y así fue como Fefa conoció al cabo Marte, con quien se casó.

Poco después dejó de trabajar con nosotros y, no sé muy bien cómo, se convirtió en una curandera muy popular. Tanto que desde regiones lejanas del país y hasta desde Estados Unidos iban a consultarla y a pedirle remedios contra todo tipo de enfermedades. Nada de brujería, lo de ella era recetar. Sus remedios para curar el eccema eran famosos. Después que asesinaron a las muchachas ella empezó a decir que se le aparecían y que la ayudaban a curar. Entonces se hizo aún más popular y recibía gente de todos lados que amanecía alrededor de su casa, mientras el marido llevaba el control de las visitas.

III

TEMPERAMENTO, IDEAS Y CAMINOS

«¿Cómo era María Teresa?», me preguntan. Trato de imaginarla, pero termino llorando al comprobar que por alguna razón inexplicable numerosos detalles de su personalidad o de su apariencia se han borrado de mi memoria. He llegado a pensar que esa especie de vacío mental es un mecanismo de defensa contra el dolor y la impotencia de no haber podido hacer nada para evitar que la vida útil de nuestra hermanita, mi bebé, el «nidal» adorado de toda la familia, fuera tronchada cuando empezaba a florecer.

A Patria y a Minerva, por el contrario, las recuerdo con mayor claridad. A veces me parece ver a Patria en la terraza con un pantalón gris, estrecho en las piernas, y una blusita roja de tirantes amarrados. Así estaba vestida la última vez que estuve con ella.

Sobre Minerva es mucho más lo que recuerdo, quizás porque su personalidad y sus ideas influyeron decisivamente en la vida y el destino de todas nosotras. Esas imágenes y vivencias «se me tumultúan», como decía Minerva, pero trataré de organizarlas de manera que quien lea estas memorias pueda hacerse una idea nítida de la personalidad de cada una y de los acontecimientos e influencias que moldearon nuestros temperamentos.

Aída Patria Mercedes: la solidaria

¿Cómo definir a Patria? No hace muchos años salió su rostro en un Listingrama. La semana siguiente busqué la definición que daban de ella: «Mujer perínclita». No conocía ese término, así que busqué la definición en el diccionario: «Persona excepcional». Eso era Patria, una mujer excepcional.

Siempre fue la preferida de mamá. Nosotras la celábamos con ella. Era débil con Patria, y lo justificaba con el argumento de que tenía una mancha de nacimiento y ella pensaba que se debía a un problema del hígado. Vivía tan preocupada por esa mancha que hasta llevó a Patria a un médico francés que por entonces llegó a Santiago.

Pedro González —Pedrito—, de Conuco, un campo cercano a Ojo de Agua, había visto a Patria en casa de tía Lalía, la hermana menor de mamá, casada con Ezequiel González, hermano de aquél, y se enamoró de ella.

Dos tiernas cartas de Patria a Pedrito, que conservo, dan cuenta de la juventud y candidez de mi hermana:

Ojo de Agua, 18 de junio de 1940

Señor Pedrito González
Conuco, R.D.

Querido Pedrito:
Te hago ésta para saludarte y saber cómo estás del catarro, supongo que estarás mejor, pues no me has mandado a decir nada; dime si recibiste una carta que te mandé con Ezequiel.
Yo creí que tú ibas a venir hoy aquí y por eso no te escribí.
Si estás mejor ven, te vienes en la tardecita.
Ayer me picó una avispa y anoche me dolía un poco, pero cuando me picó ni grité ni lloré.
No dejes de venir que tengo muchos deseos de verte para que

hablemos mucho, tráeme muchos cuentos y sueños.

Muchos recuerdos para Mamita y Sofía y los demás.

Dice papá que el cacao mejoró ayer en la tardecita 10 centavos más del precio que él te dijo. También que le des 25 sacos a Mon Camilo.

Muchos recuerdos te mandan todos los de aquí.

Ven, no dejes de venir.

Con un beso,

tu Patria

Ojo de Agua, 16 de agosto de 1940

Queridísimo Pedrito:

Te hago esta carta para saludarte en unión de los demás y saber cómo estás, alegrándome que estés bien igual a mí.

Pedrito, nosotros pensamos ir esta noche a la retreta, así es que ven preparado o anda al pueblo para que nos juntemos allá.

No dejes de ir; llévame muchos cuentos.

Recuerdos para todos, te saluda con un beso y un abrazo quien nunca te olvida y te quiere mucho.

Hasta esta noche.

Patria

Tuvieron un noviazgo corto, como de un año. Aunque al casarse Patria tenía sólo dieciséis años, ya Pedrito gozaba de buena posición económica. Recuerdo que tenía una camioneta de hierro, como una especie de jeep, creo que era alemana, y también un caballo trancao, de esos que tienen un solo paso y caminan rítmicamente.

El matrimonio se celebró en 1941 en esta misma casa. María Teresa, que había cumplido seis años, fue el paje.

Había pasado una desgracia en la familia de Pedrito. A su papá lo asaltaron en la letrina, pero pudo llegar caminando hasta la casa, gritando: «¡Me mataron, me mataron!». Supongo que pensando que Pedrito era el único hijo que aún estaba soltero, añadió: «¡Si yo muero, háganle una casa a Pedrito!». A esa casa que se construyó a pedido del papá moribundo fue a vivir la pareja.

Patria dejó los estudios muy joven y asumió toda la responsabilidad de una casa. Menos de un año más tarde, a principios de 1942, nació Nelson. Después de casada, Patria se puso a aprender a dibujar a creyón y a lápiz con Miriam Burgos, una amiga nuestra que había estudiado pintura. Sus dibujos, casi todos con flores como inspiración, están exhibidos en la Casa-Museo, pero perdimos el único cuadro al óleo que pintó.

A los empleados que le ayudaban en el jardín y otros quehaceres domésticos ella les llamaba «mi secretario» y «mi secretaria». Sobresalía por esa forma delicada que tenía de tratar bien a todo el mundo.

Yo recuerdo que el doctor Abel Fernández, papá de la conocida jurista Aura Celeste y uno de los representantes del 14 de Junio en San Francisco de Macorís, intentaba manifestar su admiración por ella y creía decirlo todo con sólo exclamar: «¡Patria! ¡Patria!».

Durante mucho tiempo después que Patria murió, los limosneros iban a la puerta de su casa destruida y se hincaban a dar gracias a Dios por aquella mujer que lo daba todo con cariño y con inmenso amor. Tonó, que la conocía tan bien como yo, recuerda que a Patria la querían tanto que la buscaban de madrina de las bodas de toda la gente pobre de por aquí.

En estos días, visitando la que fue su casa, me puse a conversar con los vecinos. Estuvimos rememorando la muerte en un accidente de Leví González, un primo hermano de Pedrito, y cómo Patria tomó el cuerpo desbaratado, lo bañó y lo preparó. Lo mismo hizo con una vecina a la que se le presentaron problemas en el parto. Patria la llevó en su carro al médico, pero se murió. La trajo, la preparó y la enterró. Así era Patria y así la recuerdan quienes la trataron de cerca o en cualquier circunstancia.

Dejaba a sus hijos para ir a esperar al mío, para abrazarlo, para cuidarlo, para darle cariño. Era una hermana muy especial para mí. Yo tenía siempre la seguridad de que contaba con ella, me sentía en su casa como si fuera la mía, la conocía a fondo, y me admiraba verla tan humana, tan organizada, tan agradable, solidaria y complaciente con los demás.

Me llevaba a las fiestas, a las veladas, y los sábados de diciembre, a los bailes de aguinaldos con los jóvenes. Lograba convencer a mamá, tan celosa y embromona siempre, de que me dejara ir a las fiestas pues a mí era, de las cuatro, a quien más le gustaban. Cuando mamá decía «no» yo empezaba a llorar; entonces venía Patria en su carro y me llevaba al baile, o adonde fuera, para que yo disfrutara.

Dicen que lo primero que olvidamos de los que no están es la voz; sin embargo, una de las cosas de Patria que recuerdo con mayor nitidez es su cálida voz.

Siempre estaba de buen humor y se mantenía al día sobre la moda y la decoración. Era súper avanzada en buen gusto y refinamiento. ¡Había que ver los jardines diseñados y cultivados por ella! Compraba en Santiago revistas como *American Home* o pedía artículos de Sears, vía catálogos, a un señor llamado Peter Prasmoski. Íbamos todas con ella a Santiago a hacer esos pedidos. Papá se sentía orgulloso de esa hija y cada vez que nos llegaban visitantes, los llevaba a su casa porque hasta un café que brindara lo hacía con delicadeza y buen gusto. Si era una limonada, le echaba unas gotitas verdes, le ponía unas hojitas al vaso, o cualquier otro detalle especial.

¿Profesión? Andariega. Le encantaban los paseos, los organizaba y disfrutaba. Siempre tenía su bultito preparado, «por si se ofrecía salir de un pronto». Los domingos venía con ese bultito en el que no faltaban unos rolitos, polvos faciales, un vestido, unas tijeritas y el Salmo 23 que siempre rezaba. Pienso en ella cada vez que lo escucho:

El Señor es mi pastor,
nada me falta.
Me hace descansar en verdes pastos,
me guía a arroyos de tranquilas aguas,
me da nuevas fuerzas
y me lleva por caminos rectos
haciendo honor a su nombre.
Aunque pase por el más oscuro de los valles,
no temeré peligro alguno,
porque tú, Señor, estás conmigo;
tu vara y tu cayado me inspiran confianza.
Me has preparado un banquete
ante los ojos de mis enemigos;
has vertido perfume sobre mi cabeza
y has llenado mi copa a rebosar.
Tu bondad y tu amor me acompañan
a lo largo de mis días,
y en tu casa, oh Señor, por siempre viviré.

Anhelaba especialmente conocer La Habana, pues soñaba con viajar, incluso más que Minerva. ¡Y cuánto le encantaba la Navidad! Desde octubre empezaban las exhibiciones en la tienda El Gallo. «Vienen las navidades», anunciaba y empezaban los viajes a Santiago a comprar adornos navideños o elementos decorativos. Papá a veces nos acompañaba y le gustaba llevarnos a comer al restaurante Yaque o al Antillas.

Tuvo la suerte de encontrar un marido complaciente y tranquilo que la apoyó mucho, porque en la pareja la mujer hace al hombre y el hombre hace a la mujer. Se complementan. Una buena pareja no sólo es un complemento, sino que ayuda a la realización personal. A Pedrito no le gustaba bailar, pero llevaba a Patria a las fiestas porque ella sí las disfrutaba.

Patria también era muy presumida, a toda hora arregladita. «Yo siempre creo que la gente me está mirando», decía. Por eso siempre andaba erguida y pintadita. Hasta para dormir se arreglaba bien. Usaba pijamitas de lujo y a mí, que en eso era distinta a ella, me recriminaba: «Dedé, ¿y tú duermes con una pijama rota? ¡Ay, no! Eso no está bien».

María Argentina Minerva: una muchacha brava

La gente suele interesarse más en averiguar sobre Minerva y en general preguntan sobre su personalidad sobresaliente, o si es cierto que era tan valiente y osada. Yo contesto que además de su fuerte carácter era muy simpática, agradable, sencilla y un poco distraída, quizás la más distraída de nosotras cuatro. Muy versátil, hablaba siempre de libros, de política, de pintura, de su pasión por los jardines y por los animales. Una mujer muy linda y atractiva: alta, de talle fino, bien formada, de piernas gordas y manos largas y delgadas. Con su andar cadencioso y aquella mirada profunda e inteligente, jamás pasaba desapercibida. Era, yo diría, una preciosa nativa, con su pelo y sus ojos tan negros y tan bellos.

Minerva siguió interna en el colegio Inmaculada Concepción hasta terminar el bachillerato, aunque mi padre, que conocía bien sus ideas y les tenía miedo, la obligó a interrumpir el año escolar cuando se formó la Juventud Democrática, de 1944 a 1945.

Pero ella no quería estar encerrada mucho tiempo, deseaba ir a la capital, o a La Vega. Recuerdo que yo le preparaba una maletita y se la mandaba, a escondidas de papá y de mamá, con los comisionistas del comercio a La Vega, para que ella se quedara allá a pasar las vacaciones de diciembre y no tuviera que venir para el campo.

Nos llevábamos muy bien, aunque como todos los hermanos, algunas veces tuvimos peleas de niñas. De una de esas peleas no me quiero ni acordar. Minerva siempre tenía las manos muy cuidadas y le encantaba dejarse crecer las uñas. Un día viene y me las muestra, muy oronda: «Mira, Dedé, qué lindas están mis uñas». Y yo, que siempre tenía las mías como cabitos de tanto trabajar en el jardín, le hice ¡ñas!, le rompí una y me eché a correr. Me cayó atrás y cuando me alcanzó me acabó a arañazos. ¡Ay, qué carácter tan bravo tenía esa muchacha! Así era ella. Mamá nos arrodillaba delante del Corazón de Jesús cuando hacíamos cualquier travesura, cosas de muchachos, nada. Nos azotaba con una correíta. Desde que yo veía la correa empezaba a llorar. Sin embargo, a Minerva le daban cuatro correazos y no gritaba. Ése era su temperamento.

Amaba la poesía y declamar. Recitaba precioso. Leía a Neruda, a José Asunción Silva, Gustavo Adolfo Bécquer, Fabio Fiallo, Amado Nervo… Aún me parece escucharla, parada en cualquier rincón de la casa o del jardín, recitando «*For ever*», de Fabio Fiallo:

Cuando esta frágil copa de mi vida,
que de amarguras rebosó el destino,
en la revuelta bacanal del mundo,
ruede en pedazos, no lloréis, amigos.
Haced en un rincón del cementerio,
sin cruz ni mármol, mi postrer asilo,
después, ¡oh! mis alegres camaradas,
seguid vuestro camino.
Allí, solo, mi amada misteriosa,
bajo el sudario inmenso del olvido,
¡cuán corta encontraré la noche eterna
para soñar contigo!

Me la sé de memoria de tantas veces que la escuché repetirla, como también esta otra, cuyo autor no recuerdo:

Fue la alondra más hermosa
que naciere en la campiña
rubias alas, piel de rosa
y el andar como de niña voluptuosa
colgó el mundo en mis rosales
y cubriole de verbenas y de espigas otoñales
sonó un tiro, cesó el canto
bajé al jardín, lo hallé sombrío
ni una nota ni un arpegio
sobre el musgo un ala rota
y arriba el nido vacío.

De Gustavo Adolfo Bécquer no se cansaba de recitar

Volverán las oscuras golondrinas
en tu balcón sus nidos a colgar...

En esta casa, en este mismo jardín, aún me parece verla con su cabeza erguida y la mirada perdida en el infinito, recitando. Recientemente, después de asistir a la obra *Yo, Minerva*, que magistralmente representó Edilí en el Teatro Nacional, regresé a casa y tuve la sensación de que la vi, sí, me senté a desayunar y la vi, ¡la vi parada! Fue tan real esa presencia que no hice otra cosa que darle rienda suelta a mi llanto. Me sentí muy triste y llamé a una prima. Ante su asombro, le dije gritando: «¡Es que estoy viendo a Minerva! ¡Porque yo la estoy viendo! La vi, estoy segura de que la vi. Muy bonita, enamorada de Manolo. Estaba esperándolo».

Ese amor por la poesía lo tuvo Minerva desde muy pequeña. Siendo una niñita, el profesor Camilo la ponía a recitar «La oración por todos», un poema larguísimo, como de treinta estrofas, de Andrés Bello, el cual empezaba así:

Ve a rezar, hija mía. Ya es la hora
de la conciencia y del pensar profundo:
cesó el trabajo afanador, y al mundo
la sombra va a colgar su pabellón.
Acude el polvo al árbol del camino,
al soplo de la noche; y en el suelo
manto de la sutil neblina envuelto,
se ve temblar el viejo torreón.

En las tardecitas, luego de cerrar el negocio, cenábamos, nos bañábamos y nos sentábamos en la galería del frente de la casa, papá con nosotras, y mamá a lo mejor haciendo oficios dentro. La luna grande que venía saliendo entre los árboles provocaba una sombra gigante en la noche, mientras Minerva empezaba a recitar un poema de José Asunción Silva:

Y tu sombra
fina y lánguida
y mi sombra
por los rayos de la luna proyectada
sobre las arenas tristes
de la senda se juntaban.
Y eran una
y eran una
¡y eran una sola sombra larga!
¡y eran una sola sombra larga!
¡y eran una sola sombra larga!

Esos momentos los recuerdo tan nítidamente que aún ahora me parece estar viviéndolos.

Para entonces no había televisión. Tal vez por eso Minerva leía tanto y también tal vez por eso mismo nos reuníamos a hacer planes, a conversar y a escuchar sus recitales. Hacíamos esa especie de tertulia en la galería o en el comedor de la casa. Tengo la impresión de que en ese tiempo hacía más frío que ahora. Todavía por estos campos no había tendido eléctrico, pero nosotros teníamos una planta que nos suministraba energía las veinticuatro horas del día. A papá lo ponía muy nervioso que viniera visita y no hubiera luz. Ya desde antes teníamos nevera de gas.

Tonó, que se llevaba muy bien con Minerva, andaba siempre detrás de ella ayudándola con las flores y también a cuidar los conejos, o a limpiar la pecera que ella misma había diseñado en el patio pues le gustaban mucho los animales. Recuerdo que por las noches ponía a Tonó a sacarle caspa, mientras ella leía sentada en la cama. Yo le decía: «Acuéstate ya, Minerva», y me respondía que dormir mucho era perder el tiempo.

Minerva disfrutaba todo: bordaba, cosía, paseaba, bailaba si había que bailar, pero su pasión era leer. Se las arreglaba para conseguir los mejores libros en Santiago o en la capital. Se convirtió en asidua visitante de la librería que tenía en San Francisco de Macorís el antitrujillista Alfonso Moreno Martínez. Compraba cantidades de libros o se los facilitaban amigos, como Violeta Martínez y Pericles Franco. Este último le enviaba cartas y libros a Minerva a la dirección de la modista de ella en Salcedo, doña Pepé Bodden.

En los años cuarenta y cincuenta me comentaba sus opiniones sobre libros como *La incógnita del hombre* de Alexis Carrel, *Anna Karenina* de León Tolstoi; *Los miserables*, de Víctor Hugo. Por esos años leyó a Eugenio María de Hostos, Goethe, Horacio, Anatole France, Shakespeare, Émile Zola, Thomas Mann, Sigmund Freud, Homero, Cervantes, Federico García Lorca, Esquilo, José Enrique Rodó, Alejandro Dumas, para citar sólo una muestra de autores sobre los que nos hablaba.

Se pasaba las noches leyendo hasta que papá le reclamaba: «Minerva, apaga esa luz». «Sí, está bien», respondía ella. Papá se quedaba dormido. Al rato despertaba: «Minerva, que apagues la luz, ya». A la una o las dos de la mañana aún estaba despierta. Sufría de insomnio porque luego se levantaba de madrugada envuelta en una frazada y se iba a la cocina a beber café y a seguir leyendo.

¿Qué era lo que ella no leía? Mandaban a casa un libro de estadísticas del Gobierno, ella lo leía. Todo lo leía. La *Biblia*, todo… Sin embargo, no leyó a Carlos Marx, Lenin, ni Engels. No cayeron en sus manos, ni creo que se pudieran conseguir en el país. En ocasiones se quedaba ensimismada. Patria y yo cuchicheábamos y decíamos que se parecía a un pensador famoso que estuvo por aquí. Ella se quejaba: «Yo sé que es de mí que se están burlando», y volvía a su lectura. Leer tanto fue quizás lo que la llevó a afianzar su patriotismo, sus ideas de libertad.

Su influencia sobre nosotras fue notable. Yo, por ejemplo, leía algunos libros que ella me recomendaba, como la biografía *María Estuardo, reina de Escocia*, de Stefan Zweig. Ella me hizo leer ésa y otras obras, a pesar de que yo no era una buena lectora, pero ese tipo de libros a cualquiera le gustan. «Ven, ven a leer lo que dijo Mahatma Gandhi: "Los pueblos que no aman su libertad, que se conformen con su suerte…"». Me leía algún parrafito como ése y se iba.

Tengo una viva impresión de *Una hoja en la tormenta* de Lin Yu-Tang, una novela que nos prestó Manolo y que me ha recordado siempre a Minerva. Cuando me dio a leer *La tragedia del rey Christophe*, de Aimé Césaire, y lo terminé, quería irme a Haití, conocer esa realidad.

Escuchaba a Minerva citar autores o recitar poemas de manera tan repetida que los mismos se quedaron fijados en mi memoria. Eso me ocurre con unos versos de Manuel del Cabral, con los que le ripostaba a papá en la mesa y que decían más o menos así:

¿Qué más quieres de mí? ¿Qué otras cosas mejores?
Padre mío, lo que me diste en carne te lo devuelvo en flores.
Estas cosas, comprende, ya no puedo callarte.
Yo, como el alfarero, con su arcilla en la mano,
lo que me diste en barro te lo devuelvo en arte.
Creo ya, que ves claro, por qué levantar puedo
este lodo animal —espeso de pensar—.
¡Siempre habrá un alfarero con su sueño en los dedos!

Se identificaba con esos versos porque expresaban la idea de que no dejaría sus libros y su vocación de estudiar Derecho por la pesada carga de un comercio. Insistía en que quería ser abogada.

Mamá criticaba su vocación, preocupada porque en un ambiente como el que vivíamos tanto conocimiento la llevaría «a quedarse jamona». No dejaba de ser realista mamá. Hoy quizás las cosas han cambiado para las mujeres, pero en ese tiempo ésa era la realidad. «Las mujeres no pueden saber mucho, porque a los hombres no les gustan las mujeres que saben demasiado. ¡Ay, no! Tú has leído todos esos libros… No, no, hazte de cuenta que no los has leído. Los hombres no se casan con mujeres que saben mucho», le repetía mamá a Minerva.

Ese amor de Minerva por la poesía nos inundaba a todos en la familia. Una vez, alrededor del año 1940, a papá le dio un derrame cerebral que lo tuvo en coma durante casi un mes. Le daba una sed que lo desesperaba y deliraba pidiendo agua. Entonces estaban construyendo el acueducto de Macorís, y nos decía a Minerva y a mí que lo cuidábamos: «Ay, si me pusieran el acueducto. Agua, agua». Nos hablaba sin sentido y yo creía que él estaba reaccionando. A mí, que siempre fui la más fuerte, me tocaba ponerle el termómetro en el recto porque ni Patria ni Minerva se atrevían a hacerlo. Cuando se recuperó y le contamos por lo que había pasado, nos dijo que lo único que recordaba de ese mes era a Minerva recitándole sus poemas favoritos.

Minerva empezó sola y desde muy pequeña a interesarse en la política. Diría que de manera casi espontánea, si no fuera por la influencia que ejerció sobre ella tío José, el hermano de mamá, quien sólo tenía diez años cuando los americanos quemaron la casa de su madre.

Tío José había desarrollado un antitrujillismo visceral, pues decía que a Trujillo lo habían dejado los norteamericanos, y se refería permanentemente a Estados Unidos como «el amo» y al tirano como al «peón del amo». En realidad creo que no hablaba de otro tema ni de otra persona que no fuera «el amo», la dictadura y el apoyo que recibía de los norteamericanos.

Cuando Estados Unidos invadió nuestro país por segunda vez, en el año 1965, tío José ya tendría unos sesenta y cinco años, pero conservaba aún tanta sed de venganza que le pidió a un nieto suyo que lo llevara a la capital, donde tenía lugar la guerra contra los invasores, para coger un arma y matar a algunos marines, o que lo mataran a él.

Era tan grande su obsesión que nunca aceptó subirse en mi carro porque era un Volkswagen, tipo «cepillo», igual a los que habían usado los del SIM (Servicio de Inteligencia Militar de República Dominicana, durante la época de la dictadura trujillista). Prefería irse a pie, pero al cepillo no se subía, porque «eso era de caliés». «Tío, súbase», le decía yo. Y él: «Jesús, ¡jamás!». Ése fue mi primer auto, que compré luego de que terminó la guerra, cuando empecé a trabajar como vendedora de seguros y aprendí a manejar.

En Ojo de Agua muchos eran antitrujillistas, desde los campesinos que nunca habían ido a la escuela hasta los negociantes y todo tipo de gente.

Mamá solía decir que Minerva tenía la capacidad de oler «con su trompita» a los antitrujillistas, de detectarlos dondequiera que estuvieran. Sus amigos en San Francisco de Macorís eran Alfonso Moreno Martínez, Jacintico Lora, don Paco Martínez, Violeta Martínez, Brunilda Soñé y toda una legión de mujeres antitrujillistas. Minerva los buscaba, estaba en eso. Siempre estuvo en eso.

Al llegar por primera vez al colegio Inmaculada Concepción, le tocó dormir cerca de una niña que estaba siempre muy triste, lo que intrigó a Minerva. La niña le contó que había visto a su padre vomitar sangre y luego morir, asesinado. Trujillo acostumbraba dar becas a las hijas de algunos de los opositores que había mandado a asesinar. Esa historia provocó en Minerva, también niña, una chispa de odio y de rebeldía. Por allá por el año 1946 se anunció la celebración de un mitin en La Vega, en el que participarían Chito Henríquez y los hermanos Félix Servio y Juan Ducoudray, y recuerdo que Minerva quería asistir. Luego, cuando el intento de expedición de Cayo Confites, en 1947, Minerva anduvo averiguando cómo conectarse con los expedicionarios.

Poseía una sensibilidad especial que fue puliendo con la lectura desde muy niña. Un escritor desde pequeño quiere decir algo; un pintor empieza con un dibujo… Paulatinamente las personas van desarrollando esas cualidades de acuerdo con las condiciones en las que les toca vivir. Pienso que ése fue el caso de mi hermana y así se incubaron sus ideas.

Gustavo Ramos, un señor de la zona, cuenta que una vez Minerva pasó a caballo mientras él estaba pintando el frente de su vivienda, y se interesó por lo que hacía. Cuando le contestó que el Jefe iba a pasar por ahí y que, como todo el mundo, estaba obligado a limpiar el frente de su casa si no quería que le pusieran una multa, Minerva le dijo: «Pero don Tavo, no sea comemierda». A mí me sorprende un poco esa anécdota, porque

Minerva era prudente y además no era el tipo de persona que usara expresiones como ésa, pero bien pudo haber dicho algo similar por la confianza y la familiaridad que nos ha unido a los Ramos. «Anhelo la libertad de este pueblo. Estoy luchando por eso», repetía.

La adornaban, sin embargo, otras cualidades. Compraba pececitos, pajaritos... Brava que se ponía cuando nosotras le decíamos: «Tú eres una gastadora, tiras el dinero para arriba».

Muchas veces he repetido la historia de una garza real que con mucha dedicación había criado en nuestro jardín y que un día se escapó. Jaimito, quien por esos tiempos era mi novio, se la había traído desde Samaná. A esa garza, que era un ave grande, bellísima, la iban a matar por ahí. Papá le dijo: «¡Qué animal más malagradecido! Después de comerte los peces y la libra de carne que le comprabas a diario, ahora se te fue». Minerva, con mucha calma, le respondió: «Es que hasta las aves aman la libertad». Como queriendo decir: «Eso es lo que yo amo, la libertad», como si se viera a sí misma en la actitud de la garza.

Jaimito le decía: «A ti te gusta el brillo», porque a ella le gustaba comprar todo lo que fuera de calidad, todo lo bueno. Nos íbamos en su carro a Santo Domingo a comprar *Vanidades, Vogue, Para Ti, Atlántida* y la revista cubana *Carteles*, que le gustaba especialmente.

En la capital llegábamos hasta el sector Alma Rosa, que entonces todavía no era parte de la ciudad, a comprar flores y plantas exóticas importadas por el vivero Inmaculada, propiedad de Mario Bobea. Nuestro jardín fue uno de los primeros del país en tener trinitarias de todos los colores.

Los senderos de piedra, aún intactos en el jardín de nuestra casa en Ojo de Agua, los hizo Minerva. Puso las lajas con sus propias manos, ayudada por Maduro, un muchachito vecino muy trabajador que, igual que Tonó, andaba detrás de ella ayudándola en todo. Cargaba las piedras, sacaba los grillos de las rosas, desyerbaba el jardín. Durante la Segunda Guerra Mundial el cemento se puso muy escaso y caro. En una finca de papá había unas lajas, que él empezó a utilizar en los secaderos de cacao para economizar cemento. Minerva tomó muchas de esas lajas para hacer los senderos de un rosal que plantó con cientos de matas de rosas que había encargado a California, por catálogo. Llegaron en barco, a Puerto Plata. Sacar esas rosas del puerto le costó un trabajo tremendo y se tomó tanto tiempo que algunas de las matas se malograron. De ese rosal, y del empeño de Minerva en hacerlo, hablaba siempre con nostalgia el doctor Pericles Franco.

Mientras colocaba las lajas para los senderos, peleaba con Maduro para que hiciera las cosas como ella quería. Él ya ponía las piedras, ya las quitaba. A mamá le daba pena verla en esta labor y le decía: «Ay, no, mi hija, deja esas piedras. Esas manitas tuyas no son para eso». Yo le decía: «Minerva, tú debiste ser arquitecta». Levantó un soporte para las trinitarias, hecho en cuadritos de madera, por donde las plantas trepaban bellísimas. En la nueva casa que construyó mamá en Conuco por los años cincuenta, volvió a reunir piedras con la intención de hacer un patio español, pero le faltó tiempo para concluirlo. Hoy, en el museo que funciona en la misma casa, esas piedras adornan su tumba.

Desde que empezó a estudiar en el colegio Inmaculada Concepción, se aficionó a la pintura y a esa época pertenecen los cuadros que también se exhiben en la Casa-Museo.

En ese tiempo, frente a la casa de mi suegra, doña Lesbia, había un solar con una rancheta donde funcionaba el Casino de Salcedo. Bueno, pues por el año 1945 se celebró un reinado para elegir a Miss Casino, en el que salió electa Lesbiolita Fernández, hermana de Jaimito. A la fiesta de celebración que tuvo lugar en el club asistieron jóvenes de las provincias vecinas, entre los cuales estaba un oficial de apellido Lluberes. Éste se enfureció y perdió el control porque en el momento en que invitó a Minerva a bailar, ella le dijo que estaba conversando con varios amigos y que no tenía ganas. Cuando casi al final de la fiesta Minerva se paró a bailar una pieza con Cucho, uno de sus amigos, el oficial, que al parecer se había quedado pendiente de ella, y quizás sabía de sus inclinaciones políticas, mandó a parar la fiesta y no cedió a pesar de que todo el mundo le rogó que razonara, que habían traído una orquesta de fuera, que sería un gran contratiempo detener la fiesta. Hasta le presentaron a la reina para que se calmara y bailara con ella, pero él siguió bastante incómodo.

Años después, cuando Minerva debió ir en condición de detenida a las oficinas de Trujillo, con papá y mamá, se topó con este mismo oficial, quien ya era coronel en el Palacio Nacional. Sólo la miró y se sonrió sin hacer comentarios.

Cuando Jaimito y yo nos casamos, nos fuimos a vivir a San Francisco de Macorís, así que en la casa de Ojo de Agua sólo quedaron papá, mamá, María Teresa y Minerva, quien tuvo que ayudar un poco a papá en el negocio durante algunos meses. Pero él, que la adoraba y sabía que eso no era lo que a ella le gustaba, trataba de complacerla con otras cosas.

Por esos días de 1948 le compró el Ford gris. Habíamos tenido siempre camionetas de trabajo para el negocio, pero ella fue la primera en tener un vehículo propio en la familia. Papá creía que con eso le compensaba la frustración de no dejarla inscribirse en la universidad. Como ya mencioné, en el bachillerato, temeroso por sus ideas frente a la dictadura, la había obligado a interrumpir un año los estudios. Mi padre pensaba que así Minerva estaría contenta porque podría visitar a sus amigos, ir a la capital, tener cierta independencia, y que no lo presionaría tanto con lo de estudiar en la universidad. Ése era su mayor temor, convencido como estaba de que en ese nuevo ambiente ella desarrollaría las ideas y profundizaría los sentimientos antitrujillistas que traía desde niña.

Minerva aprendió a manejar. Es probable, no recuerdo bien, que fuera José «El Búcaro», uno de los choferes que tuvimos en la casa, quien le enseñara. No era común por aquí que un padre le comprara un carro a su hija, y mucho menos que una mujer manejara. Entonces las mujeres se inscribían muy limitadamente en la universidad. Tampoco era frecuente que muchachas de campo asistieran a la casa de altos estudios, aunque recuerdo que un primo hermano de mamá, David Camilo, mandó a su hija a estudiar Farmacia. Él fue una de las primeras personas de la región que tuvo esa actitud de cambio respecto al papel de las mujeres en la sociedad.

Los años finales de la década del cuarenta fueron quizás los más felices y los que Minerva más disfrutó. La invitaban a fiestas, compartía con amigos y amigas, paseaba, leía... En una ocasión se disfrazó de María Montez, llena de collares, para un baile de carnaval en el Centro de Recreo de Santiago, y para otra fiesta llevó un disfraz de rumbera, con una falda blanca de lunares rojos.

Una de las amigas con quien más compartió en esos años fue Thelma Benedicto, de Santiago, quien con frecuencia venía a visitar a una tía materna suya que vivía en Salcedo. Preocupada porque Thelma estaba muy delgada, Minerva la invitó a pasarse unos días en Ojo de Agua. Se quedó como un mes o dos con nuestra familia. Iban al río a bañarse y paseaban en el carro de Minerva. Las fotos que se tomaron durante esos paseos son de las más lindas que se conservan de mi hermana y reflejan lo felices que aún éramos.

Nuestra casa se llenaba de amigos, de jóvenes, pretendientes o no, que venían a visitarla, a conversar con ella: Arturo y Bartolo Antuña, Carlos Sully Bonnelly, Rafael Llenas, Poppy Bermúdez, cuando venía de sus vacaciones de la universidad de

Estados Unidos en la que estudiaba... Ahí, en la galería de nuestra casa de Ojo de Agua, se sentaban por largas horas a conversar con Minerva.

Era también el tiempo de compartir con las amigas: Adalgisa Nicolás, Adalia Cordero, Gilda Pichardo, Cecilia Cortiñas y las hermanas Pou.

Ahora bien, su amiga inseparable desde la infancia fue Emma Rodríguez, de La Vega. Emma venía a casa y se pasaba semanas, meses de vacaciones. A Minerva le gustaba pasarse días en la casa de Emma porque allí sostenía frecuentes conversaciones con su abuelo, don Rafael Rodríguez, un antitrujillista, pariente de Juancito Rodríguez.

Cuando Minerva dejó los estudios y vino a Ojo de Agua, Emma se fue a la universidad a estudiar Farmacia y se casó con Rubén Suro, poeta del grupo vegano denominado Los Nuevos. Supongo que el hecho de que Emma ya estuviera graduada y casada cuando Minerva pudo al fin iniciar sus estudios universitarios, explica un poco el distanciamiento que se produjo entre ellas.

Otras dos buenas amigas de mi hermana eran unas primas que compartían el mismo nombre: Violeta Martínez. La Violeta de San Francisco de Macorís fue compañera de estudios en el colegio Inmaculada Concepción. Sus padres, don Paco Martínez y doña Amalia de Martínez, eran españoles antifranquistas, y Minerva se pasaba horas conversando con ellos. A la otra Violeta, de Moca, Minerva la conoció precisamente al coincidir con ella en casa de la primera. Desarrollaron una amistad muy fuerte, mediada por la comunidad de intereses políticos y literarios. En esos tiempos, en los que estaba prohibido hablar de política, ellas, que eran muchachas jóvenes, tenían su interés enfocado precisamente en la lucha política.

Uno de los episodios de la vida de Minerva que más se ha mencionado es la relación que sostuvo con Pericles Franco Ornes, a quien conoció alrededor de 1947. Lo voy a contar porque la gente dice que ella tuvo amores con él, y no fue así. Manolo fue su único novio.

Pericles Franco, joven muy atractivo, alto, apuesto, culto, que se expresaba con brillantez, que encantaba con su verbo, había estudiado Medicina en Chile y allí conoció a intelectuales y escritores importantes, como Pablo Neruda, quien le prologó un libro contra Trujillo. Pero sobre todo tuvo contacto con una realidad más libre, diferente a la opresión y el terror que vivíamos aquí. Tan pronto regresó al país participó como una de las cabezas principales del movimiento Juventud Democrática y en la fundación del Partido Socialista junto a Chito Henríquez y los hermanos Ducoudray, entre otros. De modo que cuando llegó a nuestra casa, atraído por Minerva, ya había estado preso y lo tenían fichado como a uno de los más importantes opositores al régimen de Trujillo. El simple contacto con él significaba un grave peligro.

Alguien le había hablado de esa muchacha tan bella y tan avanzada y él se las arregló para venir a conocerla. Minerva y él se sintieron atraídos, se identificaron, se gustaron. Pero parece que nunca hablaron abiertamente de sus sentimientos. De hecho, ella nos ocultó muchos de esos encuentros. ¡Imposible, seguro que la machacábamos si nos lo hubiera contado! Lo supimos muchos años después de la muerte de Minerva, porque él le contó a Minou, la hija de Minerva, la historia de ese amor que no llegó a concretarse y le mostró algunas fotos que se habían tomado juntos en la capital. De lo que sí llegué a tener noticia entonces fue de algunas cartas bellísimas, de novela, que le escribía a Minerva.

A final de 1949, Pericles salió nuevamente de la cárcel y tuvo que irse al exilio. Antes de marcharse, pero con sumo cuidado para no hacerla correr riesgos, intentó sin éxito contactar a Minerva. Desde el exilio trató de hacerle llegar una carta, por medio de una amiga de sus padres, en la cual le pedía que se asilara en la embajada de Colombia, y que se casaran. Cuando la emisaria vino a entregarle la carta, Minerva, que ya había estado presa también y no conocía a la señora, se negó a recibirla pensando que se trataba de una trampa. Mi hermana nunca se enteró del contenido de la carta. Tampoco nosotros.

Antes de conocer a Minerva, Pericles se había comprometido con Gilda Pérez, una muchacha proveniente de una familia de antitrujillistas de Santiago, que también se había visto obligada a exiliarse. Él, que era un hombre íntegro, le comunicó de ese compromiso a Minerva y quizás por esa razón las relaciones entre ellos nunca pasaron de un amor platónico.

No conozco los detalles, pero parece que Pericles estuvo un tiempo en Centroamérica, luego en México y más adelante en Estados Unidos. Bueno, cuando llegó a ese país encontró a Gilda casada con un norteamericano. Fue cuando él, que no había hecho lo que quería hacer estando en República Dominicana por respeto al compromiso con Gilda, le escribió la mencionada carta a Minerva. Años más adelante, Gilda Pérez se divorció del norteamericano y contrajo matrimonio con Pericles. Creo que para entonces Minerva ya había conocido a Manolo.

Dos meses antes de morir, ya enfermo, vino con Gilda y con la comunicadora Consuelo Despradel a visitarme. Aunque había guardado esos recuerdos casi como un secreto, quería contarme y recordar. Volver a ver estos lugares donde había vivido momentos inolvidables. Extrañó que ya no estuviera en mi jardín el rosal que Minerva había plantado.

Ese día habló de sus utopías, de cuando era comunista y creía que podía cambiar el mundo con sus ideas. Al final me confesó que para él había sido sublime conocer a Minerva, y me entregó un ejemplar de *Werther*, de Goethe, diciéndome:

«Este libro que Minerva me regaló contiene la síntesis, el significado de lo que ella y yo sentíamos. Quiero que lo guardes en el museo».

Este volumen tiene el sello de la librería de Alfonso Moreno Martínez, de San Francisco de Macorís, y en la primera página se lee la siguiente dedicatoria del puño y letra de mi hermana: «A Pericles: un recuerdo. Él te hablará del afecto sincero de tu amiga, Minerva. Septiembre 1949».

Goethe cuenta en *Werther* la historia de amor entre una joven y un hombre que llega de un exilio, creo, y se enamora perdidamente de ella. La muchacha no puede corresponderle porque ya está comprometida para casarse con otro.

Acordamos encontrarnos de nuevo luego de un viaje que yo tenía planificado. A mi regreso coordinamos la entrevista para el sábado siguiente, pero él murió dos o tres días antes. Me queda el dolor de no haber podido reencontrarme con Pericles Franco.

Probablemente la más cercana y espiritual de las amistades de mi hermana en ese entonces fue Tobías Emilio Cabral, a quien ella llamaba cariñosamente Larry, por el protagonista de la novela *El filo de la navaja* de William Somerset Maugham. A finales de los cuarenta también Larry tuvo que emigrar a Estados Unidos. El grado de confianza y de amistad que se desarrolló entre ellos puede verse en las referencias a eventos personales y en las claves utilizadas en la correspondencia que intercambiaron.

El espíritu de la Minerva sensible, revolucionaria y llena de sueños se deja ver en esta correspondencia, por la que sabemos que llevaba un diario, el cual destruyó por prevención y temor a ser incomprendida.

Aunque no es posible descifrar todo lo que Minerva le sugiere a su amigo, en una de esas cartas que quiero transcribir en estas memorias, parece claro, por la fecha, que hace referencia a lo ocurrido con Pericles Franco, al que apodan con el sobrenombre de «Hafiz», sacado probablemente de las gacelas de un famoso poeta persa*.

Larry:

Para ti escribo esta carta que es la historia de mi vida. No concedo gran importancia a esas ráfagas que con la fuerza de huracán estremecen de cuando en cuando mi vida. Pero la amistad que me une a ti, ese cariño que parece envolverme con una dulce tristeza en las penas y las alegrías, me ha decidido a escribirte hoy con la ilusión, vaporosas como son siempre estas mis ilusiones que el viento arrastra. Con ilusión, repito, de que lleguen a ti mis palabras. Llevo interiormente aquella tarde, ¿recuerdas?, en que nos despedimos.

¿Recuerdas que creías volverme a ver pronto?, y han [sido] tres largos años —siglos— que si bien espiritualmente nos han acercado o, para hablar con propiedad, me han acercado a ti. Porque ya sólo en ti confío para participarte el espacio de misterio interior.

Sólo en esta inmensa soledad espiritual que me rodea tu recuerdo me acompaña siempre. En una necesidad inminente de mi espíritu te busco y tú vienes a conversar conmigo.

Volvamos a aquella tarde. ¿Recuerdas que me dijiste que querías leer mi diario? Lo he roto. Era demasiado indiscreto, copia fiel del convencionalismo que me impide adaptarme al medio, y temí que llegara a alguien menos comprensivo que tú. Pero hoy quiero dejar en esta página, no las conversaciones que por las noches acercaban al mío tu espíritu, sino algunos de esos acaecimientos que me han convertido en lo que soy para que mañana, cuando yo «me canse de este cansancio mío» y mi espíritu

---

* Mohammed Shams od-Din (1320-1389), mejor conocido como Hafiz, autor de *Diván*, que recoge unas setecientas composiciones entre las que se encuentran pequeños poemas llamados «gacelas» o «gazales», especie de odas breves, formadas por dísticos o versos dobles, los cuales casi no guardan relación entre sí, poemas rebeldes, caprichosos, negadores de la disciplina poética para que el sentimiento, el ensueño y la imaginación «puedan andar a sus anchas».

vaya a buscarte para reciprocarte la compañía que prodigas a mi soledad, pueda convertirme en una imagen. Para ti va dedicado el retrato en que estoy con mi perro. Reclámalo. Es compañero del que una vez te di y que tú regalaste a Hafiz. Me dolió un poco que lo regalaras, pero luego los acontecimientos me llevaron a pensar en tus palabras para compensar el mucho egoísmo que hay en mí. Tu alma, si es que la adiviné, me pareció tan sublime que las lágrimas de las cuales soy tan avara brotaron de mis ojos a raudales. Pero esto me vuelve al objeto de mi carta: ¡tú creías que yo le amaba! No, no era verdad y una vez te lo dije. Necesitaba de compañía como siempre, de comprensión, porque la soledad es mi tragedia. Sus cartas eran tan bellas, pero había más que amistad. Yo no tuve la culpa de que llevado de un espejismo él me idealizara. De haber recordado mi intransigencia en materia de infidelidad nunca habría caído en ese error. Él tenía su novia.

Pero si yo misma te dije una vez que él la adoraba, ¿cómo era posible que yo pensara en él de otra forma que como un amigo? No me importa que todos hayan creído eso, pero me dolió que tú fueras «uno de todos». Pero no creas que te hago reproches. Es lo más natural.

Recuerdo que él me envió una parte de un diario y gacelas con esta dedicatoria: «Minerva, las gacelas se parecen mucho a ti y yo quiero ser como Hafiz, lo cierto es que algo nos une en este hermoso libro». Con este afán de poner los puntos sobre las íes, de dar a las situaciones su verdadero sentido, le contesté que indudablemente nos unía el gusto por la belleza, el hermoso lenguaje usado por el poeta oriental, y su respuesta… Bueno, su respuesta fue el punto de apoyo de todas las acusaciones que se desataron sobre mí.

Ahora que me parece ver el destino frente a mí, quiero comportarme en este divagar (¿ves?). Lleva traje moderno y nombre de tenorio, tú lo conoces tan bien como yo. Pero a pesar de todo lo que ha pasado yo le tengo un gran cariño. Doy gracias a Dios que aparte de mis penas, no haya tenido nunca que amargarme con rencores. Hasta el nombre olvido de mis enemigos. ¿A él, cómo puedo culparle? Lo enviaba el destino y se allanaron a su paso todas las dificultades.

Yo no podía oponerme y si lo hice, con más fuerza me transporto a aquella pista de baile, escenario en que se inició el drama.

Pero ese fatalismo no es una disculpa a mis errores, tantos he cometido que no me explico cómo no he perdido la propia confianza. Reconozco mis muchos y grandes defectos, mis arranques no son los más a propósito para llevarme a la felicidad, pero resuenan profundamente en mí aquellos versos de Nervo:

Que si extraje las mieles o la hiel de las cosas
fue porque en ellas puse hiel y mieles sabrosas,
cuando planté rosales coseché siempre rosas.

Minerva

Antonia María Teresa: inteligente y bondadosa

Durante siete años, después del matrimonio de Patria, habíamos vivido juntas Minerva, María Teresa y yo, pero Minerva pasaba buena parte del tiempo en el colegio, de modo que María Teresa era mi entretenimiento. Fue como una hija para mí, pues cuando nació, en 1935, nosotras ya bordábamos y tejíamos.

Tan pronto Patria se casa, María Teresa, quien era una niña todavía, pasa a ser la debilidad de mamá. A partir de entonces yo fui quien más compartió con ella. Recuerdo incluso que una vez, en 1942, me quedé casi dos meses al frente de la casa y del negocio, porque Patria iba a dar a luz a Nelson, y mi madre fue a pasarse unos días con ella, pero parece que se equivocaron de fecha. Yo peleaba: «Entonces mamá no viene. Yo aquí, sola, y cuidando a la niña. Ya estoy cansada. A mamá que venga ya».

Mi hermana pequeña era también la más bajita, y la que en conjunto más se parecía a mamá. Muy atractiva y con un cuerpo de esos que llaman esculturales, tenía dos características físicas que llamaban poderosamente la atención: unas piernas tan bien formadas que parecían esculpidas a mano y una larguísima y negra cabellera que nunca se cortó. Siempre llevó trenzas. En la foto más antigua que conservo de ella ya está con tres moñitos trenzados.

Los estudiantes y los niños que vienen al museo a veces me preguntan por la cualidad que definía a cada una de mis hermanas. Lo primero que destaco de María Teresa es esa bondad suya increíble. Desde pequeñita era tan buena, tan sana. De ese tipo de personas confiadas que piensan siempre lo mejor de los demás, hasta el punto de que algunos se aprovechaban de ella. Una de sus mejores amigas —que aún vive— cuenta que en el colegio tenía que pelear por ella, pues a María Teresa le halaban las trenzas, la molestaban y, en lugar de defenderse, lo que hacía era ponerse a llorar. Lloraba con facilidad y tanto, que se le saltaban las lágrimas con los ojos abiertos.

Tonó cuenta que cuando la trajeron a vivir a nuestra casa para que le hiciera compañía, a ella, que era un poco mayor, le impresionó ver a María Teresa sentarse en la enramada a contarles cuentos e historias a los trabajadores, ¡y el interés con el que todos esos hombres la escuchaban! Es que María Teresa no sólo era una narradora muy inteligente, sino que poseía una memoria privilegiada.

La acusábamos de curiosa porque lo investigaba todo. Le preguntaba a tío Tilo sobre nuestros ancestros, de dónde habían venido los bisabuelos, del viaje por los montes del bisabuelo Andrés Mirabal, desde que desembarcó por Puerto Plata hasta que llegó a Don Pedro, en Licey… Todo, todo lo investigaba y no olvidaba jamás el más mínimo detalle. Conocía a todo el mundo por su nombre y sabía también de dónde provenían, los lazos familiares que unían a todos sus conocidos e incluso recordaba anécdotas o características de personas que sólo conocía de referencia.

Era muy inteligente y leía mucho estimulada por Minerva. Fue Minerva también quien la interesó en los temas políticos, pues desde que se vio obligada a dejar los estudios y a regresar a la casa, María Teresa, que tenía unos once años y todavía asistía a la escuelita del campo, se convirtió un poco en su discípula y andaba siempre detrás de ella preguntándole por todo. Las dos pasaban mucho tiempo juntas. «No me suelta ni pie ni pisada», protestaba a veces Minerva. Recuerdo como ahora un día en que Minerva conversaba con unos amigos en la galería. María Teresa, sentada cerca, escuchaba la conversación con atención hasta que Minerva la descubrió y la regañó. María Teresa corrió llorando donde papá con la queja de que Minerva le dio un boche delante de la gente y él vino a reclamar: «Mi hija, ¿por qué me maltratas así a María Teresa?». La respuesta de Minerva fue que su hermana menor no debía enterarse de los temas políticos que estaba tratando con sus amigos en la galería.

Me parece interesante reproducir aquí la descripción que de ella hace Leandro Guzmán, quien fue su esposo, en su libro *1J4. De espigas y de fuegos*, sobre la impresión que le produjo mi hermana cuando la conoció. Ella tenía doce años y él quince. Ocurrió en el verano de 1947 cuando unos amigos lo invitaron a una finca vecina de la casa de Patria y Pedrito:

> Probablemente porque el primer amor verdadero posee encantos que no se repiten, la atmósfera que me envuelve cuando la evoco me conduce por lo común a un vértigo en que su cabello llena la escena. Ella y su trenza, ella a toda carrera en la bicicleta con que saltaba sobre los altibajos del camino de tierra…
> Me enamoré y la enamoré porque era muy linda, sus ojos muy profundos, difícil su conquista, celosa su familia donde, prácticamente, nadie me quería.

Algo que disfrutaba era cocinar. A mí me gustaban mucho unos ajiacos que preparaba. «María Teresa, ¿y qué es el ajiaco de pavo?», le preguntaba. Entonces ella se complacía en explicar la receta: «Eso me lo enseñaron. Es un pavo guisado con muchos ajíes y sin salsa de tomate, para que vaya tomando el color de la paila».

Me visitaba muchas veces en mi casa de San Francisco de Macorís donde, como en todos los lugares por los que pasaba, hizo algunas amistades. Una de ellas fue Jean Awaad Canaán, quien después sería protagonista de hechos lamentables que dieron lugar a comentarios de sospecha. Se decía que Angelita Trujillo lo conoció y se enamoró de él, a pesar de saber que Jean era un hombre casado y que su esposa, una joven de apellido Báez, estaba embarazada. Lo cierto es que sin más ni más, a él lo enviaron de puesto a la frontera a modo de castigo y por allá murió «en un accidente». Siempre se comentó por lo bajo que Angelita lo había mandado a asesinar porque no pudo tenerlo. Lo más doloroso es que luego la esposa de Jean murió de parto y también se rumoraba que la habían dejado morir.

Milagros Ortega, Minerva Mues, Milagros Piña y Tina Rizek fueron algunas de las compañeras de María Teresa en el colegio. Recuerdo bien sus nombres pues a través de los años siguieron siendo muy amigas.

Yo, Bélgica Adela

Si miro hacia atrás para recordar cómo éramos, me parece que me distinguía de mis hermanas por ser la más coqueta y presumida. Me gustaba compartir, conocer gente nueva, ir a fiestas y hacer amigos. Pero en Salcedo teníamos pocas oportunidades de divertirnos. Y convencer a mamá de que nos dejara ir a una fiesta o a un paseo era algo que requería esfuerzo y la intervención de papá o de otros miembros de la familia. Quizás por eso recuerdo como una de las épocas más felices de mi vida el mes que me pasé en casa de mi tío Mon cuando el centenario, en el año 1944.

Simeón Mirabal, un comerciante próspero en La Vega, había recibido una educación más amplia que la de mi padre y sus demás hermanos y hermanas. En su casa me sentía libre. Tío Mon me llevaba a todas las fiestas y pasadías. Me decía: «Date gusto, mi hija», y cuando papá me mandaba a buscar: «¡Que venga!», mi tío respondía: «¡Pero si Dedé no ha acabado de arreglarse la boca. Ella no puede irse todavía!».

Nunca antes había asistido a tantas fiestas. Nos levantábamos tempranito y nos íbamos al casino de La Vega o al Angelita Country Club con un grupo de amigas que vivían cerca de mis tíos: Mireya y Carmen Estela Jiménez, Anselma Alonso, Gladys Calventi y Aura Fernández. Recuerdo que conocí muchos jóvenes interesantes, pero no entré en relaciones amorosas con ninguno. En ese tiempo una no se podía meter en amores así por así. Eso estaba mal visto y hasta prohibido. En una de esas fiestas conocí a un joven que me impresionó, con unos ojos llamativos, que no dejaban de mirarme durante el baile. Después lo traté un poco más y me visitó varias veces, aunque aquello no pasó de miradas furtivas, pues había sido novio de una de mis amigas.

En Salcedo cada año se hacía el baile de aniversario del club, al cual asistían muchos jóvenes de San Francisco de Macorís y de Moca. En una fiesta a la que fuimos con mamá, amenizada por la orquesta San José y Lope Balaguer, todavía a las seis de la mañana estábamos bailando. Yo, para que ella no me dijera que nos fuéramos, terminaba una pieza y me quedaba bailando la siguiente, sin volver a la mesa.

Me gustaba protestar, pero no sería justo decir que no tenía entretenimientos en mi casa. Me encantaban los caballos de paso fino. Papá me compró varios, especialmente uno muy bello, grande y melado, que yo disfrutaba galopar, pues sobre un buen caballo me sentía dueña del mundo.

Los sábados nos juntábamos Patria Camilo, María Teresa Toribio, María Cristina Suazo, Mercedes Michel y yo para cabalgar de Salcedo a Tenares, que entonces era un pueblo peque-ñito. Dábamos una vuelta por el pueblito, pasábamos por el parque, y dábamos otra vuelta. El paseo de Salcedo a Tenares nos tomaba como dos horas. La gente salía a ver a estas muchachas en sus caballos. Había muy escasos carros en ese tiempo. Nos acompañaban Jaimito Fernández, que aún no era mi novio, Blanco Camilo y otros jóvenes. Efraín Camilo, quien según los muchachos estaba enamorado de mí, tenía dos caballos hermosos; uno blanco con negro; rusillo, el otro. A veces me prestaba uno y él se montaba en el otro. Nosotras vestíamos faldas-pantalón anchas, confeccionadas a la última moda por tía Fefita.

Tiempo después, durante los años más duros de la represión, me gustaba pasar frente a las casas de los calíes en Salcedo en un bellísimo caballo que me regaló Jaimito. Les cruzaba por el lado galopando, como diciéndoles: «¡No nos van a vencer!».

Si bien tuve un solo novio con el que me casé, también conté muchos enamorados. Parece que yo era la agraciada en esa época, la que estaba de moda. Venían jóvenes de los pueblos cercanos a verme, a hacerme ronda, pero mamá, tan extremadamente celosa, no aceptaba que me visitaran.

Uno de esos admiradores una vez me dio una serenata y hasta me dedicó una película en el cine de Salcedo. Él vio la película, basada en una canción que decía: *Si a tu ventana llega una paloma / trátala con cariño que es mi persona…*, y me mandó una tarjeta donde me decía que había alquilado el cine para que yo la viera. Pero mamá no me dejó ir a pesar de las protestas de papá, que se sintió muy mal con esa negativa, pues le parecía de mala educación, «una indecencia», que yo no asistiera.

Tanto mis hermanas como yo nos casamos con el primer novio. Las relaciones amorosas por esa época tenían muchas restricciones. Salía una con su noviecito y con chaperona, y a lo más que se llegaba, si acaso, era a robarse un beso y un abrazo. Y a veces ni eso, porque la mamá de una vigilaba de cerca.

Con los años he llegado a pensar que debí haber tenido por lo menos otro novio, e incluso bromeo con mis hijos preguntándoles qué opinan de esa costumbre de llegar al matrimonio de la mano del primer novio.

Jaimito Fernández y yo nos conocíamos desde siempre. Su madre, doña Lesbia Camilo, y la mía eran primas hermanas. Sus hermanas estaban entre mis mejores amigas. Bien temprano fijó sus ojos en mí.

Durante la Semana Santa nosotras veníamos del colegio. El Viernes Santo íbamos a la procesión. El Sábado de Gloria asistíamos a misa vestidas de gala y después paseábamos por el parque de Salcedo durante la retreta. En una ocasión de esas él me vio y sobre ese momento después me contó: «Dedé, cuando yo te veía con esas piernitas gorditas, decía: "Esa es la que me gusta" y me propuse que con el tiempo llegarías a ser mi esposa».

Jaimito decía que yo era la más linda de todas. Quizás yo tenía mucha vida y eso atraía a jóvenes, ¡y hasta a viejos verdes!

Era el único varón de una familia de cinco hermanas que lo complacían en todo. Después que nos casamos, yo le preguntaba a su mamá: «¿Ese carácter que tiene Jaimito se debe a que usted nunca le dio una pela?», y ella se reía: «Una vez le di un trapazo». «¡Ah!, por eso es que es así, tan malcriado y engreído», comentaba yo.

Cuando Jaimito empezó a enamorarme me dio una serenata. Trajeron un piano, me cantaron: «En un beso, la vida…». «Para Dedé Mirabal, la más bella canción hecha mujer», fue la dedicatoria. Quien cantó e hizo la dedicatoria fue el poeta Héctor J. Díaz. Recuerdo que cantaba bajo, de una manera parecida a la de Rafael Solano.

Un 15 de mayo del año 1946, Día de San Isidro, con muchos requisitos y gran formalidad vinieron a casa a pedir mi mano, don Jaime Fernández, papá de Jaimito, acompañado de don

Juan Rojas, don Víctor Rodríguez y don Porfirio Montes de Oca. Mi papá guardó un brindis. Se reunieron a hablar. Don Víctor, un hombre chistoso, dijo más o menos lo siguiente: «Bueno, estamos aquí para pedir la mano de Dedé. Ella y Jaimito están enamorados y hay que actualizarlos». Papá aceptó. Mamá no dijo nada, pues desde el principio no lo quería para mí. Le parecía que era muy enamoradizo, muy picaflor, además de que anteriormente había tenido amores con una prima mía.

Mamá era tan fuerte que, aunque no era cierto, me decía: «Se lo quitaste a la prima». O me aconsejaba: «Con ése no te metas. Ha puesto de mojiganga como a cincuenta mil muchachas». Durante los dos años de nuestro noviazgo nunca salimos solos. Y cuando él venía a visitarme mamá se sentaba a mi lado. Sin embargo, antes de la boda me dijo: «Ven a la cocina unos días para que aprendas a cocinar». Y, efectivamente, me enseñó. Había muchos trabajadores en casa, así que también aprendí a servirles su arroz, sus habichuelas y su carne.

La verdad es que me enamoré de Jaimito, un hombre violento y guapo. Lo amé con locura. Y pienso que él también me amó. En una entrevista que le hizo Ángela Hernández, él cuenta su versión de cómo nos enamoramos y nos casamos:

Cuando yo estaba enamorado de Dedé, me acercaba a la casa de ella atravesando montes y cacaotales, medio escondido… Doña Chea quería mucho a mamá, eran primas hermanas y a mi casa era que dejaba ir a sus hijas. Si iban a una fiesta, era con las muchachas de mi casa. Yo había tenido unos amoritos con Tata, una prima hermana de Dedé, mujer tan bonita que aún hoy es una vieja bonita, por eso doña Chea no me quería. Yo era muy privoncito. Me enamoraba de ésta, me enamoraba de aquélla y por lo regular me enamoraba de primas, las únicas que me encontraba bonitas. Casi todos éramos familia por aquí. Cuando empecé a enamorar a Dedé, todavía tenía amores con Tata, pero doña Chea no lo sabía. Pero ¿qué me acordaba yo de eso? Todavía Dedé estaba muy jovencita y yo no podía pensar en casarme, pero sabía muy bien que cuando enamorara a Dedé tenía que estar afincado, tener una base para el matrimonio, porque Dedé era la que llevaba las cuentas de la factoría de arroz, las cuentas del café y del cacao y las cuentas del negocio, que era tienda, farmacia, de todo... Para enamorar a esta muchacha tenía que ir en serio.

Y además, ¡los enamorados que Dedé tenía! Había un primo mío, en edad de matrimonio, enamorado de ella, y yo no me la quería dejar quitar o que alguno de esos enamorados se me fuera delante. Así que yo venía a casa de Dedé y le agarraba el tiempo; hablábamos de voleibol, montábamos a caballo... En los paseos a caballo aprovechaba para decirle sus palabritas, porque antes era difícil salir con una muchacha. Doña Chea no dejaba a sus hijas ir a fiestas, a menos que don Enrique las llevara. Yo venía de Salcedo a ver a Dedé jugando voleibol, pero ahí estaba también el primo mío viéndola; era un «jamón» al que ya se le veía la calva. Eso me alentaba. Eso no se me olvida a mí nunca. Un besito, una cosa, ¡ah, Dios!, pero bueno... Ahí fue que ella me dijo el sí. Yo era como esos perros cuando se enamoran, que se mudan a la casa de la perra. Pero como doña Chea no era fácil, yo me mantenía rondando.

Tuve amores con Dedé y no tuve pensamientos hacia ninguna otra mujer. Es más, pensaba demasiado tiempo en Dedé, desesperado por casarme, pero no tenía la manera. Mis padres eran pobres acomodados. Trabajaba mucho papá, trabajaba mucho mamá, pero no tenían una finca que yo trabajara y pudiera vivir de eso. Lo que pensé fue en independizarme y poner una pulperiíta. Así lo hice. Ellos me ayudaron y la puse en Salcedo. Ya yo había pasado un tiempo como empleado de Munné y Compañía, pero el alquilado es alquilado y así no se progresa, y yo tenía mucha ambición.

Nos casamos aquí, en Ojo de Agua, el 27 de mayo de 1948. Planificamos una gran celebración con muchos invitados, seguida de una luna de miel en Sosúa. Mis hermanas estaban felices. Patria era la madrina. Minerva hacía de anfitriona. Nelson y Noris, los hijos de Patria, fueron mis pajes.

Resulta que luego de que me pongo mi vestido, confeccionado por la gran modista Pepé Bodden, como a las cinco de la tarde empieza a llover. No cualquier aguacero, no: el cielo se desgajó en agua. Todos los ríos se desbordaron. Los dos puentes de la carretera que va de Tenares a Salcedo, el del río Jayabo y el del río Juana Núñez, quedaron destruidos completamente y no se pudo pasar por ellos en muchos días. Fue tanta la lluvia que cayó ese día que por un tiempo aquí se hizo común decir: «Hoy llovió más que cuando se casaron Dedé y Jaimito».

Al ver que podía convertirse en una inundación nos dispusimos a irnos más temprano a Salcedo donde estaba prevista la ceremonia matrimonial. Salimos en varios carros bajo el aguacero, pero al llegar al río vimos que era imposible atravesarlo. Todo estaba inundado. No nos quedó más remedio que devolvernos, así que llegando a la casa aclaré: «No me he casado todavía», para que no se precipitaran a felicitarnos. Un grupo de amigos esperó que las aguas del río bajaran un poquito, colocaron unas tablas, buscaron al padre Javier, y por sobre ellas lo cruzaron para que pudiera venir a casarnos.

Todos los compañeros de Jaimito se quedaron aquí en la casa hasta que se acabó el whisky. Para poder regresar a Salcedo tuvieron que dar la vuelta por San Francisco de Macorís y por La Vega. Los familiares de Jaimito tuvieron que quedarse a dormir por aquí. Así fue mi matrimonio. Tampoco pudimos irnos de luna de miel a Sosúa como habíamos planeado. Para colmo de males, cuando llegamos a la casa que teníamos preparada para vivir en Macorís, no había una gota de agua. Después de tantos aguaceros no teníamos agua ni para beber. ¡Qué tragedia!

Ya casados, por ese tiempo fue que vinieron los helados en palitos. La madre de Jaimito tenía una fábrica en Salcedo, así que él instaló una similar en Macorís a la que bautizó Helados Casino. Le estaba yendo más o menos bien hasta que, por lo inestable que fue toda la vida con sus proyectos, la cerró. Iniciaba un negocio, se cansaba y ponía otro.

Allí nacieron mis tres hijos: Jaime Enrique, el 3 de abril de 1949; Jaime Rafael (Jimmy), el 3 de mayo de 1951, y Jaime David varios años más tarde, el 15 de octubre de 1956, cuando nos habíamos mudado para Salcedo. El primero de mis hijos, Jaime Enrique, nació un domingo como a las nueve de la noche, después de un largo proceso de parto en el que tuvieron que utilizar fórceps porque era muy grande y gordito, muy bello.

Jimmy también nació un domingo, pero por la tardecita. La familia de Jaimito había pasado el día en nuestra casa y cuando empecé a sentir los dolores el ginecobstetra no estaba, andaba para una finca. Mi marido salió a buscarlo en un motor grande que tenía entonces, pero como no lo encontró tuvo que atenderme otro médico, llamado Adolfo Ortega. Eso sí, fue un solo dolor y ¡ya! Así nació mi segundo hijo, con once libras de peso. Era enorme, como dicen que nacen los niños de mayo: grandes y fuertes. Y aunque fue un buen parto, pasé nueve días sin poder levantarme.

Una comadre mía, esposa de un primo de Jaimito, dio a luz al mismo tiempo que yo, pero la niña que tuvo era chiquitita, y como daba mucha leche y los senos se le hinchaban nos decía: «Tráiganme a Jimmy», para que le vaciara los senos. Después que él probaba ésos que daban tanta leche, no quería los míos. Jimmy, contrario a Jaime Enrique, al nacer no era un niño hermoso, y mamá decía: «Pero ¿a quién habrá salido este muchacho?». Suerte que después cambió.

Como Jaime Enrique fue el primer nieto de los padres de Jaimito, iban a casa, lo buscaban y se lo llevaban durante días.

Era la felicidad de las hermanas de Jaimito, especialmente de Clara. Jimmy se quedaba conmigo y me acompañaba a la tienda de zapatos que yo tenía entonces. Recuerdo que se ponía en cuclillas a observar a unos niños que siempre estaban jugando en la acera del frente. Una de las más grandes, llamada Rosita, le pegaba a los chiquitos. Eso a Jimmy le molestaba y me decía: «Mamá, osita bava, osita bava». Rosita era una niña que le daba a los chiquitos. Todavía le digo, de cariño: «Jimmy, osita bava». Años más tarde, cuando Jaimito y yo pasábamos gran parte del tiempo trabajando en una finca que compramos, se hizo costumbre que Jimmy se quedara en Conuco con mamá, y Jaime Enrique en Salcedo con los padres y las hermanas de Jaimito.

Desde jovencita en la familia me llamaban «tía Rosa», comparándome con esa tía, que tenía fama de ser muy pasiva y tolerante. Como mi esposo tenía un temperamento complicado y volátil, se hizo casi una costumbre que me dijeran «tía Rosa», porque dizque aunque me pasaran carretas por encima yo no hacía nada, le soportaba todas las pataletas al cascarrabias de mi marido.

Entre Jaimito y yo pasaron cosas. En aquella época era un verdadero dictador en el hogar. Afortunadamente, hoy que nuestras vidas tomaron caminos distintos, que él es feliz y yo soy feliz, nos hemos hecho buenos amigos. Él viene a comer aquí, me visita. Hablamos de los tres hijos que tuvimos y, aunque él sigue quejándose como siempre de cualquier cosa, a estas alturas de mi vida no le guardo ningún rencor.

De ese matrimonio, que duró treinta y cuatro años, yo diría que los primeros dieciocho fueron normales. Después empezaron las dificultades insalvables. Tomé la decisión de divorciarme cuando me convencí de que las cosas ya no se podían arreglar. Y ahora que miro hacia atrás, me alegra que fuera así, para su bien y para el mío.

SEGUNDA PARTE

TIEMPO DE TORMENTAS, LUCHA, TRAGEDIA Y CAMBIOS

IV

En desgracia

13 de octubre de 1949: la fiesta en San Cristóbal

Para que se comprenda mejor la importancia de lo ocurrido en la famosa fiesta de San Cristóbal, me parece necesario referir algunos detalles y acontecimientos que tuvieron lugar.

Por aquellos años Trujillo se empecinó en celebrar fiestas en los pueblos, y le dedicó una a la sociedad «más prestante» de Moca y de Salcedo, que todavía era una común de la provincia Espaillat.

Minerva y Trujillo se habían conocido en la inauguración del Palacio Municipal de Santiago, antes de la fiesta en San Cristóbal. Luego la invitaron a una fiesta en el hotel Montaña, donde tuvo que bailar con uno de los Trujillo, no recuerdo bien si fue con el dictador o con su hijo Ramfis.

Resulta que Miguel Rodríguez Reyes, aquel general que mataron en Palma Sola en el 1962, era primo de mi madre y además había sido ahijado de mi abuela materna, y aunque nosotros no nos habíamos tratado con él, un día vino a visitarme a San Francisco de Macorís y me preguntó con quién estaba yo casada. Enseguida sospeché que esa visita tenía un motivo oculto, que ese hombre había venido a algo. En efecto, lo sucedido fue que María, una cuñada de mi tío José, casada a su vez con un sargento hermano de Miguel Rodríguez Reyes, le contó al marido que Minerva era antitrujillista y que «oía noticias extranjeras» en la radio. Cuando tío José se enteró se puso furioso y le prohibió a María que volviera a pisar su casa.

Por todo lo anterior, yo pienso que esa fiesta de San Cristóbal la tramaron. Se trataba de una fiesta «dedicada», de asistencia obligatoria, de modo que aunque mi madre se oponía a que fuéramos, papá dijo: «Hay que ir».

Partimos hacia la fiesta. Cuando llegamos a la capital fuimos donde Arturo Burgos, un primo de mamá, quien tenía una especie de hotel en la Casa del Cordón con doña Fina, su esposa. Allí nos encontramos con otra gente de Salcedo que iba para la fiesta y nos enteramos mejor del sitio donde se iba a celebrar.

En esa época San Cristóbal lucía como una tacita de plata. Llegamos al hotel inaugurado por Trujillo, a quien le había cogido con construir hoteles: el Montaña, el Nueva Suiza. Ahí preguntamos por el lugar de la fiesta y nos indicaron que era en la Hacienda Borinquen. Al llegar allí ocurrió algo que nos chocó un poquito. Nos encontramos con don Enrique Arzeno, presidente del Partido Dominicano en Moca y muy amigo nuestro, quien nos dijo: «Pero si nosotros estuvimos con el Jefe, esperándolos en Najayo».

Jaimito fue a parquear el carro, mientras papá, Minerva, Patria, Pedrito y yo entrábamos. Había mucha gente. Jaimito se estaba dilatando. Cuando apareció nos explicó que se demoró buscando un estacionamiento cerca para no tener problemas a la hora de la salida. Nada más entrar a la fiesta vimos a Manuel de Moya Alonzo, famoso por su rol de maipiolo oficial. Tanto él como Isabel Mayer tenían la triste reputación de reclutar mujeres para el dictador. «Saludos, saludos», dijo con una voz como de ultratumba, dirigiéndose directamente a Minerva. La había visto varias veces: una en La Vega, y otra, en la ocasión en que mi hermana representó la patria vestida del Escudo Nacional en una actividad organizada por Petán Trujillo en Bonao.

Bueno, nos acomodaron en una mesa, que a Jaimito le pareció que estaba reservada para nosotros. Había muchas personas conocidas de Moca y de Salcedo. En un momento oímos un alboroto. Muchos se levantaron de sus asientos. Yo volteé la cabeza y ahí estaba Trujillo. La única vez que lo vi en mi vida. Había entrado por otro lado. Se mantuvo parado, no se sentaba. Empezó la orquesta a tocar «Ay, Tana, la maricutana» y «El jarro pichao», mientras Trujillo condecoraba a militares, ascendía a otros y, en fin, hacía todo el show que estaba acostumbrado a representar. Recuerdo que aunque vestía de militar, no llevaba el famoso bicornio. La orquesta tocaba del otro lado y él seguía parado ahí. Se me quedó grabada la imagen de una señora que alcancé a ver cerca de él, vestida con una extravagantísima estola de plumas de marabú.

Al poco rato Manuel de Moya vino a sacar a bailar a una de nosotras. Patria dijo que no bailaba y Minerva se negó. Pero el hombre siguió insistiendo hasta que a Minerva no le quedó más remedio que acceder, por educación. Cuando estaban bailando en la pista, De Moya se la pasó a Trujillo y bailaron varias piezas. Serían uno o dos sets que nos parecieron interminables. Se terminaba una pieza y Trujillo se quedaba parado; ahí se quedaba Minerva, al igual que otras parejas. Nosotros, además, estábamos preocupados porque ella no fuera a tomar de una copa que supuestamente el dictador brindaba, y sobre la que circulaban rumores de que contenía una especie de droga que hacía que las mujeres cayeran rendidas en sus brazos. Por eso tratábamos de mirar desde nuestra mesa, pendientes de la tal copa, rogando que Minerva no fuera a probarla.

En un punto, Minerva le dijo a Trujillo: «Quiero regresar a la mesa». Entonces él se la pasó a Negro Trujillo y éste a Manuel de Moya. Cuando se sentó nos tranquilizó: «Yo no tomé nada». Después de ese incidente permanecimos un rato más allí. Yo me paré a bailar varias veces. De repente empezó un aguacero, y como estábamos bailando en la concha acústica, al aire libre, todo el mundo se metió a la casa. A Patria le dolía la cabeza y le pidió un calmante a Pedrito. Ya todos nos habíamos amargado, imagínense, Minerva había bailado con Trujillo. En ese momento nos dijo que Trujillo le había preguntado si ella tenía novio, a lo que había respondido no. Él le preguntó: «¿Y a usted no le interesa mi política o no le gusta?». Minerva contestó: «No, no me gusta». Entonces Trujillo le dijo: «¿Y si yo mando mis seguidores a conquistarla?». Su respuesta fue: «¿Y si yo los conquisto a ellos?». Entonces, aprovechando el desorden que se armó con el aguacero, papá decidió: «Vámonos de aquí».

Nuestro vehículo estaba bien cerca de la puerta. Arrancamos para la capital, allí echamos gasolina y continuamos viaje hacia Salcedo. Cuando Trujillo preguntó: «¿Dónde está la joven Mirabal?», todos salieron a buscarla: el gobernador, el senador, las autoridades de Moca, preocupados por la situación creada. Al cabo de un rato tuvieron que informarle a Trujillo que Minerva y su familia se habían ido. Llamaron a La Cumbre para que nos detuvieran, pero parece que ya habíamos pasado por ese puesto de chequeo. Dicen que cuando a Trujillo le confirmaron que no estábamos pateó de rabia, armó un escándalo y desarmó a Antonio de la Maza, gobernador de Moca, y al senador Juan Bautista Rojas, un abogado eminente y de mucho prestigio, oriundo de Salcedo.

Mientras tanto, nosotros veníamos felices de haber podido salir de allí. Patria hablaba sin parar con su compadre Jaimito para evitar que se quedase dormido, mientras él manejaba a toda velocidad.

Es cierto que habíamos escuchado que estaba prohibido abandonar una fiesta antes de que lo hiciera Trujillo; sin embargo, de camino nos olvidamos de eso, por lo que ni siquiera sospechamos las consecuencias que tendría nuestra conducta en el futuro inmediato. Yo recuerdo que doña Paulita y su esposo, el médico Renán González, salieron de la fiesta junto con nosotros. Pero a ellos no los molestaron, ni les reclamaron. No les hicieron nada. Sólo la emprendieron contra nosotros.

Sobre lo que se dijo después, que Minerva le había dado una bofetada a Trujillo y lo había dejado plantado en la pista de baile, no ocurrió así. Pero creo que sí hubo lo que llamamos una galleta sin mano. A Minerva le bastaron sus palabras y su actitud. No necesitó sus manos para darle la bofetada.

Mientras bailaban, ella trató con abierta hostilidad a un hombre acostumbrado a que la gente se arrodillara a sus pies. Trujillo percibió su disgusto, la ubicó como lo que ella en realidad era: una hermosa mujer de veintidós años, culta, capaz... y enemiga de su gobierno. Él, un todopoderoso, un hombre temido por todos, al que nadie contradecía, por miedo, porque mandaba a matar a cualquiera que se le opusiera, y aparece Minerva, una muchacha, una mujer temeraria, que se atreve a decirle que conquistaría a quienes él mandara a convencerla.

¿Sabía Trujillo que nosotros iríamos a la fiesta? ¡Claro que sí! El mejor testimonio de que sí lo sabía lo dio doña América, la esposa de don Juan Bautista Rojas, una mujer muy expresiva, muy extrovertida. Después que desconsideraron a don Juan, pues como dije Trujillo mismo lo desarmó esa noche, ella contó que le había advertido a su esposo que no invitara a Minerva a la fiesta, a lo que él respondió que no tenía esa opción, que estaba obligado a llevarla.

El inicio de la represión contra la familia

Esa madrugada, al retornar de la fiesta de San Cristóbal, no nos enteramos de nada. El domingo en la mañana llegó un señor enviado por el senador Rojas a decirle a papá que le pusiera un telegrama a Trujillo pidiéndole excusas por haber salido del baile antes que él. Papá así lo hizo, pero el lunes vinieron a buscarlo y se lo llevaron «para unas investigaciones». El martes en la tarde volvieron unos militares de La Vega a buscar a Minerva. Mi madre se impuso: «Mi hija no puede ir sola. Yo voy con ella». Cuando llegaron a la capital con los militares, las hospedaron en el hotel República, de la calle 30 de Marzo, cuyos dueños, don Tulio Zorrilla y doña Antigua Peralta, eran amigos nuestros de Salcedo. Mamá les solicitó a los militares que les permitieran entrar al baño. En el lobby se toparon con que papá también estaba ahí en detención domiciliaria, lo mismo que don Juan Rojas. Papá les comentó que don Juan amanecía escribiendo a maquinilla, lo que le hacía suponer que algo grave estaba pasando. Aún no se habían enterado de que a don Juan Rojas lo habían desarmado la noche de la fiesta.

Inmediatamente después siguieron con ellas hacia la fortaleza Ozama, pero allí las despacharon nuevamente al hotel porque ya era muy tarde, solicitando que volvieran al día siguiente. Al otro día por la mañanita fueron a buscarlas unos guardias distintos, que se llevaron solamente a Minerva, en una perrera. Para mamá ése fue uno de los momentos más dolorosos y de desasosiego, sin saber qué le estarían haciendo a su hija. «Yo no podía ni comer pensando que la estaban lastimando», nos contaba ella después. Conocía bien a Minerva y sabía que no iba a transigir con nada.

Cuando Minerva llegó a la fortaleza se encontró con que allí tenían detenidos a todos los jóvenes que, de acuerdo con los servicios de inteligencia, tenían alguna relación con ella: Jacinto Lora, quien después desaparecería, sin que nunca se llegara a saber lo que le sucedió; Francisco Ornes, Violeta Martínez, Rubén Suro. Muchos de los amigos y compañeros de Minerva estaban «en investigaciones». No estoy segura si para ese tiempo Pericles Franco aún estaba preso o si ya había salido al exilio. A

Minerva la entrevistó casi siempre el entonces coronel Fausto Caamaño. La buscaban por la mañana en el hotel, se la llevaban en la perrera, y la traían de regreso casi de noche.

Había un señor llamado don Chilín Camilo que vivía en San Francisco de Macorís y estaba emparentado con mi abuela. Se decía que muchos años atrás le habían nombrado brigadier y que, por problemas de salud, le cedió el puesto a Trujillo. Por ese antecedente, que significó un impulso para su carrera, Trujillo le tenía agradecimiento. Y por eso cuando papá cayó preso y no encontrábamos a quién recurrir, pues, aunque quisiera, la gente no se atrevía a ayudarnos, nosotras acudimos a tío Chilín, como lo llamaba mamá. Le solicitamos que le escribiera una carta a Trujillo diciéndole que don Enrique Mirabal no era una persona conflictiva, sino un hombre trabajador.

El sábado llevaron a Minerva y a mis padres al Palacio Nacional, donde Trujillo. Éste le preguntó a mamá: «¿Usted es familia de don Chilín?», y ella contestó que sí. Entonces Trujillo les dijo que ese pariente le había informado que don Enrique era un hombre de trabajo, que no era político. Entonces, como si él fuera dueño de Minerva, preguntó: «¿Qué usted quiere que yo haga con su hija?». Mamá, consciente de que Minerva era una revolucionaria, de los peligros que corría y de que estaba nada más en eso, le respondió: «Yo soy responsable de ella y me la llevo para mi casa». «Está bien, llévesela», aceptó Trujillo.

Por breve tiempo todo estuvo tranquilo. Todavía los caliés no habían empezado a rondar por casa.

Minerva y Trujillo nunca más se volvieron a encontrar. El tirano no visitó Salcedo por muchos años.

Sin embargo, mi hermana quedó en una especie de prisión domiciliaria o bajo vigilancia permanente. De eso da cuenta una carta de mi padre a Antonio de la Maza, de enero de 1950, que hizo llegar a mis manos hace poco Luciano García, hijo de Tamara Díaz, la amiga de Minerva de Montecristi.

La carta tiene el membrete de mi padre: «Enrique Mirabal, Comerciante-hacendado», y hace referencia a algún interrogatorio al que fue sometido mi padre por De la Maza y Manuel de Moya Alonzo, sobre las actividades de Minerva «después del caso» y a propósito de alguna carta anónima que circulaba contra la familia.

Al leerla no pude dejar de pensar en las paradojas de la vida: ese mismo gobernador que interrogaba a papá y a mi hermana, diez años más tarde formaría parte del grupo de hombres de coraje que, indignados entre otras razones por el asesinato de mis hermanas, se decidieron a ajusticiar al tirano. Dice la carta:

Señor
Antonio de la Maza
Gobernador Provincial, Moca, R. D.

Distinguido Señor Gobernador:
Tengo a bien dirigirme a usted para referirme a nuestra conversación de ayer.

Me vine preocupado, pues quizás mi contestación a sus palabras dejó una duda, o mejor dicho llevó a su ánimo la convicción de que estuve engañando a usted, al señor De Moya y, en consecuencia, al Señor Presidente de la República.

Cuando llegué pregunté a mi esposa si en realidad se habían quedado al cine alguna vez que fuera con Minerva donde el médico. Mi esposa se asombró de tal pregunta. Entonces Minerva me explicó que en la conversación que tuvo con usted y el presidente del Partido, sanamente se había referido a una exposición de pinturas que ella quería visitar en una ocasión que iba al cine: como dijo que de esto hacía mucho tiempo, no creyó necesario añadir que fue durante el mes de febrero del pasado año. Comprenderá usted porqué yo dudé al contestarle, pues estando presente no me había dado cuenta exacta de sus palabras y no recordaba a cuándo se refería. Sólo pude asegurarle que si había sido después del caso, era en la compañía de su madre. Quiero que el señor De Moya esté en conocimiento de estas circunstancias.

Como usted me dijo que ella asistía a diversiones, quiero recordarle que el matrimonio al que ella asistió era de su concuñada y familia muy cercana, además de que fue en la más absoluta intimidad.

Se refirió usted, además, a que yo tenía una casa comercial a la que iban comisionistas, quejándose de que yo no se lo había comunicado: como los comisionistas van a todas las casas comerciales y nada sospechoso he notado hasta hoy, no me creí en el deber de comunicarlo. Pero haré al respecto lo que se me ordene. Estoy dándole todas estas explicaciones, porque pude notar que usted se sentía incómodo y hasta enojado conmigo. Una vez más le expreso que el Honorable Señor Presidente de la República puede contar con mi leal y desinteresada amistad. Por tanto no quiero que mi buena fe sea tomada como base y se me acuse; porque si bien me cupo la honra de que el Señor Presidente, en un rasgo de bondad que no olvidaré nunca, me confiara mi hija de una manera incondicional, contando con mi sincera amistad y mi probada adhesión, no puedo permitir que la más ligera sombra de apariencia traicione esa confianza y desde entonces soy el responsable de lo que mi hija haga. Cualquier cosa contra ella es a mí que me hiere. Por eso considero que la carta esa que salió de Moca, tan ilegal como comprometedora, no era a ella a quien quería perjudicar, sino a mí. Se la llevé a usted como jefe de la región, lo cual quiere decir que lo he tratado con la consideración y el respeto que debo a la autoridad de la provincia, y que en realidad le he comunicado lo que podía ser perjudicial o de interés para usted.

Sin otro particular, le saluda como siempre,
Su servidor y amigo,

Enrique Mirabal

Distinto a lo que se acostumbraba en la mayoría de los hogares dominicanos, en el nuestro nunca se colgaron retratos de

Trujillo. Tampoco recuerdo que papá se inscribiera alguna vez en el Partido Dominicano. En las elecciones, tío Tilo recogía las cédulas y las llevaba a Tenares para que les pusieran el sello. Así era como se votaba.

En 1951 reapresaron a papá con el pretexto de que se rehusó a entregarle dinero a Porfirio Dantes Castillo y a Lico Canto para un álbum dedicado a Trujillo. Papá les informó que días atrás había dado quinientos pesos para lo mismo. Entonces lo encarcelaron. Enseguida comenzamos a hacer gestiones para que nos dejaran verlo y para que lo soltaran. Hablamos con el gobernador de Macorís, de apellido Brea, también recurrimos a Tomás Rodríguez Núñez, una persona importante y amiga del padre de Jaimito. Nadie sabía dónde estaba mi padre. Desapareció. Nadie nos decía nada.

Al otro día volvieron y se llevaron presas a Minerva y a mamá. Tenían que hacer «unas investigaciones», dijeron. Como no había cárcel para mujeres, esta vez las llevaron al Presidente, un hotel que quedaba en la 30 de Marzo, frente al parque Independencia, propiedad de don Javier Abraham, buen amigo de papá y de tío Fello. Me llamó la atención que incluso en medio del terror y la tensión de esos momentos, mamá tuviera ánimo para fijarse en unos árboles que no conocía y recoger las semillitas para sembrarlas. La gente les llama roble extranjero, florecen de morado y todavía quedan varios árboles de esos aquí, en el jardín de la casa de Ojo de Agua.

Sin avisarles, se llevaron a papá a la fortaleza Ozama. Mamá empezó a mandarle ropa y comida, pero no sabíamos nada más de él. Lupita de Albert y su esposo norteamericano, amigos de la familia y relacionados con Virgilio Trujillo, visitaron a Minerva para rogarle que escribiera unas cartas pidiendo por papá y afirmando su arrepentimiento. Pero ella, con su habitual temperamento y sin perder la calma, les contestó: «Yo no voy a escribir esas cartas». Yo imagino que esas respuestas se las comunicaban a Trujillo.

Durante sus días en la cárcel, a papá le dio un nuevo derrame cerebral más fuerte aún que el primero. Julito Brache, fiscal en Moca y amigo de Minerva, a quien muchas veces le tocaría hacer allanamientos en nuestra casa, nos dejó saber que papá estaba vivo, porque lo llevaron a un hospitalito que tenían para los guardias en la fortaleza Ozama. Ahí lo vio Julito. Después papá nos contó que incluso le preguntaron quién era su médico y él respondió que el doctor Bernardo Pichardo, prestigioso cardiólogo de la época.

Virgilio Trujillo había venido algunas veces a jugar gallos en una de la galleras que había por aquí. Los galleros suelen hacerse amigos, y aunque papá no tenía gallos, a veces iba a la gallera y le gustaba apostar en las peleas; él y el hermano mayor del dictador se hicieron amigos. Virgilio visitó a Minerva para proponerle que se entrevistara con Trujillo en el hotel Jaragua, que hablara con él. Se sorprendió con su respuesta: «Mire, don Virgilio, primero me tiro de este tercer piso, antes que hacer eso». Nos contó luego Minerva que Virgilio le hizo un gesto despectivo, como diciéndole: «¿Tú crees que es enamorado de ti que está mi hermano?». A ella no le importó su actitud ni le amedrentó su reacción. Simplemente no estaba dispuesta a entrevistarse con Trujillo.

Varios días después, llegó un carro con papá y un militar al hotel Presidente donde se encontraba Minerva. La montaron y arrancaron con ellos para el hotel San Cristóbal, en el pueblo del mismo nombre. Era como decir que se los llevaron a la jauría. Ahí los dejaron presos. A la mañana siguiente, tempranito, Patria, Jaimito, Pedrito y yo llegamos al hotel en San Cristóbal. Ahí comimos con ellos. Papá se puso muy contento. Pero en la tardecita nos obligaron a regresar.

Menos de veinticuatro horas más tarde los liberaron de esa cárcel pequeña y los dejaron presos en la cárcel grande que era República Dominicana en el año 1951.

Nada más llegar a la casa, papá nos reclamó que por qué no le habíamos mandado comida ni ropa. Todos los días, sin falta, desde el hotel, mamá le enviaba ropa limpia y una cantina de comida. Nunca le entregaron nada.

V

ACONTECIMIENTOS EN EL ENTORNO FAMILIAR

El hijo de tío Fello, otra muerte misteriosa

De los dos hijos que tuvo tío Fello, el mayor, Fellito, que era de mi misma edad, y muy apuesto por cierto, ingresó desde muy joven en la Marina.

Por el año 1947, conoció en una fiesta a Dwi, una joven de la que Trujillo estuvo encaprichado. Era hija de unos austriacos que habían venido al país a trabajar en la armería de San Cristóbal. «Un día yo iba por la calle montando caballo y Trujillo me vio y se enamoró de mí», contaba luego ella. Trujillo la usó sexualmente y luego donó unas tierras a su familia en el lugar donde está hoy el complejo deportivo en La Vega.

Ignorante de esta historia, Fellito se interesó en ella. Los obligaron a casarse de inmediato. Nosotros murmurábamos por detrás que lo estaban casando con una «damnificada», como se les decía por lo bajo a las mujeres que habían sido víctimas de este tipo de abuso por parte del dictador. Ella salió embarazada, pero como mi primo no estaba muy enamorado, tan pronto dio a luz se separaron. Imagino que ella se quejó con Trujillo y es probable que le dijera que Fellito la maltrataba. Lo cierto es que nunca supimos con seguridad lo que ocurrió.

Un día en que Fellito estaba en Sans Soucí y acababa de comer con sus compañeros, se levantó de la mesa, fue a su cuarto y al rato avisaron que se murió. Pero ¿cómo?, ¿de qué murió? Un joven saludable, atlético… Los compañeros decían que habían comido todos juntos y que Fellito estaba bien. Llevaron el cadáver a Jarabacoa y le hicieron guardia de honor, pero le impidieron a tío Fello destapar el ataúd para verlo. Lo mataron. Sus mismos compañeros lo comentaban. Tío Fello vivió y se fue a la tumba con ese dolor, convencido de que a su hijo lo habían asesinado. Semanas más tarde nació el hijo de Fellito con Dwi, Gustavo Mirabal.

Mis negocios y el ingreso de Minerva a la universidad

Mientras tanto, yo seguía viviendo en San Francisco de Macorís. Allí tuve una tienda de zapatos extranjeros, desde 1951, año en que nació Jimmy, hasta que murió papá en 1953. Compraba los zapatos en Los Muchachos, en Santiago, para revenderlos, pero también vendía otras cosas, pues más bien se trataba de una tienda de fantasías, como le llamábamos por entonces a ese tipo de negocios.

Atendía a las clientas de la tienda y también arreglaba uñas. Cuidaba a mis hijos pequeños, los preparaba para la escuela; hacía todo esto además de atender a mi marido, que decía «¡Apártate!» en cuanto a exigencias. El tiempo, sin embargo, me daba para todo debido a que siempre he sido muy madrugadora.

Luego del apresamiento, papá se flexibilizó un poco y se dejó convencer de Minerva. Ya no quería seguir tronchando su deseo de estudiar en la universidad. Su decisión coincidió con el largo viaje del dictador por España.

Minerva se inscribió en 1952 e hizo su primer año en la universidad. Al principio se alojó en la residencia universitaria de las monjas carmelitas, próxima a la universidad. ¡Estaba feliz! Sin embargo, su felicidad duró apenas hasta septiembre de 1953. Le impidieron reinscribirse. Rafael David Henríquez, bedel de la facultad, se lo informó. Los alumnos eran un poco más de mil. Mi hermana trató de averiguar si estaban impidiéndoles inscribirse a enemigos de Trujillo. No, a ella nada más. Entonces comprobó que nunca la había perdonado. Cuando regresó de España y se enteró de que Minerva estaba inscrita en la universidad de Santo Domingo, Trujillo tomó medidas drásticas. Interrumpir su carrera fue muy duro para ella, que tanto anhelaba estudiar y graduarse.

Por entonces, la salud de papá se había deteriorado notablemente.

En el mismo septiembre del año 1953, a propósito del ascenso de Salcedo a provincia, le sugirieron a Minerva que, para que le permitieran reinscribirse en la universidad, pronunciara unas palabras en un acto celebrado en honor a Trujillo en el club de Salcedo. Buscó a Chachita Brito, estimada profesora del liceo y enemiga de Trujillo, para que le escribiera un discursito lo menos alabancioso posible. Minerva se sentía incapaz de escribirlo, no le salía una palabra. Papá nunca se enteró de esto porque queríamos evitarle mayores sufrimientos en su lecho de muerte.

Minerva se sentía humillada, pero accedió por lo intenso que era su deseo de continuar sus estudios. Supongo que, inspirados en ese episodio, es que en la película basada en la novela de Julia Álvarez hacen referencia a un contrato firmado por Minerva, en el que ella se compromete a dejar de luchar contra Trujillo. Eso es falso, nunca existió tal contrato.

Poco después le permitieron inscribirse de nuevo en la universidad. Vivía en la casa de Chelito Conde, una mujer emprendedora, que ya adulta, casada y con dos hijos adolescentes (Narciso y Tony Isa Conde), empezó a estudiar Arquitectura. En esa misma casa se alojó más adelante María Teresa.

111

Minerva se enteró de que Rodríguez Reyes, militar que ya he mencionado, vivía cerca y había dicho refiriéndose a ella: «Ésa es una comunista», por lo que decidió mudarse. Vivió por breve tiempo en casa de unos parientes de Vincho Castillo, y después se mudó donde Hortensia Marcial, una compañera de estudios, hermana del sacerdote Marcial Silva.

Muerte de papá y diario de María Teresa

Al final de 1953 papá regresó de la capital, donde había estado interno en una clínica. Un día dijo que le dolía una muela. María Teresa lo llevó a San Francisco de Macorís a sacársela y estuvieron en mi casa. Yo lo encontré muy lento, como distraído; entonces me enteré de que en la capital le habían puesto un tratamiento inyectándole insulina. Nunca se aclaró por qué le pusieron insulina, si él no era diabético. Ese mismo viernes por la tarde regresó a Ojo de Agua, con María Teresa y con Jimmy. Al día siguiente, sábado, fui a verlo y lo encontré muy mal, deprimido y triste. Me contó Tonó que se había quedado acostado, escuchando en silencio a María Teresa, quien se sentó largo rato a su lado a leerle. Cuando expresó que quería confesarse, mamá mandó a buscar a Patria y a Pedrito. Le trajimos un sacerdote y se confesó.

Recuerdo que el domingo estábamos reunidos en la casa con los familiares que vivían en La Vega y en Jarabacoa, que habían venido a verlo, entre ellos tío Fello. También estaban Patria y Pedrito con sus hijos —era una costumbre pasarse el domingo en casa, después de salir de misa—. Se estaba preparando un sancocho que nadie llegó a comer. Lo último que papá me dijo es que quería hacer pipí. Cuando lo estaba ayudando, le dio el derrame cerebral. Jaimito había salido para la capital, a media mañana, a buscar a Minerva, pero cuando llegaron en la tardecita papá ya estaba en coma.

Doña Chea (embarazada de Patria) y don Enrique Mirabal. Se casaron en 1923. "Mi padre, sin ser rico, estaba bien económicamente. Mi madre era dueña de una finca".

Dedé, Minerva y Patria, entre los 4 y 6 años de edad.

Patria

"Mamá convenció a papá para que nos inscribiera en el colegio Inmaculada Concepción. No llegamos las tres en la misma fecha, porque yo debía quedarme en la casa para ayudar con el negocio".

Minerva y Dedé

"Hoy cumple Patria Mercedes quince febreros cabales…"

Minerva representa la patria con un vestido del Escudo Nacional.

Una juvenil Dedé. "Si miro hacia atrás para recordar cómo éramos, me parece que me distinguía de mis hermanas por ser la más coqueta y presumida".

Patria entre flores de su jardín.
"Siempre estaba de buen humor y se mantenía al día sobre la moda y la decoración".

"Minerva disfrutaba todo: bordaba, cosía, paseaba, bailaba si había que bailar, pero su pasión era leer".

"Para otra fiesta llevó un disfraz de rumbera con una falda blanca de lunares rojos".

Bodas de Patria y Pedrito, en 1941. María Teresa hizo de paje.

María Teresa, Patria, Pedrito y Minerva.

"A María Teresa la acusábamos de curiosa porque lo investigaba todo".

María Teresa exhibe su larga cabellera que nunca se cortó y solía peinarse con una o dos trenzas.

En la casa de Ojo de Agua, María Teresa con sus padres.

"Desde pequeñita era tan buena, tan sana".

Patria y Pedrito, casados.

"Tuvo la suerte de encontrar
un marido complaciente y tranquilo
que la apoyó mucho…".

Dedé y María Teresa. "Mi hermana pequeña era la que en conjunto más se parecía a mamá".

Matrimonio de Dedé y Jaimito Fernández, 1948. "Lo conocía de toda la vida. Su madre, doña Lesbia Camilo, y la mía eran primas hermanas… Bien temprano fijó sus ojos en mí".

Minerva en 1946, 1948 y 1949. "Los años finales de la década del cuarenta fueron quizás los más felices y los que Minerva más disfrutó".

Minerva con Violeta y Normita, 1946.

Con amigas.

Minerva y Thelma Benedicto, "una de las amigas con quien más compartió esos años".

Minerva con Andrés Avelino.

Mejores amigas: Olga Fernández, hermana de Jaimito, y Dedé. "Luis Noboa, el esposo de Olga, me acompañó a hacer todas las diligencias [en Santiago, cuando fue a recoger los cadáveres de sus hermanas al hospital Cabral y Báez].

Minerva y Hortensia Marcial, hacia 1953-54. Guardan luto por la muerte de don Enrique.

Hortensia Marcial, Minerva y María Teresa.

Patria

José Manuel Guzmán se gradúa de ingeniero, 1954, mismo año en que María Teresa (en la foto) ingresa a la universidad. Se habían conocido en 1947.

Dedé y su hijo mayor Jaime Enrique.
"Nació un domingo... era muy grande y gordito, muy bello".

Minerva y Manolo en su casa de Montecristi.
"Sin buscarse se encontraron y cada uno
complementó al otro con sus ideas".

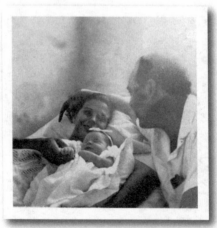

Nacimiento de Minou Tavárez Mirabal, 1956.

En su diario, en mis manos gracias a Picky Lora que lo consiguió y me lo envió en 1997, con anotaciones de unas pocas semanas —empieza el lunes 28 de diciembre de 1953 y concluye el 11 de febrero de 1954—, María Teresa recoge el estado de ánimo prevaleciente en la casa después del fallecimiento de papá. Hablaba de la tristeza, las tensiones creadas por cierto problema que debió enfrentar la familia, el trato con amigas y amigos, el contacto y la admiración hacia Minerva y el estado anímico y de salud de la propia María Teresa, que es la única que vivía con mamá en ese tiempo. También se dejan ver sus metas como estudiante y su responsabilidad en relación a los bienes de la familia.

Para facilitar la comprensión de sus notas, voy a comentar o aclarar algunas de ellas.

En esta etapa mi hermana menor estaba preparándose para ingresar a la universidad. Por entonces el bachillerato se podía cursar en tres ramas: Matemáticas, Sociales y Naturales. María Teresa se había graduado de Naturales en Santiago; en el verano completó Sociales en el liceo de Salcedo, por el sistema de estudios libres, y estaba viajando a Macorís para terminar el bachillerato en Matemáticas, porque ya había decidido estudiar Ingeniería y necesitaba ese título. De ahí que ella menciona reiteradas veces que está estudiando o que tiene que estudiar.

Lunes 28 (diciembre 1953)
Hoy he pasado el día acostada con gripe, vino Chachita* y hemos conversado mucho, también he leído algo de filosofía en un manual.

---

* Chachita era una persona muy cercana a nuestra familia. Muy capaz. Fue directora del primer liceo de Salcedo. Recuerdo que solía decir: «Todo se puede decir, según su terminología». Chachita Brito, Efigenia Rodríguez y la señorita Gómez eran las tres maestras que simbolizaban la vocación magisterial en Salcedo.

Martes 29
Aún está aquí Chachita; me levanté, pues vinieron los Guzmán y también Tommy R.*, hablamos mucho de regionalismos, día inolvidable.

Miércoles 30
Ya se ha ido Chachita, he tenido que acostarme otra vez por tener fiebre muy alta. Salió la muerte de papá en el periódico *El Caribe*.

Jueves 31
En otros años éste era un día de alegría para todos nosotros, pero al estar ausente nuestro padre nos sentimos muy agobiados.

Viernes 1ro (enero 1954)
Han venido todas mis hermanas a desearnos una mejor suerte para el próximo año, que espero no será tan triste como el pasado.

Sábado 2
Hoy corté un vestido el cual comencé pero, como siempre, lo he dejado sin terminar.

Lunes 4
Ayer domingo vinieron mis queridas monjitas. Cuántos recuerdos vinieron a mi mente de mi infancia feliz. También estuvieron aquí Nené** y Dilia.

Martes 5
Lo único que hemos hecho es conversar, primero fuimos Minerva y yo donde Mireya, y en la tarde vinieron Chachita, Fe y los Guzmán.

---

* El licenciado Antonio Guzmán era nuestro abogado. Se hizo cargo de nuestros asuntos a raíz de la muerte de papá. Tommy Román era un amigo de Minerva, de Santiago.
** Se refiere a Nené Rojas, de Moca

Miércoles 6
Hemos pasado un día muy alborotado con los sobrinos haciendo escándalo con todos sus nuevos juguetes. Vino tía Minada y Mela se quedó a dormir.

Jueves 7
He recibido muchas cartas de mis amigas dándome todavía el pésame por la muerte de mi papá. ¡Cuán agradecida estoy a todas!

Viernes 8
Estoy muy triste porque se acerca la partida de Minerva. ¡Qué sola voy a quedar! Rosario me mandó a decir que viene el domingo.

Sábado 9
Ayer no hice casi nada, pero hoy vinieron Rosario y Crimilda y hablamos mucho. Ya estoy decidida a estudiar Ingeniería.

Lunes 11
Ya se fue Minerva. Todavía me parece que es mentira. Hoy hemos recibido varias cartas, algunas muy conmovedoras. Me he sentido nerviosa.

Martes 12
Aún estoy nerviosa, no me explico qué es lo que me pasa. Patria me trajo una blusa y también ha venido para nuestra lucha.

Miércoles 13
Éste es un día fatal, y no lo olvidaré nunca, cuando lo escribo las lágrimas brotan de mis ojos. Cuántas cosas hemos tenido que pasar.

Jueves 14
Cumplió papá hoy su primer mes, fui a la misa y también al cementerio. Mamá está muy triste, estamos en un conflicto terrible.

Viernes 15
Me siento muy deprimida y a veces quisiera desaparecer para no ver tantas injusticias de la vida.

Sábado 16
Acabo de recibir carta de Minerva, ésta casi no sabe nada, pero es peor, pues siempre quiere saberlo todo.

Lunes 18
Hoy me he pasado el día ordenándolo todo; han salido muchos papeles viejos, algunos de gran valor espiritual para nosotros.

Martes 19
Hoy todo ha sido un constante ajetreo con el levantamiento de sellos. Cierta persona se ofendió con algo que dije y hasta me alegro.

Miércoles 20
Todos estos días han venido muchas personas a manifestarnos su sentimiento por la inmensa pena que tenemos y todo lo que estamos atravesando.

Jueves 21
Han venido tío Fello y tío Mon. Como siempre ellos creen que nada es nada, pero los problemas nos están resultando enredados.

Viernes 22
Estoy estudiando a ver si logro aprender mucho. Tengo muy buenos propósitos, Dios me ayudará a conservarlos.

Sábado 23
Ayer fui a Macorís, estuve hablando con Marilí y me dice que vaya para que estudiemos juntas. Vi a Violeta, Nelly, etc.

Lunes 25
Supe que habían dicho una cosa de mí, no me dio mucho gusto

por no ser cierto. Ayer leí en el Evangelio «no pagues mal por mal», y como me tocaba, lo tomaré en práctica.

Martes 26
Hoy vinieron las muchachas a pasar el día y también el licenciado Guzmán. Me he recordado mucho hoy de cierta persona que tenía ya casi olvidada.

Miércoles 27
Recibimos carta de Minerva y el paquete de Sears. Me dice que un joven que ella conoce le pregunta por mí, estoy loca por saber quién es.

Jueves 28
He estudiado mucho hoy, tengo muchos deseos de ir a ver a Minerva pues supongo tendrá mucho que contarme.

Viernes 29
Como casi siempre he estudiado, estoy muy entusiasmada con los estudios y creo que me va a resultar la profesión de seguir así.

Sábado 30
Recibí carta de Minerva que me conmovió mucho, ¡qué bien se expresa mi hermanita! Si yo poseyera su léxico.

Lunes 1ro (febrero 1954)
Acabo de llegar de Santiago adonde fui de compras y luego fui a Conuco. Me fue muy bien, pero hoy me he sentido más triste que nunca. Nelson cumplió doce años.

Martes 2
Hoy me he sentido mal de la garganta, pero he cosido algo, corté un vestido por un patrón y espero me va a quedar bonito.

Miércoles 3
He pasado todo el día acostada con fiebre y me siento muy mal. Hoy vino tío José y hablamos mucho, me trajo muchas nuevas.

Jueves 4

Esta mañana me vinieron a buscar Patria y P. para llevarme al médico, pasamos el día en Macorís donde Dedé; hablé con Minerva por teléfono.

Viernes 5

Hoy tengo poco que decir, vinieron doña Lupe y mister Albert ayer. Trajimos a… y me contó muchas cosas de mis antiguas compañeras de colegio.

Sábado 6

Ayer vino Minerva y estuvo hasta hoy. Me contó muchas cosas que me han agradado mucho. Esta tarde fuimos a llevarla a Macorís.

Lunes 8

Hoy estuve en Salcedo, pasé un rato donde Alcides* y conversamos mucho; después fui donde Chachita. Pasé una tarde entretenida.

Martes 9

Me he pasado el día trabajando en el inventario de nuestras propiedades y no he tenido tiempo de nada, ni aun de estudiar.

Miércoles 10

Vinieron doña Lupe y mister Albert y conversamos mucho, pasaron el día aquí. Esta noche he estudiado algo, son tantas cosas que no tengo tiempo.

Jueves 11

Todo el día lo he pasado pintando y arreglando la casa pues creo que el domingo vendrá Minerva con visita. Me quedé esperando, Alcides me prometió venir.

---

* Alcides Camilo era hijo de don Nicolás Camilo, muy amigo de Minerva y María Teresa.

VI

Encuentros afortunados, enlaces y mudanzas

Minerva y Manolo enamorados

Durante esos años, por nuestra casa pasaron muchos jóvenes enamorados de Minerva, pero lo cierto es que ella no se interesó por ninguno en particular hasta que apareció Manolo. «Es que ella no está en eso, nada más le preocupa la política», recalcaba mamá.

Si mal no recuerdo, Minerva y Manolo se conocieron en La Poza, Jarabacoa, en la Semana Santa o en el verano de 1953, cuando ella iba a entrar a su segundo año de universidad.

Jarabacoa se había popularizado como lugar de vacaciones y muchas familias adineradas fabricaron casas e iban a veranear allá. La Poza se convirtió en el lugar de reunión de los jóvenes. María del Rosario Rodríguez de Goico, madre de Charytín Goico, fue quien los presentó en una fogata que organizaban en su casa las mellizas Díez. Manolo tenía amores con una muchacha de la capital, Ana Matilde Cuesta, hija del doctor Pelayo Cuesta, un abogado famoso por esa época.

Supongo que por eso entre ellos no pasó nada más en ese primer encuentro, aunque ambos quedaron, como se dice, flechados. Ángela, la hermana de Manolo, que también veraneaba en Jarabacoa en casa de Ana Matilde, recuerda que aunque ellas dos no asistieron a la fogata, los días siguientes escuchó algún rumor sobre la impresión que había provocado Minerva en Manolo y que se habían quedado conversando toda la noche. Según Ángela, a Manolo lo relajaban en su familia porque dizque dos o tres días después, en una ocasión en que él fue a casa de tío Fello a visitar a Minerva, estaba tan alelado mirándola, que le cayó un aguacate en la cabeza que casi lo mata y él ni se inmutó.

En la capital Manolo vivía cerca de Minerva, en la casa de su prima Isabel Tavárez, viuda del doctor Enrique Lithgow Ceara, también asesinado por Trujillo. No olvido la impresión que me causó Isabelita el día que la conocí, no sólo porque era muy hermosa y atractiva, sino porque nunca antes había visto a una mujer usando pantalones cortos. El caso es que ambos residían en las inmediaciones de la universidad, eran casi vecinos y, sin embargo, no se habían encontrado. Cuando Manolo volvió a verla, ya estaba perdidamente enamorado de ella. Pero no fue sino hasta finales de 1953 o enero de 1954 cuando comenzaron sus amores formales. Al menos las primeras cartas entre ellos son de febrero o marzo de 1954.

Me parece que María Teresa, en la anotación del 11 de febrero de su diario, se refiere a la primera visita de Manolo a nuestra casa. Minerva hizo que mamá comprara unos muebles nuevos para recibirlo. Revolucionó toda la casa con los preparativos. Manolo comió aquí y nos causó una excelente impresión a todos. A cualquiera impresionaba aquel hombre tan apuesto, culto, de hablar pausado y modales correctos. A mamá, particularmente, no sólo la impresionó, sino que la tranquilizó conocerlo.

Tengo una imagen muy viva de Minerva ese día. La veo vestida de luto porque papá había muerto hacía poco. Parada en la galería, pintada, enamorada, feliz, esperando a su príncipe.

Después de la visita de Manolo a nuestra casa materna, él le escribió una carta muy linda a mamá en la que habla de su timidez y de sus intenciones.

Señora
Doña Mercedes R. Vda. Mirabal
Salcedo

Estimada y recordada doña Chea:
Con verdadero placer y respeto, me permito escribirle. Me hubiera gustado haberlo hecho antes, pero mi timidez no me lo permitía. ¡Era más fuerte que la sinceridad de mis deseos!; pero ayer, después de la lectura de una de las cartas de Minerva me resolví a escribirle. Me anima a ello el elevado reconocimiento y el cariño que usted me merece.

Es apropiada la ocasión para manifestarle toda la admiración que usted ha sabido inspirarme por sus estimables cualidades personales y por la obra de su familia ejemplar que usted y su esposo, que en paz descanse, han realizado.

Yo me siento orgulloso de haber tenido el honor de conocerla y compartir en el seno de su hogar momentos de mi vida que me serán inolvidables. Una vez más, doña Chea, le reitero mi más profundo agradecimiento por las atenciones que usted y las muchachas me han dispensado; y le aseguro que es uno de mis mayores deseos, al igual que de los míos, tener algún día el infinito placer de tenerlos a todos ustedes aquí, entre nosotros, estrechando así, aún más, las relaciones que nos unen; así se lo he manifestado ya a Minerva, a quien me une el sentimiento más noble y bello.

Tal vez no sea éste el medio más correcto para referirme a ello, pero era mi deber hacerlo; además, así me resulta menos difícil y usted sabrá comprenderlo de seguro.

Desde ayer estoy muy contento, y desde aquí comparto su alegría, al estar de nuevo en compañía de las muchachas. Minerva me escribió y en su carta me decía que saldría ayer para donde usted y aunque no me dijo si María Teresa se quedaba, presumo que también estará a su lado. Para ella y los demás, mis afectuosos recuerdos.

Permítame, doña Chea, expresarle mis más sinceros y respetuosos afectos, al igual que el saludo de los míos, enterados de que le escribo.

Deferentemente,

Manolo Tavárez

En una ocasión Manolo vino desde Montecristi a darle una serenata a Minerva. Desde allá trajo un piano montado en un camión. Tenía una linda voz, pero el piano llegó desafinado porque los caminos eran largos y estaban en muy malas condiciones. Minerva estaba locamente enamorada. Había tenido muchísimos pretendientes, pero por vez primera sentía el fuego del amor.

No hace mucho releí unas notas que Emma Tavárez Justo, otra de las hermanas de Manolo, publicó en la revista *¡Ahora!* del 9 de diciembre de 1974. Voy a reproducirlas aquí, pues me parece que reflejan mejor de lo que yo puedo hacerlo aquellos días felices, de noviazgo, de la vida de mi hermana:

Eché una mirada furtiva tratando de apresar la imagen misteriosa que revelaba la fotografía que Manolo contemplaba desde hacía rato.

Sentado en una mecedora, escuchaba música suave, mirando intensamente el rostro que adivinaba hermoso.

Intrigada y curiosa, pasé varias veces a su lado y por sobre su hombro, fugazmente, vi una sonriente silueta de mujer retratada en perspectiva. Con aquel vestido de la foto me pareció una colegiala.

Algo me cosquilleaba por dentro, al pensar de quién estaría Manolo enamorado de nuevo. En una no pude más, me detuve a su lado y le dije: «¡Qué bonita es! ¿Quién es ella?». «Se llama Minerva», me dijo.

Más adelante, en el mismo artículo Emma Tavárez relata sus primeras impresiones de Minerva, así como los gratos encuentros que se dieron entre nuestras familias. La descripción que hace de la visita de ella y Edda, su hermana melliza, a Ojo de Agua, permite captar el ambiente festivo y juvenil que prevalecía en el ánimo de la Minerva enamorada y llena de esperanzas y sueños.

La conocí en nuestra casa de Montecristi en una mañana soleada. La acompañaban sus hermanas Dedé, Patria y María Teresa, con los esposos de las dos primeras, Jaimito Fernández y Pedrito González. Ellas aún guardaban luto por don Enrique, su padre. Minerva nos decía: «Con que estas son las mellicitas de las que tanto me ha hablado Manolo». Sentados todos a la mesa, revoloteaba curiosa alrededor de Minerva, la nueva novia de Manolo, y sus hermanas.

Quiso llevarnos de vacaciones con ella a mi hermana melliza, Edda, y a mí. Llegamos de noche a Salcedo. Nos recibió Mamá Chea, cariñosa y atenta. Al otro día, quedé impresionada por la exuberancia de la vegetación de Ojo de Agua, donde tenían su casa de campo. Frescura, verdor y esa enorme variedad de plantas de todos los tamaños y tonalidades. Comparaba aquel paraíso vegetal con mi pueblo, agreste, seco y polvoriento.

Bien temprano, cuando aún la humedad del rocío de la noche cubría la madrugada, nos levantábamos e íbamos a la cocina de la casa, que quedaba algo retirada, y arrimada al agradable calor que despedían los leños del fogón, no podía entender cómo Minerva con la mayor tranquilidad soportaba tomar largos sorbos de café hirviendo, sin arderse la boca.

En ocasiones, por las mañanas, contemplaba a Minerva en cuclillas al lado de los canteros del jardín, afanosa sembrando y trasplantando matas con sus manos de venas que le sobresalían como redes en su piel. Divertida y locuaz, nos iba dando los nombres de sus plantas preferidas.

Algunas veces nos escapábamos al almacén de al lado, donde ella guardaba cantidad de viejas revistas *La Familia*, y nos reíamos de las modas antiguas que a nuestro parecer lucían extravagantes.

A veces de tarde nos recitaba larguísimos versos con agradables modulaciones en su voz. Recuerdo el sentimiento con que Minerva declamaba el poema de Francisco de Asís. Nos hojeaba los libros de su biblioteca, que tenía adosada a una pared de su cuarto. Al pie había una camita en la que me pedía sentar para leerme trozos de algún libro. Nos divertíamos con las décimas de Juan Antonio Alix. Me mostraba entusiasmada sus álbumes de pinturas, algunas realizadas en el colegio Inmaculada Concepción (…).

En ocasiones, María Teresa, cuchara en mano, en una jícara grande de higüero, me pedía ayuda para batir los bizcochos que de cuando en cuando se inspiraba en hacer.

Un domingo fuimos a comer a la casa de Patria y Pedrito, que quedaba en Conuco. Parecía un oasis, rodeada de árboles inmensos y un bellísimo jardín. Patria, dulce, de gestos suaves y serenos, ama de casa perfeccionista hasta el detalle de su hogar y su familia, con inclinaciones a la música y la pintura, lo había convertido en un pequeño paraíso individual, que completaban sus hijos Nelson y Noris. Aún no había nacido Raulito.

(…)

A veces íbamos a Salcedo, donde vivía su otra hermana, Dedé, y su esposo Jaimito, con sus hijos Jaime Enrique, Jaime Rafael y Jaime David. Dedé, con una habilidad y rapidez extraordinaria, bordaba a máquina hermosos monogramas en sábanas y fundas. Una tarde, Minerva nos llevó donde una señora que leía la taza y las barajas, de nombre Fefa, muy conocida en Ojo de Agua. Fuimos entusiasmadas por la novedad y nos dijo la suerte a todas. Posteriormente, Minerva comentaba sonriente que la señora le había vaticinado que se casaría pronto.

Los domingos, ella, al volante del viejo Buick de la familia, nos llevaba a misa a la iglesia de Salcedo y luego del desayuno íbamos de paseo a las poblaciones cercanas de Tenares y San Francisco de Macorís. En Tenares nos presentó al doctor Concepción, viejo amigo, querido profundamente por ella y su familia.

En una oportunidad, María Teresa me había confiado que estaba enamorada de un joven de San Francisco de Macorís, pero que aún su familia no había dado el visto bueno. Estando de visita en esa ciudad, una mañana nos fuimos ella y yo a dar una vuelta a pie y llegamos al parque. Me señaló un joven que la esperaba sentado en uno de los bancos. Era Leandro.

Comunión de ideales

Manolo y Minerva compartían los mismos ideales. Sin buscarse, se encontraron. Se unificaron. Ya antes de conocerse, ella tenía numerosos contactos antitrujillistas que aportaría al Movimiento 14 de Junio, cuando lo constituyeran años después.

Manolo había crecido en un ambiente muy distinto al de Minerva. Estudió el bachillerato en la capital. Era un tipo buenmozo, joven, con mucho carisma, cantaba y tocaba la guitarra bien. Tenía ideas antitrujillistas desde antes de conocer a Minerva y de hecho perteneció a la Juventud Democrática, pero me parece que no había desarrollado sus ideas tan temprano como ella, ni las había manifestado en la dimensión en que lo había hecho mi hermana desde siempre. Ella no transigía con su antitrujillismo. Recuerdo un día que delante de mamá entabló una conversación crítica contra el dictador con un señor de apellido Portes, empleado público. Mi madre se alarmó: «Pero, mi hija, ¿es que tú eres loca?». Mamá también decía que Nené Rojas, un señor de Moca vinculado al doctor Alfonseca que trabajaba en La Curacao, siempre buscaba a Minerva: «Mírala, mírala, esos dos para lo que se juntan es para "desflecar" al gobierno».

Mucha gente me pregunta: «¿Manolo influyó sobre Minerva, o ella sobre Manolo?». Siempre respondo lo mismo. Sin buscarse se encontraron y cada uno complementó al otro con sus ideas.

Hay una anécdota que ilustra cómo la actitud de Manolo era igualmente temeraria frente a la tiranía. Manuel de Jesús Estrada Medina, quien en su juventud había sido un protegido de Isabel Mayer, fue senador de la República al mismo tiempo que mi hijo Jaime David. Un día se le acercó y le dijo: «Jaime, yo quiero contarle lo siguiente. Una vez, durante la Era de Trujillo, reunidos en un pasadía a la orilla de un río, yo le entregué a Manolo dos cheques en pago por un trabajo que había realizado como sustituto de un juez de paz o de un fiscalizador. Manolo los rompió y los tiró al agua, diciéndome: "Gallo —así nos decíamos Manolo y yo— no los quiero. Están ensangrentados"».

Hay que haber vivido aquella época para comprender la magnitud de ese gesto en un ambiente de miedo, en el que la mayoría de la gente, aunque estuviera inconforme, no se manifestaba para evitar caer en desgracia o correr riesgos. Pensaban en su familia, en sus empleos o en preservar su vida. Es que nadie quiere morir. Una cosa es declarar emotivamente «¡Que me maten!», y otra muy distinta es tener conciencia de que efectivamente te pueden matar.

Mamá, muy satisfecha, decía: «Ya la Negra encontró a un hombre que la va a dominar». Porque ella vivía preocupada por las ideas de Minerva, por su carácter. «Mi hija, te van a matar. El que ama el peligro, en él perece. Te van a desriscar por un barranco, te van a matar», le repetía. ¡Y cuánta razón tenía!

Sabía que Minerva estaba en lo de ella, en la política. Por eso, cuando conoció a Manolo mamá creyó que él la sujetaría, que «lograría hacerla controlar sus expresiones e ideas políticas». Mamá aún ignoraba que él estaba en lo mismo y sólo lo veía como un joven enamorado. A esas alturas se estimulaban, se apoyaban en sus actividades conspirativas. En Manolo ella encontró un estímulo, un respaldo, un verdadero compañero de vida y de lucha.

Minerva insistía en que Manolo se hiciera notario. Él lo barajaba, sin reconocerle la razón: no tenía la edad requerida. Le ocultaba a Minerva su edad porque era menor que ella. Cuando

Minerva se enteró de esta diferencia, se plantó: «No me voy a casar», dijo, y terminó los amores. Pero como estaba tan enamorada, se dejó convencer y finalmente se casaron el 20 de noviembre de 1955.

Minerva ya había cumplido los veintinueve años, y para la época era casi considerada «jamona». Su matrimonio duró exactamente cinco años y cinco días, hasta que los separó la muerte.

La ceremonia en la iglesia, y la celebración en nuestra casa de Ojo de Agua, lo mismo que la de Patria y la mía, fue muy sencilla y en medio de un aguacero. A Minerva no le interesaban las fiestas y organizó todo bastante a la carrera. El hermoso vestido color crema que le compró a Virginia Dalmau forma parte de la colección que se exhibe en la Casa-Museo.

Entre los que asistieron recuerdo a Francisco Gómez, Alfredo Parra Beato, un abogado de San Juan de la Maguana, amigo de Manolo, Rafael Acosta y algunos invitados más. El fotógrafo se retrasó, y cuando llegó ya Minerva se había quitado la ropa de novia. Mamá se desesperaba: «Ella no está en eso. Está en lo otro, en su política». Lo cierto es que Minerva manifestó escaso interés por muchos detalles de la boda, tan importantes para cualquier novia.

No recuerdo exactamente la fecha, pero sí que muy pocos días después de la boda, apareció en el temible «Foro Público» —la columna de calumnias que utilizaba Trujillo en *El Caribe* para atacar o amedrentar a quienes suponía que le adversaban de alguna manera— un comentario reseñando que el doctor Manuel Tavárez Justo acababa de casarse con una «roja comunista»: Minerva Mirabal Reyes. No era la primera vez que en esa cobarde columna se referían con nombre y apellidos a mi hermana. Unos meses antes, en junio de ese mismo año, había aparecido una acusación contra el bedel de la Facultad de Derecho, porque supuestamente se dejaba corromper por ella y le encuadernaba libros con material de la universidad. Decía: «Sería bueno que se le pusiera coto a los macuteos que está cometiendo el señor Horacio Geraldino, encargado de la sección de encuadernación de la universidad, quien utiliza el material propiedad de esa casa de estudios para hacerle trabajos a la estudiante de Derecho Minerva Mirabal, a quien le encuadernó cerca de 20 libros (…)»[*]. Al pobre hombre lo sacaron de su trabajo por esa mentira.

Se fueron a vivir a Montecristi, el pueblo de Manolo, y allí redoblaron el entusiasmo por las actividades políticas.

Minerva viajaba en avión desde Manzanillo a la capital para seguir sus estudios. Se pasaba semanas en la casa de Isabelita Tavárez, donde Manolo había vivido.

Nada mejor para entrar al corazón de la Minerva enamorada que las cartas que le escribió a Manolo entre 1954 y 1955, extractos de las cuales dio a conocer Minou en una conferencia que ofreció sobre su madre, y cuya reseña salió publicada en *Listín Diario* el 22 de noviembre de 1987. A través de su propia mirada de persona inteligente y de hija, Minou da a conocer las cualidades políticas y sobre todo humanas de una Minerva compleja, sensible y con claras determinaciones.

Minou observa: «Durante esa época de predominio de los valores tradicionalmente masculinos de violencia, de represión y de fuerza bruta, donde la dictadura no era más que una gran hipérbole del machismo, en ese mundo masculino se irguió Minerva para demostrar hasta qué punto y en qué gran medida lo femenino es una forma de disidencia».

Pienso que en esa conferencia, Minou desveló el alma de la Minerva soñadora y a la par dotada de sentido práctico.

---

[*] «Foro Público», *El Caribe*, 25 de junio de 1955.

«Como mujer —dice Minou— tuvo las mismas preocupaciones de las mujeres, y al margen de ellas se sacudió». En una de las últimas cartas, fechada el 20 de octubre de 1955, y ante la insistencia de Manolo por casarse y porque se fueran a vivir a casa de sus padres, hasta que pudieran tener su casa propia, le dice:

Te pido que arreglemos nuestra casita antes de terminar mis estudios porque quizás yo me sienta cohibida; no importa que no sea la casa amarilla frente al tribunal, qué importa que sea una humilde choza, yo la embelleceré con mis manos para ti, será nuestro hogar, y veremos crecer juntos todas las gardenias y jazmines que tengo prendidos para adornarla, y sus flores te las mandaré al escritorio, todos los días. Verás, amor, que no necesitaremos riquezas para ser felices. Yo prefiero mil veces la tranquilidad de espíritu.

Encontramos las manifestaciones entusiastas, apasionadas y tiernas del amor que se sabe correspondido. En una carta fechada el 5 de febrero de 1955, Minerva le expresa a su novio:

Hoy te nombro de mil formas distintas en mi corazón, se me tumultúan los sinónimos cariñosos.

En carta del 8 de marzo de 1955:

Te quiero mucho, cuento contigo para todo, eres mi muleta, mi zapato viejo, mi amor. Es terrible estar tan descalcificada y no tener cerca tu hombro querido.

En carta del 18 de julio de 1955:

Me parece un siglo que te marchaste. Extiendo la mano para tocarte y se aprieta vacía sobre mi pecho; oigo tu voz y siento profundamente la ternura con que ayer me llamaste «hermosa».

El 14 de septiembre de 1955:

No me digas charlatana… tú sabes que es porque te adoro que me río de nuestras cosas y te hablo de «manutención», etc., porque la risa y la felicidad son hermanas. Y fíjate, Manolo —he suspendido sin darme cuenta esta carta para pensar, y la conclusión es que puedes estar satisfecho—, ésa es tu Minerva, la que se burla un poco de las cosas sentimentales para ocultar su sentimentalismo, pero cuando no soy así, es que las cosas marchan mal.

Carta del 20 de octubre de 1955:

Cuando estoy contigo pienso sólo en el hermoso e infinito cielo de nuestro amor, pero cuando estoy sola, pienso en la escoba, en la tabla de planchar, en el canasto de la ropa sucia, y en todas esas cosas prosaicas que no se pueden olvidar en una boda.

Otras cartas de Minerva a Manolo, dadas a conocer por Minou, dejan ver el alcance de las reflexiones de ella, como en la del 14 de diciembre de 1954, cuando le dice:

Es posible que haya un divorcio entre el ideal y la realidad, y no puedo dejar de ser una incurable idealista; cuando trato de amoldarme a la realidad me parezco a esos ríos de aguas turbias que no dejan ver el fondo.

La correspondencia deja ver el concepto de Minerva sobre el amor y la pareja, como en la carta fechada el 12 de diciembre de 1954:

Tú sabes que me he privado de muchas cosas —cosas que para cualquier muchacha resultan muy naturales— sólo por mi carácter, que aunque me he empeñado en domesticar tiene un fondo extremista, se da todo y lo exige todo; por eso soy bastante medida para entregar mi amistad y mi cariño. No quiero absorber más que lo que espontáneamente surge para mí de los demás. Por eso he reprimido durante este tiempo mi inclinación hacia ti, porque temía que tú no llenaras las aspiraciones de compenetración, de afecto tanto tiempo contenidas en mí. ¿Serías capaz de llenar mi alma, mis anhelos?

Y en una carta del 23 de septiembre de 1955 expresa:

...estoy convencida que más conveniente es entre dos personas que se aman que conserven cierta independencia, cierta libertad.

Volviendo al análisis de Minou sobre la personalidad de su madre, cito:

«Pero, asimismo, Minerva tiene claras sus metas intelectuales y de expansión de su espíritu. Se exige el máximo a sí misma, respondiendo a su propio ideal de perfección, y también influye sobre Manolo. Cuando aborda lo que ella entiende son flaquezas de carácter, es terrible. Esas muestras de autoconocimiento de quien medita y anhela perfección son frecuentes. Sobre el particular llama la atención cuán frecuente es que Minerva se aplique calificativos de "egoísta", "intransigente", o que llegue a implorar perdón para "esta novia tuya tan súper-intolerante, archi-susceptible y réquete-arbolaria"».

Con todo acierto, Minou interpreta que todo ello no es más que expresión de una búsqueda de sinceridad y verdadera autenticidad. Y Minerva también motiva a Manolo. En carta del 8 de marzo de 1955 le expresa:

Mi vida, me alegra que estudies y aspires, por lo menos la ambición común nos vincula, además de nuestro gran amor.

Y, en la misma tónica:

Me dijo tu papá que había que dejarse llevar por la corriente, espero que te conviertas en una corriente si no arrolladora, al menos convincente.

La importancia que Minerva le daba a la formación profesional se nota en su carta del 13 de noviembre de 1954, en la que le decía a Manolo:

Recuerda también que preferiría que presentaras tu tesis, es decir, que ésta fuera para ti antes que yo, antes que todo... después, si quieres, me pones a mí en ese lugar.

Recuerdo la alegría, la dicha de Minerva al llegar a Montecristi. Estaba contenta con el mar que era para ella una novedad. Manolo, Ángela, Jaime Ricardo Socías, esposo de Ángela, y Minerva se iban con frecuencia a pescar y a escuchar clandestinamente las emisiones de radio de los exiliados en Cuba, en Puerto Rico o en Venezuela.

Tamara Díaz, una joven de Santiago casada con el doctor Carlos García, primo de Manolo, fue la persona con la que Minerva encontró mayor afinidad al llegar a ese pueblo nuevo para ella.

En una carta que conservo, Tamara me habla de lo dichosa que era la Minerva enamorada que había llegado a Montecristi con su marido, y que inmediatamente se empeñó en hacer un lindo jardín en su casa.

Montecristi es uno de los pueblos más antiguos de República Dominicana y pasó por una época de gran esplendor a finales del siglo XIX. Muchas familias adineradas construyeron allí casas lujosas, algunas traídas completamente por piezas desde Francia y armadas allí. Con la decadencia posterior, esas casas fueron abandonadas por sus dueños. Una de ellas fue la de doña Emilia Jiménez, la cual uno de sus nietos remató casi por cheles.

Minerva compró para su jardín mosaicos de la casa de doña Emilia, que los muchachos vendían en la calle. Todavía hay gente en Montecristi que recuerda el impacto y la curiosidad que despertaba ese jardín en una ciudad que por su naturaleza tan árida no tenía esa tradición.

Sobre esta amiga y vecina, Tamara, hay una anécdota que dio lugar a una confusión. En el libro sobre las hermanas Mirabal del Chino Ferreras se afirma que Minerva estaba tuberculosa. En realidad, lo que ocurrió fue que aunque Minerva quería mucho a su amiga Tamara, no tenía la confianza para darle a conocer los verdaderos motivos de sus continuos viajes, porque estaba emparentada con militares de alto rango, y para encubrir sus actividades políticas, le decía que debía ir donde el doctor Concepción a tratarse «un problema en un pulmón».

En el artículo de Emma Tavárez que cité antes, ella cuenta sobre ese tiempo:

> Luego de su viaje de bodas, Manolo y Minerva se instalaron provisionalmente en una habitación en los altos de la oficina de mi padre que quedaba anexa a nuestra casa, en Montecristi. Minerva, sentada sobre la cama en el altico, y ya en los meses avanzados de su primera hija, Minou, me pedía que le leyera en voz alta capítulos de los textos de Derecho, que para esa época me parecían pesados e ininteligibles. Pronto rendiría ella los exámenes finales del último año de su carrera.
>
> El nacimiento de Minou (en honor a Minou Drouet, precoz poetisa francesa), hizo que Manolo y Minerva cifraran en ese pequeño ser sus ilusiones. (...)
>
> Luego, el nacimiento de Manolito, el segundo hijo de ambos, equilibró el cariño volcado en la mimada Minou, y colmó la alegría hogareña de las dos familias: el siempre esperado heredero varón.

Ya el altico les quedaba pequeño. Manolo y Minerva se mudaron a varias cuadras de casa. El nuevo hogar era expresión del temperamento y gusto de ambos. Ligeros muebles de mimbre y alfombras de cabuya en la sala; objetos de adorno de raras formas y colores, libros, pinturas hechas por Minerva, tiestos de plantas ornamentales, y el jardín posterior de la casa, el que Minerva cuidaba mucho, le daban un encanto especial.

(…)

Se acercaba el primer aniversario del nacimiento de Minou, y Minerva afanaba con los preparativos para celebrarle su primer añito. Ilusionada, ajetreaba con el bizcocho ayudada por mamá y mis hermanas, y haciendo canastitos, conejitos y sombreritos para la fiesta. Esa tarde de agosto Minou corría de un lado a otro de la casa en medio de la algarabía de los pitos y las chicharras y las travesuras de sus amiguitos. Manolo y Minerva disfrutaban la alegría de su retoño.

En una oportunidad en que Patria y María Teresa se encontraban de visita en su casa, nos fuimos a pasar la tarde a Parolí, al pie del Morro de Montecristi. Recuerdo que nos subimos a unas lomas altísimas y todo era subir para resbalar rodando de nuevo hacia abajo. Minerva decía que ella no se quedaba atrás y agarrándonos pudimos llegar hasta arriba[*].

Claro que no todo entre ellos fue color de rosa. Hubo un pequeño inconveniente en su matrimonio que quizás deba contar aquí. Minerva tenía ya a Minou y estaba embarazada de nuevo. Viajaba a la capital con muchos sacrificios a terminar su carrera. En eso pasó lo inesperado e inconcebible para ella. En las semanas en las que ella había venido a Conuco a dar a luz, Manolo había tenido un embullito con una joven empleada en un recinto de la Justicia, donde él ejercía como abogado en Montecristi.

---

[*] Emma Tavárez Justo, en la revista *¡Ahora!*, N° 578, 9 de diciembre de 1974.

Cuando Minerva se enteró, se puso como el diablo, furiosa. Ella y mamá eran muy celosas, aunque lo disimularan. Minerva le escribió a Manolo, le reclamó, le dijo que se iba a divorciar, hizo de todo. Yo trataba de calmarla: «Minerva, tú estás embarazada. El hombre a veces se comporta así». No aceptaba ni toleraba esa conducta. A su juicio, la lealtad era obligación común para ambos miembros de la pareja, no sólo para la mujer, y confiaba en que su marido nunca miraría a otra mujer. Ése era su concepto del matrimonio.

Por estar de testaruda y obstinada hizo desarreglos que le provocaron una hemorragia durante el parto. Tuvo que permanecer en Conuco durante varios días más, reponiéndose.

Para Manolo, el matrimonio con Minerva no estuvo nunca en juego. Pero ella, mujer al fin, quedó resentida. Se sintió traicionada. Le dolió demasiado, aunque fue evidente para mí que con el tiempo la crisis se subsanó.

Curiosamente, en una carta a Manolo escrita cuando aún eran novios, Minerva le comentó: «…soñé que te habías enamorado de no sé quién y que habíamos terminado… Ayer se lo conté a mamá y estaba tan decidida a terminar contigo que ella tuvo que recordarme que no era más que un sueño».

Minerva me decía: «Tú no tienes personalidad. ¡No eres más que una "tía Rosa"! Tú eres muy buena, y por eso has parado en pendeja». No me lo decía delante de la gente ni de mala manera, pero a solas me recriminaba: «¡Tú soportas demasiado!». Cuando yo tenía amores con Jaimito, una vez quería ir a Santiago a ver a Eva Garza, una cantante de moda. Pero Jaimito no estaba interesado porque él ya la había visto. ¡Qué pique le dio a Minerva! Se sintió más indignada que yo: «¡Es decir que como él fue y la vio no quiere que tú vayas! ¡Pero qué egoísta!».

Una vez le regalé a Minou un puerquito que tío Tilo le crió. Tan pronto se puso gordo, bello, mamá consiguió venderlo por unos sesenta pesos. En un viaje de Minerva a Santiago, mamá le dio el dinero del puerquito. «Tómalo, para que le compres algo a Minou». A su regreso le preguntamos qué le había comprado a la niña. «Le compré libros», respondió muy tranquila. Mamá protestó, pero Minerva argumentó que no hay mejor legado que un libro. Mamá intentaba inútilmente defender su punto de vista y, como decía ella, proteger lo de Minou, que aún estaba muy chiquita, del «vicio» de Minerva por los libros de poesía, novelas, ensayos, pintura...

Me parece que ya por esa época ella había adoptado el seudónimo «Mariposa». Así se referían a ella sus compañeros. Como era una de las más conocidas y había sido perseguida, nadie quería decir: «Viene Minerva a una reunión», porque era peligroso. Así que preferían referirse a ella como «La Mariposa».

Ese seudónimo inspiró a nuestro poeta nacional, Pedro Mir, para titular el largo poema que dedicó a mis hermanas: «Amén de Mariposas». Años más tarde, Julia Álvarez tomaría también el nombre para el título de su novela *En el tiempo de las Mariposas*.

Estar en desgracia significaba que cuanto hiciéramos era malo. Nos quedaban muy pocos amigos. Se fueron alejando casi todos. Los que antes venían a comprar también se alejaron. Por eso desde la primera prisión de papá, en 1950, el negocio empezó a declinar. Nos trataban como si tuviéramos lepra, así que tuvimos que cerrarlo.

Sin embargo, hubo personas que fueron la excepción en su comportamiento hacia nosotros. El doctor Ángel Concepción, por ejemplo, nunca dejó de visitarnos. El antitrujillismo empezaba a crecer. Recuerdo al párroco de Tenares, Ercilio Moya, un antitrujillista muy valiente, quien de niño había sufrido parálisis y cojeaba. Ése fue de los que nunca se amedrentaron.

Siempre nos quedaron amigos y los parientes tampoco se alejaron. Mi suegro, don Jaime Fernández, oficial civil, se mantuvo cerca. El mismo don Juan Rojas, un hombre serio y guapo que aun siendo senador mantuvo su amistad con nosotros, a pesar de que muchos le echaban la culpa de lo que nos pasaba por habernos invitado a la famosa fiesta en San Cristóbal.

Un periodo de trabajo arduo

Salí embarazada poco tiempo después de mudarnos de San Francisco de Macorís a Salcedo, en el año 1956. Yo no quería creerlo y menos decirlo. No olvido que un día vi a Clara, mi cuñada, que también estaba embarazada, comiéndose un coco y yo me quedé con un deseo intenso de comer de ese coco, lamentándome de que no me lo brindaran. Me dio por comer coco, pero ninguno era «el coco» de mi deseo. Jaime David nació con una mancha que, si es verdad lo que dicen de los antojos, responde a ese deseo insaciable de comer coco que me entró.

Un domingo por la tardecita me sentí mal. Jaimito me llevó a Macorís y estuve en labor de parto hasta el otro día, a las nueve de la mañana. Jaime David fue un bebé grande y muy lindo, pero eso no me consolaba, y no podía dejar de llorar cuando nació porque esperaba una niña, a la que iba a llamar Jacqueline.

Recuerdo que Jimmy me veía haciendo una ropita y yo le decía: «¿Para quién es esto?», y el niño me respondía: «Para Quelín», o sea, para Jacqueline. Bordaba las camisitas y les decía a Jaime Enrique y a Jimmy que serían para su hermanita que se llamaría Jacqueline.

Le pedí a María Teresa que lo bautizara y tiempo después, cuando ella tuvo su niña, me dijo: «Dedé, no vas a tener más hijos, así que vas a ser la madrina de mi hija y le voy a poner Jacqueline». ¡Las cosas de la vida! ¿Quién le iba a decir a mi hermana que sería yo quien criaría a Jacqueline?

Tenía ya a mis tres hijos. Jaimito y yo estábamos muy unidos todavía. La situación material no era la mejor para nosotros, pero poseíamos bríos y muchos deseos de salir adelante con nuestro esfuerzo. Para escribir mejor estas memorias mías le pedí a él que tratara de recordar esos tiempos duros tal como los percibió:

A mí me había ido mal, muy mal, en la siembra de arroz; las vaquitas las había ido vendiendo una a una, solamente me quedaban doce y un toro, llamado Gusará, y cada vez que me veía muy apretado le decía: «Te embromaste, Gusará», porque si seguía la situación empeorando iba a tener que venderlo. Perdí casi todo lo que tenía. Entonces Dedé y yo nos refugiamos en una finquita que habíamos comprado en El Indio, después del Abanico, a veintisiete kilómetros de Nagua. Era una finquita muy bonita, con una casita de alto, techada de cana; abajo era de suelo, pero le echamos una arenita y se veía muy bonita.

Para poder comprar en El Indio, yo vendí una finquita que don Enrique había adquirido para Dedé con los ahorros de ella. Eran noventa y ocho tareas, pero con demasiada pendiente. Aproveché que el cacao cogió un buen precio y dije, ¡la vendo!, logré venderla por 5,000 pesos. Eso fue algo insólito, con ese dinero compramos seiscientos cincuenta tareas en El Indio. Me trae muy mal recuerdo que alguien, delante de doña Chea, comentó: «Ya comenzó a vender lo de Dedé». Pero tuve suerte. Había unas lometas, que yo puse bonitas, y muchas palmas; araba la tierra con una yunta de buey que me prestaba papá, hacía conuco, sembraba maní, maíz, yerba…

Estábamos pasando una situación realmente mala. En el 1957 empezamos a trabajar en El Indio. Llevamos con nosotros a Jaime David, que tenía alrededor de un año, y dejamos a Jaime Enrique donde mamá y papá, para que fuera a la escuela de Salcedo, mientras Jimmy se quedaba con doña Chea, quien lo inscribió en la escuela de Tenares. Ellos se quedaban bien por su cuenta, porque doña Chea apoyaba muchísimo a Jimmy, y para papá y mamá, Jaime Enrique era el amor de su vida, debido a que era hijo mío, que era el mayor de la casa, y de Dedé, a quien papá y mamá querían más que a sus propias hijas. Todos los días, de Salcedo a Nagua iban dos guaguas de dos amigos míos —La Altagracita y La Richi—, que habían sido hechas en Salcedo, donde hacían las mejores guaguas. Nosotros ordeñábamos las vaquitas y mandábamos unas veinticinco botellas de leche a Nagua. Todas las entraditas de dinero que teníamos las destinábamos a pagar deudas, sobre todo en la pulpería; una deuda que nos hacía sufrir mucho porque estábamos en un lugar desconocido.

Despacito, hice una preciosura de finca. Tumbé un guayabal que había y sembré plátanos. «Que aquí no se dan los plátanos, no siembre eso», me decía la gente, y yo respondía: «Déjenmelos sembrar, ¿ustedes me los dejan sembrar?». «Esto es suyo», contestaban, y yo les decía: «¡Pues entonces!». Sembré unas veinte tareas de plátanos. Dedé se ponía contenta cuando veía que venía gente en caballitos y se desarrollaba este intercambio:

—¿Aquí venden plátanos?

—Sí.

—¿A cuánto es la carga? [Una carga tenía doscientos plátanos.]

—A tres pesos.

Cuando se vendía una carguita de plátanos, Dedé decía: «¡Ay!, las ánimas, las ánimas». A veces lo que iban a comprar era una o media botella de leche, unos cinco centavos. Comprábamos tres centavos de azúcar en la pulpería, porque no nos habíamos tomado el café por falta de azúcar.

Dedé no quería que doña Chea se enterara de que su hija estaba pasando trabajo. No queríamos dar lástima a nadie. Así pasamos alrededor de dos años. A Salcedo íbamos cada quince días, más o menos.

Dedé sabe bordar muy bien. Allá en El Indio bordaba juegos de sábanas en su maquinita y consiguió una clienta que le pagaba a tres pesos el juego de sábanas bordadas. Dedé hacía dos y tres juegos de sábanas por día. Pasaba el día bordando. Eso representaba un ingreso muy bueno para nosotros.

Suerte que también teníamos muchas gallinas que ponían huevos y teníamos leche y víveres. Comida no nos faltaba.

Después que doña Chea se mudó a Conuco, su casa en Ojo de Agua se quedó cerrada. Yo estaba loco porque saliéramos de El Indio. Ya tenía una fuercecita económica y estábamos aburridos de estar en medio de esa finquita. Entonces decidimos mudarnos a la casa de Ojo de Agua, aunque el marido de Patria, Pedrito, no quería que viniéramos para esa casa. Comparado con Pedrito, yo era un segundo o un tercero, porque para doña Chea todo era como Pedrito dijera. Así era. Yo no sé qué le pasaba a Pedrito conmigo, siempre vivía como entorpeciendo las cosas.

A pesar de la dura situación económica que relata Jaimito, el tiempo que pasé en El Indio fue muy feliz para mí. Creo que fue allí donde Jaime David, pequeñito, aprendió a amar la tierra y los animales. Yo me entretenía oyéndolo nombrar las vacas y los toros con la gracia de las primeras palabras.

Siempre he trabajado, y aunque gozaba bordando las sábanas y conseguía algunos ingresos que nos venían muy bien, ya ansiaba regresar a Salcedo, además de que necesitaba tener conmigo a mis tres hijos.

En 1954, mamá nos había planteado la idea de fabricar la casa de Conuco, y enseguida se empezó la construcción. Tomó esa decisión porque Conuco era más accesible, más claro. Por el frente del terreno pasaba la carretera principal y estaría cerca de tío Tilo. Tía Carmela, tía Lalía y tía Toña, sus hermanas, también vivían cerca, lo que la hacía sentirse más protegida.

Aún me parece vernos a Minerva y a mí el día de la mudanza, en 1956, sentadas en la galería: ella embarazada de Minou y yo de Jaime David. Parimos con un mes y medio de diferencia. El amplio patio que rodea la casa de Conuco lo hicieron mamá y Minerva, quien era fanática de los jardines.

Minerva diseñó no sólo el jardín, sino prácticamente también la casa de Conuco. El concepto fue suyo. Me acuerdo que una vez peleó muchísimo porque pusieron una columna al revés, y como era tan exigente y le gustaba que las cosas quedaran bien, ordenó que la desbarataran; pero mamá se impuso: «¡Imposible!».

En 1959 me trasladé con mi familia a nuestra casa en Ojo de Agua. Además de que se estaba deteriorando, pues había permanecido cerrada por tres años, esa mudanza me permitía estar más cerca de mamá, pues entre ambas casas hay solamente unos tres kilómetros de distancia.

María Teresa, universidad y boda con Leandro

María Teresa estudió el último año del bachillerato en el colegio Sagrado Corazón de Santiago. Mamá la había trasladado del colegio Inmaculada de La Vega porque se le había empeorado el asma. En 1954 entró a la universidad y se mudó con Minerva.

Políticamente estábamos en desgracia. No hay cosa peor que esa sensación de sentirse vigilado, perseguido. Tal es el estado mental que uno ve un pajarito y cree que es una serpiente. Ese miedo, ese sobresalto, no se lo desearía ni al peor de los enemigos.

Nosotras estábamos marcadas. Tuvimos una prueba de ello una vez que María Teresa fue candidata a un concurso de belleza para elegir a Miss Universidad. En *El Caribe* del 1 de junio de 1956 apareció una reseña que decía:

> La esbelta y graciosa aspirante está enamorada de su profesión y gusta de la poesía de Rubén Darío, Fabio Fiallo y Franklin Mieses Burgos. Es una india clara que dice le gusta decorar.
> María Teresa prefiere la pintura de José Fulop y la de Leonardo da Vinci. Gusta del teatro, teniendo predilección por *Hamlet*, de Shakespeare, y *La vida es sueño*, de Calderón de la Barca, las cuales vio representadas por la Compañía Lope de Vega aquí.
> María Teresa dice que le gustaría viajar al extranjero y que, cuando termine la profesión, aspira hacer un curso especializado en Estados Unidos. Ama su tierra cibaeña.

Salió escogida reina Magda Mejía Ricart. Nos hicieron saber que a María Teresa la desecharon por antitrujillista. Este tipo de tonterías que ocurrían revelan cómo era la época.

Esa sensación de vigilancia constante llevaba a una a hacer cosas hasta absurdas. Recuerdo que una vez, en 1954, organizaron un desfile de maestras, de los tantos que se hacían en honor a Trujillo, en la avenida George Washington. Patria y yo decidimos aceptar la invitación de ir, con el propósito de guardar las apariencias y cuando llegamos a la capital donde Minerva, ella nos dice: «No, ombe, no vayan a ningún desfile. Vámonos a la Casa Virginia, que yo tengo que comprar una ropa». Nosotras nos preocupamos, pero ella insistió: «¿Y quién se va a dar cuenta de que ustedes no fueron?». Bueno, nos fuimos alegres para la Casa Virginia. Por suerte le hicimos caso porque cayó un tremendo aguacero durante el desfile, que fue un desastre.

Las maestras habían gastado uno o dos sueldos para comprarse trajes de sedilana, una tela que estaba de moda, pero que cuando se mojaba, encogía. Las pamelas que se usaban, enormes, se les cayeron. Los vestidos se les subieron a medio muslo a las pobres mujeres. De ésa nos libramos y nos reíamos después.

El mundo de intereses de María Teresa en la capital, sus amistades y ocupaciones fueron los de cualquier muchacha llena de gusto por vivir y de ilusiones. En las cartas que le enviaba a su novio Leandro Guzmán en 1955 y 1956, quedaron plasmados sus paseos y juegos con las compañeras de pensión y de aulas. «Residencia Universitaria, Avenida Independencia 201, Ciudad Trujillo», escribe en el remite de los sobres. Se aprecia en esas cartas su disfrute del cine, su dedicación a sus estudios, su amor, sus planes y sus encuentros.

21 de febrero de 1955
Ayer por la tarde fui a una reunión que hizo un comité que está organizando un homenaje a Angelita [Trujillo] y a mí me pusie-

ron dizque en el cuadro de comedias a trabajar de india; van a tener unos trajes debajo del color de la piel, pero yo no quiero de ningún modo por el luto.

De los estudios te diré que ayer empecé a estudiar en forma (...). El sábado por la tarde fui donde Maruja, pero no estaba y fui a hacer unas diligencias, y el domingo por la mañana fui a tanda, lo que me pesó porque era una película muy mala; por la tarde fui al desfile y desfilé con C.E., y después me quedé en la Feria con Perla y Manolín y cenamos en El Vesubio de La Feria. Después fuimos a ver el Pabellón de España, que por cierto está muy bonito y venden muchas cosas lindas. Ahora mismo tenemos aquí entre manos una discusión.

3 de marzo de 1955
...llegaron Manolo y Minerva a buscarme para que fuera a comer con ellos y cuando íbamos en camino estábamos hablando de una muchacha y Minerva estaba diciendo a Manolo quién era y yo dije: «¡Pero si Leandro la conoce!». Tú entiendes, dije tu nombre en vez de decir el de él y Minerva se rió y me dijo: «Claro, como que tú estás todos los días hablando con él», y yo le dije que era que estaba hablando de ti en el momento en que ellos llegaron...
Ayer (...) por la tarde salí de compras con Ángela, la hermana de Manolo, y esta mañana fui a la universidad a practicar niveles.

29 de febrero de 1956
Esta mañana salí con Minerva Mues a ayudarla a hacer unas diligencias... Después fui a ver algunas cosas que pienso comprar con el dinero que tú me mandes, estoy bastante entusiasmada con eso pues tú no imaginas el sabor que tiene para una muchacha el ocuparse de su futuro hogar.

21 de marzo de 1956
Ayer por la mañana vino Minerva a buscarme para salir con ella... a comprar las cosas para el baby, ¡me daba una envidia!

Yo le regalé unas sabanitas muy lindas. Ahora estoy yo cantando ¡ay, si me oyeras! Aunque dicen las muchachas que lo estoy haciendo mejor.

7 de marzo de 1956

Yo pensaba ir a casa el sábado, pero el viernes tengo que ir a medir aunque es día de fiesta, porque los muchachos quieren que terminemos antes de Semana Santa y yo pensaba decirte que mejor vinieras el otro fin de semana que el lunes es Día de San José y no hay trabajo y son tres días; como te dije, nosotros tenemos un programa bastante bueno y barato. Te voy a hacer un ligero bosquejo: sábado por la tarde al cine, domingo el día en la Feria (nosotros llevamos sándwiches, etc.) y el lunes por la mañana tanda y por la tarde zoológico, me parece muy bien, ¿verdad?

7 de abril de 1956

Te diré que ya Josefina no va a Puerto Rico pues el padre Quevedo, donde ella va, le mandó a decir que es preferible que vaya en julio y ahora me estoy animando para empezar a arreglar los papeles e ir con ella y Rosita también va. Todo el dinero que le había dado a ella pienso emplearlo en comprar algunas cositas para nuestro futuro hogar. Yo estaba loca por empezar, pero faltaba que tú me dieras un empujoncito, pues no iba a hacerlo por mi cuenta. Ahora pienso cambiarme para ir de compras y después al cine con Luly y Linda.

8 de abril de 1956

Ayer fui con Linda y Luly a ver *Lo que el cielo nos da*, con Rock Hudson y Janet Whitman y me gustó mucho.

14 de abril de 1956

Me dices que te cuente lo que he hecho en estos días, pues te diré que estoy estudiando con Luly, a veces voy a la ciudad por la mañana, a la universidad por la tarde y en el resto del tiempo que me queda libre estoy haciendo una cosa que no te voy a decir, pues es una sorpresa que te tengo para cuando vengas.

(Sin fecha)

Me alegro mucho que te hayas divertido en el fin de semana pasado, siempre que me tengas presente, no es nada que te diviertas.

23 de abril de 1956

Te diré que me fue muy bien en casa a pesar de que pasé muy poco tiempo allá, pues el sábado me lo pasé entero donde Dedé y llegué a casa por la noche y al otro día salimos todos tempranito para la finquita de Pedrito en Güiza. Pasamos el día allá y regresamos a las siete de la noche y en seguida recogí mis cosas y me fui a dormir donde Dedé y regresé esta mañana. A mamá como que no le gustó que yo me fuera en avión*.

3 de mayo de 1956

Desde ayer quería escribirte, pero después resolví dejarlo para hoy, pues así tenía más cosas que contarte. Te diré que me haces una falta tremenda. Ayer, después que vi que el avión iba lejos, me fui al Conde con Linda a buscar la tela de tu camisa, que por cierto encontré en González Ramos una muy parecida, solamente que en vez de ser blanca es azul pálida, y no me gustó mucho, me gustó más ésa otra de listitas azules que te mando. Yo andaba como si hubiera venido de otro mundo (Mirabal al fin), que no entendía ni lo que me decían pues estaba recordando los momentos tan maravillosos que pasamos el día anterior.

(…)

…anoche celebramos el cumpleaños de Perla con un coctel, mabí y muchísimos disparates más y yo hice creer a las muchachas que estaba borracha y les decía que yo era un gato y me ponía a andar en cuatro pies, y ellas se rieron tanto que las mon-

---

* Este avión hacía la travesía entre la capital y algunos pueblos, como Montecristi. Minerva lo tomaba con frecuencia.

jas se levantaron y fue un desorden grandísimo, porque las monjas tampoco podían aguantar la risa.

4 de mayo de 1956
Esta mañana salí con Minerva de compras, que se va mañana a pasar una semana en Montecristi.
(…).
No te olvides de rezar el rosario todos los días, solamente son quince minutos que te pueden reportar muchos beneficios.

5 de mayo de 1956
Ayer por la tarde fui al cine Olimpia, vi *La que volvió por su amor*, con Grace Kelly, muy bonita, y por la tarde fui con Perla y Manolín a ver *Aída*, que también me gustó mucho. Esta mañana fui a estudiar donde Martha.

Leandro se había graduado de ingeniero civil en 1954 y enseguida empezó a trabajar como funcionario municipal en San Francisco de Macorís, su pueblo natal. Luego lo trasladaron a Santiago como encargado de Obras Públicas en el Cibao. Más adelante concibe la idea de emigrar a Estados Unidos para hacer una especialidad de Ingeniería de Minas. De este período Leandro cuenta en su libro *1J4. De espigas y de fuegos*, que una vez preparados los documentos y reunido algún dinero (cuatro mil dólares) le habló a María Teresa de sus planes. Ella insistió en acompañarle y le dijo que como el dinero no alcanzaba para cubrir el viaje de los dos, podían contar con algunos ahorros de su herencia. Una vez puestos de acuerdo, dice Leandro:

Empezamos a pensar, a conversar, a idear lo que haríamos uno y otra mientras esperábamos por la entrega del pasaporte. Un buen día recibimos la respuesta absoluta y soberbia: no podríamos viajar a Estados Unidos porque la familia Mirabal Reyes era una familia connotadamente antitrujillista, más que todo por las condiciones y acciones de su hermana Minerva.

María Teresa y Leandro se casaron por lo civil el 14 de febrero de 1958, y por la Iglesia dos meses y medio después, el 3 de mayo, en una celebración sencilla a la que asistió la familia y algunos pocos amigos. Se fueron a vivir a Santiago.

Manolo y Leandro, que se habían conocido en 1949 en una reunión de la Juventud Democrática Dominicana, eran amigos. Eso contribuyó a que ambas parejas, la de Manolo y Minerva, y la de Leandro y María Teresa, desarrollaran vínculos muy estrechos, favorecidos no sólo por los lazos familiares, sino por la actividad política.

Finalizan los años cincuenta

Trujillo nunca dejó de vigilar a Minerva, de seguirle los pasos hasta tal punto que cuando se graduó de abogada en 1957, aunque sus calificaciones fueron sobresalientes, la Facultad de Derecho de la Universidad de Santo Domingo le negó todos los reconocimientos académicos. También le negó el derecho a ejercer. La Facultad de Derecho de la UASD hoy lleva el nombre de Minerva Mirabal y el claustro de profesores, en un acto de desagravio, decidió otorgarle casi tres décadas más tarde el título que realmente le correspondía por sus altísimas calificaciones: Doctora en Derecho Summa Cum Laude.

Desde muy joven mi madre había adquirido fama entre la familia de tener facultades premonitorias. Papá lo decía: «Chea tiene boca de chivo. Cuando le coge con una cosa...». Irenita, una trabajadora de casa, decía: «Ésa gritó en el vientre de su madre», porque cuando mamá predecía una cosa, pasaba porque pasaba.

Por eso no debe sorprender que los acontecimientos de los que estaba siendo testigo la hicieran sentir tan temerosa. Hablaba de unos franceses dueños de una finca en Rincón de La Vega, quienes fueron asesinados lo mismo que un señor de apellido Pimentel que también vivía por ahí. Se decía que el autor del crimen había sido Virgilio Trujillo.

Los franceses iban al hotel Jaragua, en la capital, a jugar. Una noche aparecieron sus cuerpos en un precipicio, por Rincón. Mamá le recordaba esa historia a mi hermana: «Minerva, ten cuidado. Te van a desriscar con los catarey*. Te van a hacer como a la pareja de franceses y como a Donato Bencosme». Hijo de Cipriano Bencosme, de Moca, Donato era un enemigo acérrimo de Trujillo. Luego de haber asesinado a Cipriano, Trujillo nombró a Donato gobernador de Moca. ¡Qué burla! Poco después lo apresaron cuando regresaba de Puerto Plata. En La Cumbre lo cogieron, lo mataron y lo arrojaron por el mismo precipicio por el que años después tirarían el jeep con los cuerpos de las muchachas y de Rufino.

---

* Se refiere a los camiones para el transporte de la caña, comunes en la época. (N. del E.)

VII

INICIOS DE 1960,
MOVIMIENTO REVOLUCIONARIO 14 DE JUNIO,
CRECE LA REPRESIÓN

El período más represivo de toda la tiranía trujillista transcurrió de 1959 a 1961. Durante esos dos años la resistencia fue más intensa y variada, con la participación de la Iglesia católica y de parte importante de la juventud. En Tenares se conformó la Acción Clero-Cultural, dirigida por el padre Daniel Cruz Inoa, adscrito a la diócesis de Santiago; se gestó el Movimiento Revolucionario 14 de Junio; brotó en Santiago el grupo de jóvenes llamado Los Panfleteros, quienes, con materia fecal, escribían en las paredes «Trujillo es un mierda», mientras que los exiliados antitrujillistas intensificaban sus esfuerzos en distintos países.

Fueron años de terror y carnicería, de traiciones, delaciones y destrucción, pero también fue el tiempo en que más firmemente se mostró el heroísmo de toda una generación de jóvenes. Y mis hermanas fueron parte de la juventud que se inmoló en aras de que el pueblo dominicano se liberara de la dictadura que lo oprimió por tantos años.

Entre los grupos que más sufrieron la represión estuvo el de Los Panfleteros, que fueron prácticamente exterminados. El Movimiento 14 de Junio, de asombroso y rápido crecimiento, a la hora de la represión fue golpeado y casi destruido. Pasaron de cuatrocientos los apresados y torturados.

La historia es larga y compleja. Mucho se conoce y se ha escrito. Mucho se desconoce también. Esbozo aquí lo que más de cerca tocó a mi familia, trastornando lo que hasta entonces había sido nuestra vida.

Hay coincidencias que pueden cambiar la historia. Así sucedió el 6 de enero de 1959, en casa de Josefina Ricart y de Guido D'Alessandro (Yuyo), un sobrino de Manolo. En principio se trató de un encuentro social para celebrar el nuevo año, al que estaban invitados Minerva, Manolo, Leandro y Juan Bancalari, un italiano socio o empleado de Yuyo en la Distribuidora Olivetti, propiedad de los D'Alessandro. Sólo habían transcurrido unos días del triunfo de la Revolución cubana. Algunos de los que asistieron a ese encuentro han contado que fue Minerva quien dijo: «¿Por qué nosotros en nuestro país no formamos un movimiento similar, si aquí hay tanta gente maltratada y antitrujillista? ¿Por qué en otros países pueden y nosotros no? Vamos a hacer un compromiso, para que cuando salgamos de aquí cada uno empiece a establecer contactos».

Josefina Ricart, que además era cuñada de Ramfis Trujillo, consciente de la gravedad de una conspiración de ese tipo, se asustó y les advirtió que «no jugaran con candela» porque podía ser sumamente peligroso. Ese encuentro fue el embrión de lo que luego se denominaría Movimiento Revolucionario 14 de Junio. La idea, según los testimonios, partió de Minerva.

La llegada y aniquilamiento de los expedicionarios de 1959 inquietaron vivamente a Minerva, a Manolo y a toda la juventud que aspiraba a la libertad. Emma, en su artículo que he citado antes, describe el ambiente que reinaba en el hogar de Minerva y Manolo en Montecristi:

Días de rabia y dolorosa impotencia fueron aquellos de 1959. Se propagó rápidamente la noticia de que expedicionarios antitrujillistas habían venido por Estero Hondo, Constanza y Maimón. En el pueblo se oían los sonidos lejanos de las explosiones en la zona próxima a Estero Hondo.

Manolo y Minerva, en la mesa del comedor de la casa de mi hermana Ángela y su esposo Jaime Ricardo, observaban en un mapa los puntos geográficos más cercanos a las áreas donde se encontraban los expedicionarios de junio, tratando de organizar el contacto con ellos.

Minerva hacía preparativos en la intimidad de la habitación. La recuerdo delante del espejo vistiéndose de hombre, con una camisa y un pantalón caqui de Manolo; recortándose el pelo con unas tijeras, tratando de parecer varonil y sombreándose bigotes con lápiz de cejas. Daba media vuelta y me preguntaba preocupada: «¿Verdad que no me reconocerían?». Estaba previendo la posibilidad de que ella también fuera utilizada para tratar de llegar hasta los combatientes, intentando lograr así burlar la vigilancia de las tropas del ejército.

Escuchábamos sobrecogidos los nombres de los expedicionarios que la radio oficial daba por muertos y el escarnio del locutor de turno que afirmaba que estaban haciéndoles «saltar los sesos como mariposas».

Días después todas las ilusiones se desplomaron[*].

Constitución del Movimiento 14 de Junio

Tan solo un año y unos días después del encuentro en casa de Yuyo, el 9 de enero de 1960, en la casa de Patria y Pedrito, se llevó a cabo la primera reunión del movimiento, en la cual había personas de diferentes regiones del país. De San Pedro de Macorís, San Juan de la Maguana, San Francisco, Moca, Monte-

---

[*] Emma Tavárez Justo, en la revista *¡Ahora!*, No. 578. 9 de diciembre de 1974.

cristi, Santiago… Participaron, además de Manolo y Leandro, Julio Escoto, Efraín Dotel, Carlos Grisanty (Cayeyo), Rafael Faxas (Pipe), Abelito Fernández, Luis Gómez y Niño Álvarez. Dulce Tejada y Minerva fueron las únicas mujeres participantes. La elección de Conuco para ese encuentro, en vez de Ojo de Agua, se debió a que era un lugar más reservado.

En la noche algunos se quedaron a dormir en la habitación de Noris, la hija de Patria, otros se fueron a Macorís y a Santiago. El resto amaneció en la casa de mi madre. Como ella era una mujer tan desconfiada y se trataba de hombres, les cerró la puerta de la habitación por fuera con un pestillo. Luego nos reíamos de las cosas de mamá, pues estos hombres, apurados, empezaron a media noche a tocar la puerta para poder salir a hacer alguna necesidad y estaban ¡trancados!

Entre la gente se iba desarrollando la conciencia de enfrentar a Trujillo. ¿Cómo íbamos a seguir aguantando la dictadura? Personas como Patria, o como yo, o como un campesino de por aquí, Juan Peña, quien sufrió muchísimo, empezamos a ver la necesidad de luchar para terminar esa situación agobiante.

Al Movimiento 14 de Junio se le puso ese nombre el día 10 de enero de 1960, en Mao, en la segunda y decisiva reunión que se llevó a cabo en la finca de Charlie Bogaert. Durante el año transcurrido desde su concepción, el movimiento clandestino se había ramificado por todo el país y se le habían incorporado incluso familiares de connotados colaboradores del propio dictador.

También a esta reunión, que en realidad fue la primera convocada formalmente con una agenda y con el objetivo de dejar establecido un comité central ejecutivo que dirigiera el movimiento, sólo asistieron dos mujeres, Minerva y Dulce Tejada.

Es ahí donde se esbozan los estatutos, los objetivos y el programa del Movimiento de Liberación Nacional, y se escoge a Manolo como presidente; a Pipe Faxas, como secretario general, y a Leandro, tesorero.

En la Casa-Museo se conserva copia de los detalles del programa, manuscrito por María Teresa. Algunos de los postulados y propósitos fueron la decapitación de la tiranía, la celebración de elecciones libres cada cuatro años, una reforma agraria y la aprobación de una nueva constitución mediante una Asamblea Constituyente. También decidieron que debían conseguir armas para combatir la dictadura.

Cuenta Fernando Cueto que cuando Germán Silverio, el representante de Puerto Plata en la reunión de Mao, regresó en la noche, él y Juan Carlos Morales fueron a verlo para saber los resultados del encuentro. Fernando Cueto había enviado la propuesta de que el movimiento llevara el nombre de General Luperón, y ésta es su reconstrucción de los hechos:

Germán Silverio nos informó que «la mujer esa» —aquí había unos peloteros a los que se les llamaba «los hombres esos»— había tumbado mi moción y que había propuesto el de 14 de Junio. Yo dije, bueno, está bien. La impresión que fuimos formándonos de Minerva es que era sumamente decidida, más decidida que todo el mundo en cosas que ni siquiera me atrevo a contar. Nosotros le informamos a Manolo que necesitábamos armas, porque en una ocasión en que Guancho Escaño y Melecia Victoria habían ido a hacer un sabotaje, casi son apresados por unos esbirros que aparecieron. Se salvaron porque Guancho abrazó a Melecia y se puso a besarla, para pasar desapercibidos. Entonces me dijeron: «Estamos vivos de casualidad, si no hay armas nada se puede hacer, tú se lo dices a Manolo, que así no se puede». Entonces yo le mandé a decir a Manolo, a través de Germán: «Dile que si no hay armas, no hay sabotaje. Que tienen que darnos aunque sea revólveres porque no nos vamos a dejar matar así». Fue Minerva la que le contestó a Germán que las armas estaban en la calle, que las buscáramos. Los sabotajes consistían en quemar cañaverales, regar grapas por la carretera. Quemamos el Seguro Social».

En nuestra familia no conocíamos esa faceta de Minerva. Ella era así, siempre lograba lo que se proponía, como cuenta Fernando Cueto. Todavía ahora me estremezco cuando pienso que mi hermana, luego de salir de la prisión en agosto de 1960, fue a Montecristi a recoger algunas pertenencias y venir a Salcedo, durante todo el largo trayecto de regreso se atrevió a traer entre las piernas un revólver que tenía oculto allá y que se había salvado de los allanamientos.

Hay un aspecto de su personalidad del que no se ha hablado casi nunca, y es que ella inspiraba confianza y daba seguridad. Por ejemplo, si iba a hablar con Miguel Lama a Santiago para integrarlo al movimiento, él sabía que no se trataba de un gancho, que no sería delatado. Si le interesaba, aceptaba ser parte del movimiento; si se negaba, tampoco se sentía amenazado. Minerva contactaba y convencía. San Francisco de Macorís fue uno de los pueblos donde se concentró e influyó sobre amigos y conocidos. Ahí estaban Dulce Tejada, Abelito Fernández y un grupo de personas muy valiosas y respetadas a quienes ella reclutó.

Ahora, a casi medio siglo de distancia y con la experiencia de los años, veo cuán avanzada era Minerva para su época. Impresionaba con su capacidad y su visión sobresalientes. Por ejemplo, cuando todavía ése no era un tema de discusión, ella hablaba de la emancipación de la mujer. ¿A quién se le ocurría entonces ese tipo de ideas? Minerva sostenía que las mujeres tenían que estudiar, que superarse y ocupar el sitio que les correspondía en la sociedad. No podían seguir sólo pariendo hijos y cuidando de una casa.

Se había ganado a Pedrito para su causa, tanto que éste además de participar activamente en el movimiento, ofreció su casa para realizar las reuniones y guardar las armas. Lo mismo a Patria. Minerva era efectiva conquistando. En cambio, mi esposo Jaimito decía: «Mira, Manolo, cuando los hierros lleguen, tú me avisas. Mientras no haya hierros, no cuenten conmigo. ¿Y para dónde va a ir uno sin armas?». La verdad es que esas armas nunca llegaron.

En un almacén que un tío de Pedrito había construido cerca de la casa de Patria fue donde guardaron «las armas». ¿En qué consistían? Buscapiés, torpedos, paquetitos de pólvora para fabricar bombas. Eso era todo.

Leandro había sido profesor en el colegio de La Salle, en Santo Domingo, lo que le facilitó el contacto y participación con jóvenes de familias ricas que habían sido alumnos suyos. Él los conquistó, los enlazó, los coordinó. En el movimiento la pertenencia era «de boca». Por motivos de seguridad todo residía en las informaciones que cada participante tuviera en su poder. Inspirados en el movimiento independentista La Trinitaria, Manolo y Minerva propusieron que la organización se estructurara en células de sólo tres miembros. Había muchachos muy jóvenes involucrados. Uno de ellos era Nelson, el hijo mayor de Patria y Pedrito, que aún no había cumplido los dieciocho años.

Fafa Taveras, un muchacho entonces, estableció la conexión con un grupo de la Iglesia, constituido principalmente por ex seminaristas. El padre Disla, que vivía cerca, era uno de los principales cabecillas de este grupo.

La primera persona en caer presa fue Marcos Pérez Collado, reclutado mientras trabajaba en Manzanillo. Hizo un comentario delante de un joven, familiar suyo creo, que lo delató y lo apresaron. Inmediatamente después cayó preso Cayeyo Grisanti.

Casi en seguida, en los últimos días de enero, por los problemas y el acoso que se cernían sobre su casa, Patria se mudó para donde mamá y me pidió que fuera yo a recogerle algunas pocas cosas. Fui con Jaime David, que tenía como cuatro años, pero que recuerda muy bien ese episodio porque me ayudó a re-coger los juguetes de Raúl y de Noris.

Los esbirros de Trujillo ocuparon entonces tanto la vivienda de Pedrito y Patria, como una finca de mamá en Güiza que ella había puesto a nombre de ambos. Subastaron los muebles y se repartieron el ganado. Alicinio Peña Rivera, jefe del Servicio de Inteligencia Militar en Santiago, se apoderó de la casa y pusieron en ella un cuartel del SIM, dirigido por el calié Silvio García.

Manolo cayó preso el 13 de enero en Montecristi, tres días después de la reunión en Mao. Canoabo Almonte, alias Quillona, sobrino de Isabel Mayer, la conocida trujillista que había sido la primera esposa del padre de Manolo, lo mandó a buscar con el pretexto de que quería verlo. Manolo, atendiendo el llamado, fue al cuartel en un carro Buick verde claro que tenía, y ahí mismo Quillona lo dejó preso.

Desde Montecristi, Minerva mandó hasta Salcedo a su empleada doméstica, Francisca, a decirnos que no la llamáramos, que nos incomunicáramos. Ella y Manolo habían planificado escapar por Haití si los descubrían. Tenían un dinero en dólares para este fin, que Minerva mandó para acá con Francisca. Empezó una cadena de apresamientos. A Leandro lo cogieron preso el 19 de enero. Ese mismo día apresaron a Sina Cabral y a Rubén Díaz Moreno.

Patria, que era muy activa, salió a casa de unos familiares a buscar a Nelson que había tenido que salir huyendo desde el Colegio Calasanz* en la capital, que en la época funcionaba como residencia universitaria para los jóvenes del interior. Nel-

---

* El nombre completo de la institución era Colegio Mayor Universitario San José de Calasanz y quedaba donde hoy está la Facultad de Ciencias Jurídicas de la UASD, que desde mediados de los ochenta lleva el nombre «Minerva Mirabal».

son vivía ahí desde que había comenzado a estudiar Ingeniería en la universidad. Mientras seguían los apresamientos, Pedrito se escondió en casa de mamá. Encarcelaron a Renato González, a Pedro Ramón y a Francisco Aníbal González, cuyas familias eran vecinas de Patria y familiares cercanos de Pedrito.

Después de que apresaron a Leandro el 19 de enero, María Teresa, que se había mudado hacía unos meses para la capital, se fue también a la casa nueva de mamá en Conuco. El 20 en la noche vinieron a buscarla presa. Mamá insistió en acompañarla, pero cuando llegaron a la fortaleza de Salcedo los militares recibieron orden por radio de devolverlas por la presencia de mamá.

El 21 por la mañana, cuando fui a ver qué había pasado, fue María Teresa la que me contó. Pasé el día con ella y con Patria. Después que regresé a mi casa por la tarde volvieron los militares con el propósito de llevarse presa a María Teresa. Mamá la abrigó con una frisa porque estaba con fiebre. ¿Qué hicieron esta vez? Dejaron el carro afuera. Se presentaron y cuando mamá les dijo: «Yo voy con ella», ya ellos estaban preparados. Salieron caminando alumbrándose con un foco hacia la carretera. El carro estaba estacionado a la derecha. Mandaron a María Teresa a entrar al vehículo mientras el militar le ordenaba a mamá: «Dé la vuelta y móntese por la otra puerta». Desde que ella dio unos pasos, el carro arrancó llevándose a María Teresa. Me duele todavía recordar cuánto sufrió mamá, su desesperación de esos días.

Empezamos a hacer diligencias esa misma noche para tratar de localizarlas, así que buscamos un vehículo y un chofer que la madrugada siguiente nos llevara a la capital.

Jaimito se quedó con Nelson y con Pedrito, quienes estaban escondidos en el cacaotal de la parte de atrás de la casa de Conuco. Mamá y yo tocamos inútilmente diferentes puertas. Virgilio Trujillo no se encontraba. Visitamos a Mario Abreu Penzo, secretario de Interior y Policía y dueño de fincas en San Francisco de Macorís, a quien conocíamos, aunque no era amigo cercano. Nos dijo que en ese tipo de problemas nadie se podía meter y que él no podía hacer nada. Nadie quería intervenir para ayudarnos. Por último, nos recibió don Romeo Trujillo (Pipí), hermano del dictador, quien nos dijo: «Doña Chea, no se preocupe. Esto es una equivocación. El problema no es con María Teresa, sino con Minerva».

Cuando llegamos de vuelta a Salcedo mamá siguió en el carro hacia Conuco y yo me quedé tratando de llamar por teléfono a Montecristi, para saber de Minerva. Había sólo un aparato público en todo el pueblo. Me comuniqué al fin con Jaime Ricardo Socías, cuñado de Manolo, que también pertenecía al movimiento. Al preguntarle por Minerva sólo escuché: «Se la acaban de llevar presa ahora mismo».

Al entrar a la casa de mis suegros Jaimito me estaba esperando: «¡Dedé, corre!, ¡lo que ha pasado en tu casa!», me dice. «Los caliés se han metido como fieras a la casa de doña Chea buscando a Pedrito. Dispararon para arriba. Los niños están asustados. La comadre Patria está gritando. Es una desesperación total». Aún hoy me engranojo recordando aquellos instantes. Salimos para donde mamá y Patria le pidió a Jaimito: «Compadre, vamos a mi casa a ver qué ocurre». Salieron hacia allá mientras yo me quedaba con mamá y con los niños de mis hermanas. Un rato después vi a unos militares acercándose y pensé que venían a matarnos. «¡Antonia, ya vuelven, tira los santos al suelo!», grité.

Es sorprendente que yo, que nunca he sido supersticiosa, en esos terribles instantes haya apelado a una creencia que tenemos en el campo de que si uno tira los santos al suelo ellos hacen un milagro. Saqué fuerzas de no sé dónde y abrí la puerta. Entonces vi que se trataba de dos militares, uno de la policía y otro del ejército. Este último era amigo nuestro pues lo conocimos en otros tiempos cuando había sido cabo en Ojo de Agua. «Dedé, soy yo, Murat González. Vinimos a buscar a Pedrito». Yo le informé que mi cuñado se acababa de entregar, como efectivamente había sucedido.

Pedrito, al enterarse del lío tan grande producido por los caliés, tratando de evitar que hicieran más daño a la familia, había saltado por encima de unos alambres y había salido a la carretera donde detuvo un carro y le pidió que lo llevara a Salcedo. Se entregó a Basilio Camilo, el gobernador, quien lo llevó a la fortaleza. Los caliés, después de armar el escándalo y amedrentar en la casa de mamá, fueron a la de Patria, donde rompieron armarios, descerrajaron y destruyeron todo hasta que en el almacén cercano dieron con «las armas».

Ese 22 de enero de 1960 fue un día de juicio. Mamá rezaba de rodillas. Esa noche no dormimos nada preguntándonos si habrían matado a las muchachas. «¿Adónde vamos? ¿Qué hacemos? ¿A quién recurrir?», nos preguntábamos, desesperados. No teníamos opciones, ni era mucho lo que podíamos hacer. Todo el mundo estaba angustiado. Pero nosotras más aún. Sus hijas, mis hermanas, estaban presas.

Alguna gente venía a contarnos cosas o a consolarnos. El ingeniero Juan Bautista Santos, casado con una hermana de Jaimito, que estaba relacionado con alguien importante en el Gobierno, venía a informarnos de todo lo que averiguaba. Él también era catorcista. Un día vino a contarnos que a una de las mujeres presas la habían desnudado. No quiero ni acordarme de nuestra angustia al suponer que había sido a María Teresa. No es que Minerva no nos preocupara. Es que le conocíamos el temple.

Luis Pantaleón, alcalde de Ojo de Agua, a quien se habían llevado para «unas investigaciones», a su regreso nos mandó a decir que Américo Dante Minervino, el jefe de la cárcel La Cuarenta, había dado la orden de venir a buscar a Nelson para apresarlo. Jaimito y yo corrimos para donde mamá a comunicárselo, pero al llegar encontramos a todos los niños llorando porque ya se lo habían llevado. Aún hoy resuenan en mi cabeza los gritos de Jimmy: «¡Se llevaron a Nelson, mamá, se llevaron a Nelson!». A mi hijo Jimmy, que era todavía un niño, esos acontecimientos lo marcaron para siempre y aún hoy le cuesta trabajo contener la tristeza y las lágrimas que le producen los recuerdos de esos días.

A menudo me pregunto de dónde sacábamos la fortaleza de espíritu que nos permitía ocuparnos de los detalles cotidianos. Por ejemplo de mandar a Tonó con la encomienda de ir a buscar en la casa de María Teresa sus pertenencias y llevarlas para la casa de mamá. Cuenta Tonó que ese día desde que llegaron allá, apareció un señor dizque amigo de Leandro que se ofreció a ayudarla. En un momento hasta lloró por Leandro, a quien supuestamente quería muchísimo. Pasó el día con ella ayudándola a empacar los trastes que habían quedado del saqueo, y a subirlos al camión que iba a llevarlos a Salcedo.

Después nos enteramos de que ese señor que la había ayudado y acompañado todo el día era un calié de los más malos del SIM. La familia de Tonó se preocupó muchísimo porque ya ese calié la conocía. Ella, sin embargo, no mostró ni por un momento temor y se mantuvo solidaria y buena, cuidando primero de los niños y luego de mamá, hasta su muerte en 1981.

En el devenir de estas memorias he mencionado varias veces a nuestra Tonó, Antonia Rosario, y a otra persona que ha sido muy importante en nuestra familia: Pedro Díaz. Tonó era hija de una familia vecina y llegó a nuestra casa de unos nueve o diez años para hacerle compañía a María Teresa, que aún no había cumplido los seis, ya que nosotras nos habíamos ido al colegio. Se integró a la familia y con el tiempo prácticamente se convirtió en la dueña de esta casa.

No sé bien por qué, pero papá le decía a Tonó: «¡Ana! ¡Ana, los espejuelos!». Y la pobre salía corriendo a buscar los espejuelos que él dejaba en cualquier lado. Como parte de nuestra familia, estuvo con nosotros en todos los trances que vivimos. Con su bondad y su solidaridad se convirtió en una hermana para nosotras, en una hija para mamá y en otra madre para nuestros hijos.

Pedro, por su parte, era hijo de Milita, una señora que trabajaba en la cocina, y de Jazmín, su marido, que trabajaba en la factoría despulpando café. Recuerdo que nos reíamos de María Teresa, porque ella iba donde Jazmín y le decía: «Min, chinta; Min, chinta», creyendo que Jazmín estaba encinta, porque el hombre tenía una barrigota.

A Pedro se le podían contar las costillitas, sufría de eso que llaman raquitismo. Nació y creció entre nosotros. Se puede decir que lo curó y lo crió mamá. Le decían Pedro-Chea. Pedro y Tonó nos acompañarían en todos los momentos felices y en todas las épocas difíciles. Soportaron improperios y abusos de guardias y caliés. Cuando Pedro contrajo matrimonio, mamá le regaló su casa, y aunque se mudó y tuvo su propia familia, él siguió trabajando siempre para ella.

Yo no viví lo que mientras tanto ocurría con Minerva en Montecristi, pero Emma cuenta que después del apresamiento de Manolo, sus padres quisieron que Minerva se fuera con Minou a casa de ellos, a lo que ella se negó alegando que se sentiría como si abandonara el hogar y desamparara a Manolo. Debido a la situación, Emma y su hermano Eduardo se fueron esa noche a dormir con Minerva. Emma recuerda:

Esas horas me parecieron interminables. En altas horas de la noche, oíamos en el patio pasos fuertes que me parecieron amenazantes y que luego subían a la galería posterior. Sentíamos cuando se acostaban en el tablado por el roce del cuerpo en la madera. Minerva finalmente accedió a irse para casa.

161

Desde temprano, el día 21 de enero del 1960, habíamos notado la presencia de algunos hombres desconocidos apostados en la esquina del parque frente a nuestra casa. Sabíamos que era vigilancia del Servicio Secreto. Al mediodía, sentí la puerta de un vehículo frente a la casa. Angustiada me asomé por las persianas y vi un cepillo que acababa de estacionarse. Un oficial y dos guardias armados venían avanzando hacia la puerta de entrada. Momentos después tocaban a la puerta.

(...)

Abrí la puerta. El oficial, un hombre fornido de tez y ojos claros, me preguntó si la señora Mirabal de Tavárez vivía en la casa y le respondí que sí. «Queremos verla», me dijo. «En este momento está comiendo. Iré a avisarle», le contesté. Le mandé a pasar a la sala, pero rehusó.

Con el corazón en la boca, subí corriendo los escalones del alto. Minerva, en compañía de mi hermana Ángela, aún no había terminado de comer. «Te buscan de la Secreta», le dije, excitada. Por la forma en que reaccionó supe que lo esperaba de un momento a otro. Rápidamente se cambió y echó unos chocolates en la cartera. Mis padres y hermanos estaban demudados.

La angustia y el nerviosismo del momento hizo que la pequeña Minou empezara a llorar y cuando Minerva se disponía a bajar los escalones, la pequeña se agarró de su falda. Le decía que la llevara, que quería ir con ella. Minerva la cargó y le dijo que no podía llevarla esa vez porque iba de viaje para la capital a ver a su papá, pero que si no lloraba le traería juguetes.

Cargué a la niña y acompañamos a Minerva hasta la puerta*.

Nuestra preocupación luego del apresamiento de Minerva era traer para acá a Minou, que se había quedado con doña Fefita y don Manuel en Montecristi. Le pedimos ayuda a Luis Noboa, un alto empleado de la firma Bermúdez, casado

---

* Emma Tavárez Justo, en la revista *¡Ahora!*, No. 578, 9 de diciembre de 1974.

con una hermana de Jaimito, el cual siempre fue muy solidario con nosotros. Noboa mandó a Olga, su esposa, a buscar a Minou. Para disimular, hizo que fuera como chofer el calié más malo que había en Santiago. Olga nos trajo a Minou. Ya Manolito estaba con nosotros, porque Minerva siempre lo dejaba aquí.

A este punto ya habían metido presos a Minerva, Manolo, María Teresa, Leandro, Pedrito, Nelson y todos los muchachos de Conuco, más varios vecinos de Patria y Pedrito: Pedro Ramón, Renato, Antonio Ezequiel y Francisco Aníbal González, Juan Peña, Cándito y Otilio Portorreal... La cacería de jóvenes fue nacional. En Santiago apresaron a Miguel Lama; en Macorís, a Abelito Fernández, a Dulce Tejada y a su esposo Niño Álvarez... Cada día esperábamos con horror los nombres de los que iban cayendo.

El Movimiento 14 de Junio había logrado enrolar rápidamente buena parte de la juventud del país.

Una táctica ideada en la cárcel por Manolo, que siguieron los que estaban siendo torturados, fue mencionar a los que ya habían sido hecho presos o a los hijos de familias prestantes y ricas en un intento desesperado para que se parara el exterminio: a Pipe Faxas Canto, a Rafael Francisco Bonnelly, a Moncho Imbert Rainieri... Al movimiento pertenecían muchos de los niños mimados de la sociedad y algunos hijos de altos funcionarios de Trujillo: los Cáceres, los Vega Boyrie, los Troncoso, los Baquero, también cayeron presos. Cuando llegaron donde Rafael Francisco Bonnelly, hijo de Rafael Bonnelly, se detuvo un poco la persecución.

El doctor Manuel Tejada Florentino, quien había advertido a sus verdugos: «No me sienten en la silla eléctrica, porque mi corazón no resiste», murió a causa de la tortura. Estaba seguro de que iba a morir por los problemas cardíacos que padecía. Sin embargo, a Candito Portorreal, un señor de por aquí, muy frágil y delgado, lo sentaron en la silla eléctrica y sobrevivió como muchos de los torturados en ese tenebroso aparato. Una de las cosas que se decía era que dentro de los planes del Movimiento 14 de Junio estaba que Tejada Florentino presidiera el gobierno, una vez derrocado Trujillo. Me entristece recordar a su esposa en aquellos momentos, aferrada a la esperanza de que él estuviera vivo y pensando que tal vez lo habían recluido en la isla Beata.

En principio Manolo, Leandro y Pedrito estaban en La Cuarenta junto a todos los demás, pero antes de comenzar el «juicio» y condenarlos, los llevaron a la cárcel de La Victoria.

Minerva, María Teresa y otras mujeres encarceladas

Siete mujeres estaban presas en La Cuarenta. Además de Minerva y María Teresa, Fe Violeta Ortega (odontóloga de Salcedo), Tomasina Cabral (Sina, también de Salcedo), Dulce Tejada (de San Francisco de Macorís), Miriam Morales (de Puerto Plata) y la doctora Asela Morel (de la capital).

Sina Cabral fue la primera de las mujeres que apresaron. Era ingeniera y trabajaba en Obras Públicas. Le quitaron la ropa frente a sus compañeros, también desnudos y esposados. Luego nos contaban que ellos, impresionados por la dignidad y la entereza de Sina en esos temibles momentos, se movieron para hacer un muro humano como tapándola. Eso ocurrió el mismo día de la muerte del doctor Tejada Florentino en la silla eléctrica.

Pasó una semana. En Salcedo casi nadie dormía. Sólo los niños permanecían inocentes, jugando y corriendo por el jardín sin percatarse de lo que estaba ocurriendo. Ni siquiera los más grandecitos podían sospechar la gravedad de la situación por la que estábamos atravesando.

El 6 de febrero llegaron a casa de mi madre unos militares a decirle que fuéramos a buscar a las muchachas. En la confusión del momento, Pedro, el muchacho que vivía con nuestra familia, salió corriendo a buscarme en una mula aparejada: «Apúrese, doña Dedé, que se llevan a doña Chea presa».Yo no hallaba qué hacer. Me puse un pantalón corriendo y me monté en la mula, un animal vivísimo que corría mucho. Pasé por donde un amigo y le pedí que fuera a la finca a avisarle a Jaimito que se llevaban a mamá presa.

Yo seguí galopando. En vez de ir por la carretera, tomé un atajo, hasta que tropecé con una ropa de cama tendida sobre unas mallas. La mula se espantó, dio un brinco y me tiró en medio de las mallas, unas matas con unas espinas durísimas por lo que en el Cibao las prefieren para cercar las fincas. Grité y grité. Se acercó una señora que me ayudó a levantarme y me dio el pie para subir a la mula. A galope tendido, llorando, llegué a la puerta de mi casa. Mi prima Dulce y su marido, Esperanza, siempre solidarios al lado nuestro, venían saliendo y fueron ellos quienes me aclararon: «No, no se van a llevar a doña Chea. Es que vayan a buscar a las muchachas a la capital». Pude haberme matado en el camino. Si se llevan a mamá presa, así iba pensando, van a tener que matarme ahí mismo. Me eché a llorar más y me aflojé un poco.

Tan pronto llegó Jaimito, le pedí que nos consiguiera un carro para buscar a las muchachas. Dulce, Esperanza, Tonó, tío Tilo y Melania estaban en la casa. Jaimito regresó de inmediato con el carro y con el chofer, Joaquín Baló, conocido por correr rapidísimo en la carretera. Patria decidió que debía quedarse con los niños en la casa. Mamá y yo ya estábamos preparadas. Sonó la sirena anunciando el mediodía cuando cruzamos Salcedo. Aún no habían terminado la autopista para ir a la capital. Había que pasar por Arroyo Vuelta y por un lugar en la montaña, creo que cerca de La Cumbre, que se llamaba La U. Mamá iba reza y reza, sin parar. Aquel chofer corría como un loco. Yo sentía que el corazón se me quería salir del pecho. A la entrada de la capital, frente a la planta de Leche Rica, nos encontramos a Pepillo, otro chofer de Salcedo que regresaba en su vehículo de color amarillo. Prendió las luces para que nos detuviéramos. Yo le pregunté la hora y respondió: «La una y treinta y cinco». O sea que nos había tomado sólo una hora y treinta y cinco minutos llegar a la capital. Un tiempo récord para ese entonces y que aún hoy es rápido. Sin embargo, a mí me parecía que no íbamos a llegar nunca, que aquel viaje duraba una eternidad.

Debíamos esperar hasta las tres de la tarde, hora en que nos habían citado para buscar las muchachas. Nos quedamos en la casa de mi cuñada Rosario Fernández y ella, muy amable, le preparó a mamá una sopita que ninguna de las dos pudimos probar. Creo que ni el agua nos pasaba por la garganta.

A las dos y media llegamos a Inteligencia*, próximo al Palacio Nacional. Ahí ya estaban el doctor Manuel Tejada, Manuel Ortega y otros padres y familiares de las siete mujeres presas. Le habían avisado a cada familia. Nadie hablaba. En eso vino Faustino Pérez, otro calié, tiró delante de nosotros un saquito y dijo: «Miren las armas que tenían». Los que estábamos ahí nos miramos, como preguntando: ¿Y ésas eran las armas? Ni el saquito servía, pues estaba roto. Y como ya dije, lo que contenía el saquito era una tontería.

La espera se hizo interminable. Cerca de las cinco de la tarde, vuelve el tal Faustino e informa que se ha decidido que no las van a soltar. ¡Qué terrible sensación la de tener que regresar a Salcedo sin las muchachas! ¡Dios mío, qué tristeza! ¡Cuánto dolor! ¿Qué íbamos a hacer?

De regreso me fui a mi casa a dormir con Jacqueline y con Jaime David. En la cárcel, María Teresa podía sentirse tranquila en este aspecto. Al otro día, 7 de febrero, fecha en que Jacqueline

---

* Término que alude al cuartel principal del SIM, situado al norte del Palacio Nacional.

cumplía su primer año, llegó un señor de por aquí llamado Otilio Portorreal a avisarme: «Dedé, corre que vi pasar a las mucha-chas por la carretera con unos oficiales».

¡Ay, cuánta alegría cuando llegué a la casa de mamá! María Teresa estaba efusiva, como de costumbre; Minerva, muy ca-llada. Ambas estaban agobiadas, muy tristes. Nos sentamos en la galería a conversar y de pronto María Teresa pregunta: «Dedé, ¿qué tú tienes en las piernas? ¿Y todos esos puntos negros?». En la caída sobre las mallas se me desgarró el pantalón y me había clavado una enorme cantidad de espinas, pero ¿qué me iba yo a dar cuenta? Hacía más de dos días de la caída en las mallas, había ido a la capital el día anterior, dormí, me levanté, hice can-tidad de cosas, y nunca reparé en las espinas. María Teresa se sentó en el suelo a sacarme espina por espina con sus manitas. Sólo en ese momento caí en la cuenta de cuánto dolían.

No recuerdo con exactitud la fecha, pero probablemente fue el fin de semana siguiente en la iglesia del pueblo. Los padres agustinos se atrevieron a celebrar una misa de acción de gracias por la liberación de las muchachas a la que mucha gente asistió. Se hizo luego un vía crucis de Tenares a Salcedo a pie, en el cual participó cantidad de gente también. Para entonces ya se había difundido la famosa Pastoral de la Iglesia católica contra el régi-men trujillista, del 25 de enero de 1960. Creo necesario citar al-gunos de los planteamientos importantes que contenía[*]:

> (...) Cada ser humano, aun antes de su nacimiento, ostenta un cúmulo de derechos anteriores y superiores a los de cualquier Estado. Son derechos intangibles que, ni siquiera la suma de todas las potestades humanas, puede impedir su libre ejercicio, disminuir o restringir el campo de su actuación.

---

[*] Tomado de Tony Raful: *Movimiento 14 de Junio, historia y documentos*, Santo Domingo, Alfa y Omega, 2007, segunda edición, pp. 100-103.

(...) Pero esta libertad solamente puede florecer donde el derecho y la ley imperan y aseguran eficazmente el respeto a la dignidad, así de los particulares como de los pueblos. Entre tanto, millones de seres humanos continúan viviendo bajo la opresión y la tiranía. No hay nada seguro para ellos, ni el hogar, ni los bienes, ni la libertad, ni el honor; y así se apaga en su corazón el último rayo de serenidad, la última centella de entusiasmo.

(...) Para evitar y alejar de nuestra querida patria los males que lamentamos, y para conseguir toda suerte de bienes espirituales y materiales a los cuales todo hombre tiene perfecto derecho, elevamos a la Santísima Virgen de la Altagracia nuestras preces más fervorosas, a fin de que ella continúe siendo la esperanza y el vínculo de unión entre todos los dominicanos en estos momentos de congoja y de incertidumbre.

De todo corazón pedimos que todos, clero y fieles, supliquen a Dios durante estas celebraciones religiosas en honor a Nuestra Señora de la Altagracia para que en su benignidad conceda sus abundantes dones y consuelos a los que especialmente se hallen en más grave peligro o en más grave dificultad, acongojados por las tribulaciones de la vida. Con estas oraciones comunes imploramos a Dios misericordioso que la auspiciada concordia y paz llegue a establecerse, y que los sagrados derechos de la convivencia humana, que tanto contribuyen al bien de la verdadera sociedad, sean por todos debidamente reconocidos, legítima y felizmente ejercidos.

Antes de concluir la presente carta, no podemos sustraernos al grato deber de comunicaros que, acogiendo paternalmente vuestros llamamientos —que hacemos nuestros—, hemos dirigido, en el ejercicio de nuestro pastoral ministerio, una carta oficial a la más alta autoridad del país, para que, en un plan de recíproca comprensión, se eviten excesos, que en definitiva, sólo harían daño a quienes los cometen, y sean cuanto antes enjugadas tantas lágrimas, curadas tantas llagas y devuelta la paz a tantos hogares.

Seguros del buen resultado de esta intervención, hemos prometido especiales plegarias para obtener de Dios que ninguno de los familiares de la autoridad experimente jamás en su existencia los sufrimientos que afligen ahora a los corazones de tantos padres de familia, de tantos hijos, de tantas madres y de tantas esposas dominicanas.

Después que se solidarizaron con nuestra familia, no quedó un solo sacerdote agustino aquí, los deportaron a todos para España. En esos días asesinaron a tres seminaristas: uno de Moca, uno de Sosúa y el otro de La Romana. Muchos sacerdotes dominicanos no se atrevían a manifestar su oposición a la dictadura por temor de que les mataran a sus familiares. Las excepciones fueron los obispos Francisco Panal y Tomás O'Reilly, quien fue atacado incluso por un grupo de caliés disfrazados de feligreses.

En los días posteriores a que las soltaran, teníamos curiosidad por saber qué les había pasado y les preguntábamos tratando de no agobiarlas. María Teresa nos contó que al llegar a Bonao, en un puesto de guardia donde era obligatorio pararse e informar, ella, desde el asiento posterior del vehículo en el que la llevaban presa, pudo ver a unos parientes nuestros. «Ay, lo que yo sentí cuando vi el carro de mi tío Mon que venía de la capital, y a mi primo Antonio, que también venía en él. Lo último que ellos imaginaban era que yo iba presa en ese vehículo».

La llevaron al Palacio de Justicia en Ciudad Nueva. «Llegamos en plena oscuridad. Yo me escondí en un rinconcito. Al pasar un rato, percibí como un bultito en una esquina». Ese «bultito» era Miriam Morales. María Teresa y ella no se hablaron ni nada. Al otro día en la mañana las llevaron a las dos a La Cuarenta. Ya Minerva estaba ahí, junto con Asela Morel, Dulce Tejada y Sina Cabral. La última en llegar fue la doctora Fe Ortega, como dos o tres días después. Parece que nadie había dicho su nombre antes, porque iban trayendo a la prisión a aquellos que alguno de los interrogados hubiera mencionado.

Sina Cabral fue a la única que torturaron. A las demás no las maltrataron físicamente. Las interrogaban y confrontaban, pero también las llevaban a presenciar las torturas, con lo cual de una manera muy cruel las torturaban psicológicamente. Las obligaban a ver a estos hombres, compañeros del movimiento, desnudos, esposados, golpeados, vejados. Ver a sus esposos en ese estado, soportando tanto dolor, fue lo más duro, lo más terrible para ellas.

Hace poco, Fausto Rodríguez Mesa, uno de los organizadores del 1J4 en San Juan de la Maguana, le contó a Minou que la única vez que vio a Minerva fue en la sala de torturas y nunca ha podido olvidar ese momento. Él estaba desnudo, junto con los demás, esperando que le tocara el turno. Acababan de traer a las mujeres a presenciar la sesión de torturas a sus compañeros, cuando escuchó a uno de los caliés decirle a Minerva que se dejara de tanta altivez, pues alguna vez podría ser que alguno de ellos hasta quisiera casarse con ella. La respuesta de Minerva vino como una bala que los estremeció a todos: «Despreocúpese, que eso no va a ocurrir nunca porque a nosotras no nos gustan los guardias y menos si son asesinos como ustedes».

Mis hermanas contaban con agradecimiento que un señor llamado Salina Mota, escribiente de la cárcel, les pasaba tabletas de chocolate por debajo de la puerta. «En dondequiera aparece un alma buena», decía Minerva, pensativa. Este hombre, Salina Mota, vino a Salcedo a visitarnos poco después de que mataron a Trujillo.

Cuando traían presa a Minerva de Montecristi, se detuvieron en Santiago. Alicinio Peña Rivera empezó a entrevistarla, pero se arrepintió. No se sabe qué le dio porque dijo: «No, no, llévensela. Yo no soy el más llamado a entrevistarla». Es que Minerva tenía una presencia y una actitud que imponían respeto.

Estando en La Cuarenta, en una ocasión se la llevaron al «coliseo», lugar de interrogatorios y torturas, a la una de la madrugada. La colocaron frente a todos esos criminales que al verla se ponían como palomita en picadillo. Johnny Abbes se ponía alcahuete, como se tornan los hombres frente a una mujer joven y hermosa. Le caía una cosita, como una sabrosura. Le acompañaban Josecito y Virgilito García Trujillo con José René Román Fernández. La plana mayor de los asesinos. Minerva nos contó que desde el primer interrogatorio decidió utilizar la estrategia de no responder lo que le preguntaran, sino contestar con otra interrogación: «¿Y por qué usted me pregunta esto?». De esa manera buscaba averiguar cuál era la idea o el propósito de ellos, o neutralizarlos un poco y ganar tiempo, mientras interiormente se animaba: «Yo soy más capaz que ellos».

Los interrogadores la insultaban: «Usted no es más que una engreída», «Usted es tan varonil que ni llora». A lo que ella, desafiante, les respondía: «¿Porque les digo la verdad?». En una ocasión, al ver que ella no se amedrentaba, le preguntaron: «¿Usted no sabe quiénes somos nosotros?»; «¿Usted no nos ha visto en los periódicos?», insistían. Como Minerva les dijo que no, se presentaron. En realidad ella sólo había identificado a Johnny Abbes. Cuando le dijeron sus nombres, Minerva nos dijo que pensó: «¡Ay, Virgen de la Altagracia! ¿Cómo me he puesto de temeraria a provocar a estas hienas? ¡Me van a matar!». Logró controlarse y que no notaran su temor y al contarnos el episodio se reía de que ellos, sin embargo, no pudieron disimular lo que les molestó que ella no los reconociera.

A las once o doce de la noche, cuando practicaban interrogatorios y torturaban a los presos del Movimiento 14 de Junio, traían a la cárcel a muchachotes, hijos de militares y altos funcionarios, o a amigos de Ramfis a presenciar las torturas, como si se tratara de un espectáculo.

«A mi amigo Sully Bonnelly yo lo alcanzaba a ver, rojo, sometido a choques eléctricos», contaba María Teresa, a la vez que se preguntaba: «¿Cómo un hombre viejo que debe tener hijos jóvenes, tortura a jóvenes? ¿No piensa que pueden ser sus hijos?». Ese hombre viejo al que se refería era José René Román Fernández.

A Manolo lo golpeaban aún más que a los demás prisioneros, porque cuando interrogaban a unos y otros sobre quién los había conquistado para el movimiento, para no implicar a más personas, decían «Manolo Tavárez». Alguien que estuvo preso con él me contaba cómo se impresionó cuando por primera vez lo vio después de una sesión de torturas: «Yo suponía que esa figura correspondía a Manolo. Era altísimo, medía seis pies y dos pulgadas, no se podía confundir. Pero los golpes lo habían convertido en un monstruo. Morado todo el cuerpo, le habían sacado las uñas, estaba lleno de marcas de cigarrillos que le apagaban en los brazos, de todo le habían hecho».

En esas condiciones físicas llegaron Manolo y gran parte de los integrantes del 14 de Junio al Palacio de Justicia, para supuestamente ser sometidos a un «juicio» que Trujillo había ideado con el fin de guardar las apariencias frente a la comunidad internacional.

Por esos días la situación internacional se le había ido complicando al tirano. Se había realizado una conferencia de cancilleres, convocada por la Organización de Estados Americanos (OEA), para conocer del atentado perpetrado por Trujillo contra el presidente venezolano Rómulo Betancourt. Días más tarde vino la Declaración de San José que condenaba al régimen. Estados Unidos aún no había cerrado su embajada aquí, pero ya le empezaban a «sacar la alfombra» al tirano. La deportación y el asesinato de tantos sacerdotes, luego de la lectura de la Carta Pastoral, había tenido gran repercusión contra la dictadura.

En ese contexto Trujillo monta la farsa de juicio a la que acudió mucha gente, familiares y personas que Minerva y otros compañeros se encargaron de convocar, en un verdadero gesto de provocación que debe haber molestado mucho al dictador.

En medio del «juicio», Minerva se paró y adujo una cláusula sobre un aspecto del procedimiento que se estaba manejando incorrectamente. Víctor Garrido, el fiscal a cargo, la mandó a sentarse. Cuando terminó la audiencia, Minerva volvió a ponerse de pie y empezó a cantar el Himno Nacional. Había mucha gente, porque el grupo de enjuiciados era grande. Todos los presentes se unieron al canto. Eso se vino abajo, pues los esbirros se encontraron con una manifestación de protesta que no esperaban y que no podían reprimir.

Según los testimonios que tengo, mi hermana no sólo había convocado, sino que también había preparado cuidadosamente esta manifestación, diciéndoles que era necesario levantar el ánimo de los prisioneros.

Por precaución, esa noche no durmió en casa de Isabelita viuda Lithgow, como solía hacer, sino que se fue a un hotel en el edificio de La Ópera. Ahí amaneció sin que nadie la molestara.

Encarceladas nuevamente

La casa de mamá se había ido adaptando para las muchachas y sus hijos e hijas. Estábamos muy unidas, dándole seguimiento a todo cuanto acontecía y apoyándolas.

El 18 de mayo llegaron miembros del SIM a apresar de nuevo a Minerva y a María Teresa. Entre éstos estaba Viterbo Álvarez, alias Pechito, un calié con asiento en Salcedo que procedía de San Cristóbal. En el juicio contra los asesinos de las muchachas sería condenado como cómplice y por «asociación de malhechores».

María Teresa tenía bronquitis, con una fiebre altísima. Mamá les dijo a los del SIM: «Mi hija está muy enferma. Si quieren, entren». Ellos no quisieron entrar. Se llevaron sólo a Minerva. Al poco rato volvió el cepillo otra vez, a buscar a María Teresa. Mamá les rogaba que no se la llevaran pues estaba muy mal. El oficial Murat González, el mismo que había ido a procurar a Pedrito, le dijo a mamá: «Doña Chea, yo mismo quise venir, confíe en mí. A ella no le va a pasar nada». Entonces mamá tuvo que resignarse y abrigó a María Teresa con una toalla. Las llevaron a San Francisco de Macorís, donde ya tenían a Sina y a Minerva, y de ahí directamente a La Victoria.

Esta vez fueron recluidas en celdas junto a presas comunes. No nos dejaban hablar con ellas, y no nos permitieron verlas hasta que las llevaron a «juicio». Mediante un papelito que nos hicieron llegar a través de un familiar de una de esas prisioneras, nos mandaron a decir que nos paráramos en una curva situada al llegar a la cárcel, desde la cual se divisaba la celda. Patria y yo decíamos que estábamos mareadas para que se detuviera el vehículo y pudiéramos ver a María Teresa por una reja sacar la toalla con la cual mamá la había abrigado el día del apresamiento. Al ver la toalla desde lejos, al menos sabíamos que estaban vivas.

Las tres fueron juzgadas y condenadas a la pena de cinco años de trabajos públicos, «por atentar contra la seguridad del Estado». En apelación, la pena fue rebajada a tres años de trabajos públicos. Manolo, Leandro y gran parte del grupo ya habían sido condenados a treinta años de cárcel y seiscientos mil pesos de multa.

Patria y yo fuimos todas las semanas a La Victoria, durante los meses de mayo, junio y julio. En principio estaban juntas Minerva, María Teresa y Sina. Pero como Minerva era considerada la mujer clave, la sacaron y la pusieran en una celda con las prostitutas y las lesbianas. Minerva nos diría después: «¡Las cosas que yo vi ahí!». Una noche, al cabo de varios días, la sacaron para interrogarla. Le preguntaron cómo se sentía ella en esa celda, a lo que Minerva respondió: «Me siento muy bien porque tengo sesenta y cinco asistentas que me lo hacen todo». Al día siguiente la devolvieron donde estaban María Teresa y Sina. Habían querido vejarla, pero el «castigo» no surtió el efecto que buscaban.

Minerva nos contó luego lo satisfecha que se sentía de que su estrategia para que la sacaran de ahí hubiera resultado, pues había sufrido muchísimo en esa celda.

Minerva, que era muy creativa en muchas áreas, nos pidió que le lleváramos yeso a la cárcel. Al principio no quisieron permitirlo porque pensaban que ella lo utilizaría para no se sabe cuáles fines. Con ese yeso esculpió de memoria una cabeza de su hija Minou que se exhibe en la Casa-Museo. Si se coloca la escultura junto a la foto de Minou puede verse el gran parecido. Es que ella tenía a su muchachita en su mente. También usó a Sina como modelo para otro busto, aunque no pudo terminar ninguna de esas dos esculturas.

En algunas ocasiones, Patria y Tonó, o en algún momento yo, llevábamos a Minou, Manolito y Jacqueline a la cárcel para que ellas los vieran. No puedo olvidar el llanto de María Teresa cuando veía a su hijita, tan pequeña todavía.

Incluso en los lugares menos esperados aparecen personas compasivas. En la cárcel había un sargento que, a pesar de lo riesgoso que era para él, se portó muy bien con mis hermanas, tanto que cuando ellas iban a salir no hallaban qué regalarle y María Teresa le dejó un radio que tenían. Lamentablemente también aparecen las aves de mal agüero, como fue el caso del coronel Frías, quien en una ocasión, con mucha crueldad, les dijo a Pedrito y a Nelson: «¡Ésa! —refiriéndose a Minerva—, ésa va a morir con los zapatos puestos». La esposa, que era prima de Pedrito, días más tarde le dijo casi la misma frase a mamá.

Esa vez quedaron en la cárcel hasta agosto. Las soltaron cuando se destapó el escándalo del atentado perpetrado por Trujillo contra Rómulo Betancourt, y en consecuencia se produjo la visita al país de una misión de la OEA. En tal contexto a Trujillo no le convenía tener a esas mujeres en la cárcel. Pero existen evidencias de que su liberación fue parte de un plan que resultó peor que la prisión, tal como declaró Manolo más tarde: «El 9 de agosto del año 1960 fueron puestas irregularmente en libertad y a partir de ese momento comienza a desarrollarse el plan de asesinato de las hermanas Mirabal*».

Recuerdo que al salir de la cárcel y tener que permanecer en prisión domiciliaria en la casa de mamá, Minerva se dedicó a hacer un patio español. Durante esos meses la vi trabajar incansablemente en el jardín. No perdía jamás el ánimo, ni permitía que nada estropeara su espíritu y su relación con la naturaleza.

Me parece escucharla aún recitando: «Planta parásito como la hiedra que trepa el corazón y lo consume...», mientras sembraba el jardín español.

De esos días son la mayoría de las esculturas que hoy se exhiben en la Casa-Museo.

Durante los meses que Minerva y María Teresa estuvieron presas se decía que las habían matado y mamá se obsesionó con que a los niños había que bautizarlos. Le pidió a Tonó que fuera la madrina de Manolito. Los niños no tenían ni acta de nacimiento, porque, como decía mamá: «Minerva no está en eso, sino en lo otro, en la política». Tonó, doña Fefita y el doctor Concepción apadrinaron a los niños.

A la salida de Minerva de la prisión, Tonó le dijo: «Minerva, yo tuve que bautizar al niño porque nadie se atrevía». A lo que mi hermana respondió: «Pero si tú eres la que los va a criar si yo me muero». Tonó era débil con los hijos de Minerva, especialmente con Manolito, que de todos los nietos fue el que pasó más tiempo con ella y con mamá.

La atmósfera de presión por esos días era insoportable. A veces mi hijo Jaime Enrique se quedaba en el parque, a la salida de clases de la escuela pública en Salcedo, hablando de carros con

---

* Declaración de Manolo Tavárez Justo ante el juez de Instrucción, Ambiorix Díaz Estrella, en el juicio contra los asesinos de las Mirabal, 1° de diciembre 1961.

otros compañeritos, porque desde niño le ha apasionado ese tema. Pero un día la señorita María Josefa Gómez, una maestra de maestros, me comunicó que un capitán de apellido Alegría le había dicho: «Si usted no me saca ese muchacho de ahí, lo voy a sacar yo mismo con una pela». Como la escuela quedaba frente a la fortaleza, ese oficial con frecuencia veía al niño entrar y salir. La señorita Gómez mandó a buscar a mi marido y le dijo: «Mira, Jaimito, yo no quiero que Jaime Enrique esté en la escuela, porque si le hacen daño a él, van a tener que matarme a mí primero». Tuvimos que inscribirlo en un colegio del Santo Cerro, en La Vega.

En julio de 1960 el gobierno sacó a la luz pública un grueso volumen titulado *Crímenes contra la seguridad interior y exterior del Estado dominicano**, el cual contenía declaraciones de los dirigentes, miembros y relacionados con el Movimiento 14 de Junio. La mayoría de las fotografías presenta a hombres que parecen cadáveres. La de Minerva, sin embargo, no se ve mal.

Antes, en enero de 1960, bajo la firma de Rafael Valera Benítez, preso por pertenecer al movimiento, se publicó *Complot develado*, que trata sobre el génesis y la evolución del Movimiento 14 de Junio contra la dictadura de Trujillo, descubierto por el SIM.

Nunca leí el primer libro, pero siempre me quedé con la inquietud de conocerlo porque Minerva, que sí lo había leído, estaba indignada, escandalizada por las declaraciones que le atribuían ahí a algunos prisioneros. Recuerdo que me comentó: «¡Ay, Dios mío!, pero ¿qué fue eso? Si fueron ciertas esas declaraciones, dan asco, alabando a Trujillo, condenándose por haber luchado. ¿Y qué va uno a hacer con ellos?». También mencionaba, al igual que luego lo hicieron muchos de los presos, el gran valor, así como la resistencia a las torturas, que mostraron especialmente Manolo y Luis Gómez, entre otros.

---

* De Luis Henríquez Castillo, publicada en Ciudad Trujillo por Editorial La Nación, 1960.

VIII

La tragedia

Antes del traslado de Leandro y de Manolo a la cárcel de Salcedo, nos llegó la noticia de que Tomasina Cabral (Sina) se había asilado en la embajada de Argentina, el 20 de agosto. Yo fui quien se lo informó a Minerva y no olvido la fuerte impresión que la noticia le produjo. Lo de Sina nos hizo pensar que los habían traído a Salcedo a fin de evitar que Minerva y María Teresa fueran a la capital por el temor de que también ellas se asilaran.

Un indicio de lo que en realidad podría estar pasando lo dio el jefe del SIM en el Cibao durante una visita a los presos. Así lo declaró Manolo más adelante ante el juez de Instrucción, Ambiorix Díaz Estrella, en diciembre de 1961:

> ...estando preso en la cárcel militar de Salcedo, el 5 de noviembre de 1960 se presentó el teniente primero Ejército Nacional y jefe del Servicio de Inteligencia Militar del Departamento Norte del país, Alicinio Peña Rivera, y me manifestó, así como también al ingeniero José Ramón Leandro Guzmán, que el Servicio de Inteligencia tenía una denuncia de que las hermanas Mirabal continuaban realizando actividades conspirativas contra el Gobierno y que si se producía una nueva denuncia de esa naturaleza tanto nosotros como ellas seríamos asesinados.

De la casa de mamá se les mandaba la comida a diario, con Pedro, el leal muchacho que era como parte de nuestra familia.

A Pedrito lo dejaron en La Victoria porque no era considerado dirigente del movimiento, y por un comentario que hizo Américo Dante Minervino Matías, un hombre muy cruel que llegó a ser el jefe de La Cuarenta. Su padre se había casado con una mujer de Tenares emparentada con Pedrito, de manera que Minervino era hijastro de ésta. Cuando vio a Pedrito en la cárcel, dijo: «Ése es un infeliz, un agricultor, fueron los otros los que lo metieron en eso».

Minerva y María Teresa seguían en prisión domiciliaria. Sólo tenían permiso para visitar a sus esposos prisioneros, pero antes debían pasar por una casa propiedad de mi madre, ocupada por el SIM en Salcedo, frente a la gobernación, a informarlo. A nosotros nos prohibieron visitarlos. Solamente ellas podían ir.

Desde finales de octubre a Trujillo le cogió con visitar los pueblos. Vino a Salcedo el primero de noviembre. Se comentó que cuando en una de las varias casas que visitó él preguntó: «¿Cómo está Salcedo?». Un militar, o un adulón, no se sabe quién, dijo: «Ahí, esas mujeres nada más jodiendo». Al otro día, en Villa Tapia, Trujillo expresó: «Sólo tengo dos problemas políticos por resolver, la Iglesia católica y la familia Mirabal». Eso se regó como pólvora por toda la zona y por supuesto llegó a nuestros oídos. Antes, el 15 de mayo, había declarado en Santiago que donde los Testigos de Jehová y los comunistas habían echado raíces más profundas era en Conuco, Salcedo, y entre otras mencionó a la familia Mirabal, lo que fue recogido en primera plana por el periódico *El Caribe* del día siguiente.

Una semana más tarde, el 8 de noviembre, mi hijo Jaime Enrique se dirigía en bicicleta hacia los lados de la escuela, y próximo a la fortaleza vio que Manolo y Leandro iban en la

incalculable Mu
Desfila Ante Est

Líder Denuncia Actividades Clandestinas que Perturban Varias Secciones del Cibao

Por J. Rafael Khoury

SANTIAGO, 16 de mayo. — El Padre de la Patria Nueva, Generalísimo Doctor Rafael Leonidas Trujillo Molina, hizo hoy trascendentales declaraciones a la prensa, en las cuales denunció las actividades clandestinas a que se han estado dedicando algunas personas en ciudades y secciones del Cibao.

Dijo que esas actividades fueron desplegadas en Santiago, La Vega, San Francisco de Macorís, Salcedo y Tenares, y en las secciones de Conuco, Cutupú y Río Verde.

Trujillo habló con este redactor al terminar el apoteótico desfile de hoy, en el que las fuerzas vivas de esta provincia le testimoniaron su inquebrantable lealtad y cariño.

El ilustre líder dijo: "la manifestación fue magnífica. Me ha complacido especialmente la asistencia de la juventud, porque esa juventud estará siempre dispuesta a castigar a los traidores internos y externos, en cualquier momento".

Con su verbo firme y expresivo el Generalísimo declaró que ratificaba sus declaraciones del 28 de abril a la prensa, en las que informó que "ciertos católicos, con sotana o sin ella, trabajan con los comunistas y testigos de Jehová".

Y agregó: "desde hace mucho tiempo los Testigos de Jehová y los comunistas donde han echado raíces más hondas ha sido en la sección Conuco y en las ciudades de Tenares y Salcedo, hasta llegar a San Francisco de Macorís".

Tras una breve pausa prosiguió: "años atrás en Conuco se destacaron los Mirabal y sus familiares, y algunos miembros de la familia González. Los comunistas también hicieron intensa campaña en La Vega y en las secciones de Cutupú y Río Verde".

En una rotunda reafirmación de cómo sigue paso a paso todas las actividades de su pueblo, el Jefe dijo:

"En Santiago, miembros de una familia Pérez, una de ellas hija de Froilán Pérez, se unió al reconocido comunista Bonilla Atiles, y ahora residen en Nueva York".

El Generalísimo informó que el Servicio de Migración le acababa de avisar que dos norteamericanos pertenecientes a la secta Testigos de Jehová, habían pedido permiso para desplegar sus actividades en el país y que a ambos se les había extendido pasaportes.

Expresó que no sabía si algún comunista extranjero deseaba venir a la República Dominicana, pero en caso de que así fuera también se le daría permiso de entrada para que salgan abiertamente a la luz.

Reseña de *El Caribe* (15 de mayo de 1960) con declaraciones del dictador Trujillo sobre el enraizamiento de los comunistas en Salcedo, entre los que citó a la familia Mirabal.

parte trasera de un cepillo. El niño regresó para la casa de mamá y se lo dijo a María Teresa, tía Teté, como la llamaban sus sobrinos. Entonces ella y Minerva salieron inmediatamente para la fortaleza a preguntar qué estaba ocurriendo y allí les informaron que los habían trasladado a la cárcel de Puerto Plata.

Esa misma tarde alquilaron un carro y fueron para allá, acompañadas de doña Fefita, la mamá de Manolo, que estaba aquí pasándose unos días. Doña Fefita recordó que tenía un gran amigo en Puerto Plata, don Rafael Pimentel (Chujo), y que podían preguntarle si estaba dispuesto a mandarles diariamente comida. Hay que imaginarse aquella situación. No era fácil que alguien quisiera comprometerse por nadie. Don Chujo, por el contrario, demostró ser un amigo fiel. Las muchachas llegaron a su casa y de inmediato les dijo que sí, que les mandaría la comida a Leandro y a Manolo, y así lo hizo.

Eso sucedió un miércoles. Cuando ellas llegaron a la fortaleza no les permitieron verlos, pero les informaron: «Las visitas de ustedes van a ser los viernes, pero como ya hoy es miércoles, el viernes es muy próximo. Así que vengan el viernes de la otra semana». El viernes 18 de noviembre se trasladaron a Puerto Plata en un carro fletado, manejado por Joaquín Baló; las acompañaron doña Nena de Guzmán, mamá de Leandro, doña Fefita y Jacqueline, la niña de María Teresa. Visitaron a los presos. Durante ese viaje no pasó nada especial. A su regreso yo las estaba esperando en la casa de mamá. María Teresa, nada más verme, dijo: «Dedé, ¿ves?, vinimos sanas y salvas». Aunque estaban conscientes de los peligros que las acechaban y de lo que podría ocurrirles a sus esposos, nunca dudaron en cumplir con su deber ni pensaron en asilarse.

Fueron muchas y fuertes las discusiones que tuve por esos días con Minerva. Yo, como hermana mayor, le decía: «¡Ay, Minerva!, ¡ay, Minerva! ¡No seas testaruda, no vayas a Puerto Plata!». Ella no se inmutaba, me miraba con sus ojazos negros mientras levantaba hacia el cielo sus manos largas, delgadas, como de pianista, y me respondía: «Pero Dedé…», y seguía pisando el pedal de la máquina de coser, haciendo ropitas para vender porque decía que no quería ser una carga para mamá. Muchas compañeras tenían niños chiquitos y le compraban ropitas a Minerva. En la casa, Patria también cosía y María Teresa cortaba, pues había aprendido a coser en la escuela de tía Minada. En ese tiempo estaban de moda unas camisas tipo italiano, con los cuellos corridos. María Teresa desbarató una, hizo un patrón y confeccionaba esas camisas.

Yo iba a diario en mi caballo a ver a mamá y a mis hermanas. Pasaba galopando frente a la casa que le habían incautado a mamá en Salcedo, y que estaba ocupada por los caliés, y sentía al pasar una especie de placer, de satisfacción. Como si correr a galope sobre aquel hermoso caballo fuera una manera de decirles que nosotras no estábamos vencidas. Después de todo tuve suerte, pues un día resbaló el caballo en una cuneta en medio del pueblo, y la caída no me provocó heridas; sobre todo no ocurrió frente a ellos.

El 20 o el 21 de noviembre llegó a la casa Disnalda María con la noticia de la muerte de Juancito Rodríguez en Venezuela. Estábamos sentadas debajo de un árbol en el patio y Minerva se paró de golpe, impotente y adolorida. Aguantando las lágrimas nos dijo: «Qué lástima para este país, ese hombre lo dio todo por la libertad, toda su fortuna, y hasta a su hijo perdió el 14 de junio». ¡Quién le hubiera dicho a mi hermana, que hablaba de ese hombre con tanta admiración y respeto, que dos de sus nietos, Camila y Manuel Aurelio, serían también nietos del comandante de la expedición de junio del 59, José Horacio Rodríguez, y por lo tanto biznietos de Juancito!

Con el traslado de Manolo y Leandro a Puerto Plata, nos preocupamos aún más, pues aumentaron los rumores y eran cada vez más tétricos.

Jaimito cuenta que «esperaba algo parecido a lo que ocurrió», refiriéndose a esos días:

A mí me lo mandaron a decir, no sé quién fue, un amigo del que no podría decir: «Fue fulano de tal»… Vino de Macorís un amigo mío llamado Negrito Castellanos, que había sido vecino de nosotros, y me dijo: «Yo pertenezco al Servicio Secreto. Vengo detrás de ti, me alegro que estés aquí afuera para no tener que coger para allá adentro». Nos vimos en la carretera, no recuerdo si fue cerca de doña Chea o cerca de Salcedo. Le pregunté: «¿Y qué pasa?», él siguió: «Te manda a decir un amigo tuyo, y no me preguntes quién, que no te lo voy a decir porque esto es una cosa muy seria, a fulano y a perencejo se los llevaron para Puerto Plata… Si tú o tu mujer quieren irlos a ver un día, que no vayan los días que vayan las esposas; que tú cojas tu vehículo y tu mujer y tú vayan solos. Que no vayan con las hermanas, porque va a haber una cosa fea… a Leandro y a Manolo los van a matar. Lo más probable es eso: los van a matar. Y si ustedes van con Minerva, tú sabes cómo es Minerva, te manda a decir él, él la conoce… una mujer franca… te puede comprometer a ti, así que mejor no vayas y cuando ellas (las esposas) vayan, que vaya una con la mamá del otro y la otra con la mamá del otro» (Minerva con la mamá de Leandro y María Teresa con la madre de Manolo), como para que no fueran juntas.

Yo se lo dije a la comadre Patria, que estaba donde doña Chea, y la comadre Patria me dijo: «¿Y quién le dijo eso a usted?». «Me lo dijeron», le respondí, y ella insistió: «Pero dígame quién se lo dijo». Le dije que no podía decírselo, que había jurado no decirlo, porque estaba poniendo mi vida en peligro, además de la vida de quien me lo mandó a decir y la del que vino a decírmelo. Entonces ella como que le restó importancia. Sólo me dijo: «Usted tiene miedo».

A Dedé le dije: «Tú no vas para allá, no vas para Puerto Plata». Si yo no la hubiera querido la dejo ir, pero como la quería no la iba a dejar ir, no quería perderla. Esto no era un juego, era demasiado serio y yo lo cogí por donde había que cogerlo. Yo se lo decía a Manolo: «Con Trujillo no se juega». Yo sé, porque yo estaba alineado también en la lucha antitrujillista, pero no como de juego, como Pedrito, que hablaba abiertamente contra Trujillo… Yo sabía cómo eran las cosas, porque me crié en el pueblo… Minerva y yo peleábamos muchísimo. Yo la quería mucho y ella me quería mucho. Ella era muy creída, muy inteligente, le gustaba la lectura buena, hablábamos de muchas cosas porque yo también leía algo. Era ingenua, a pesar de lo que había visto, a pesar de ser inteligentísima, no creía que había gente mala… Tal vez por eso nunca creyó que pudieran matarla.

Sobre el origen del mensaje que me enviaron, tengo la suposición que tal vez vino de los lados de Arturo Rodríguez Espaillat, «La Gillete» o «Navajita», como le llamaban a este jefe del Servicio Secreto, quien era sobrino del doctor Víctor Rodríguez, que era compadre de mi papá. Don Víctor y papá eran los dos de La Vega (había muchas familias que estaban entre Salcedo y La Vega: los Mirabal, los Rodríguez, los Brache…).

El jueves de la semana siguiente, 24 de noviembre, Patria fue a ver a su esposo Pedrito en La Victoria. Su idea era quedarse a dormir en la capital, porque no tenía con quién regresar a Salcedo. Pero en La Victoria, durante la visita, encontró a Memelo, un chofer de aquí que había ido a llevar a Celeste Fernández, hermana del doctor José Fernández Caminero, y regresaba con él a Macorís. Entonces Patria le pidió que la trajera, pues así no tenía que quedarse a dormir en la capital. Salieron como a las dos o las tres de la tarde para Salcedo.

Patria llegó a la casa en la noche. Cuando al día siguiente anunció: «Mamá, yo voy a ir a Puerto Plata a ver los muchachos», mamá casi con lágrimas en los ojos le rogó: «Patria, no vayas. ¡Ay, Patria, tus hijos!». Tonó, que estaba en la casa en el momento en que las muchachas se iban, oyó a mamá pidiéndole a Minerva que no regresaran tarde; más tarde recordaba:

Doña Chea no paraba de repetir: «Trasladaron a los esposos a Puerto Plata para matarlas», porque no hacía mucho que habían tirado a Donato Bencosme por un precipicio y habían dicho que fue un accidente. Por eso no se cansaba de advertirles a las muchachas: «A ustedes les va a pasar igual que a Donato».

Es que todos estábamos convencidos de que habían trasladado a los presos a Puerto Plata para asesinarlas. Una amiga le mandó un mensaje conmigo: «Dedé, dile a Minerva que la voz del pueblo es voz de Dios. Es para matarlas que las hacen viajar». Otra señora, muy amiga de un militar de alto rango, mandó a Juan Fernández Mirabal a decirnos: «A las muchachas que no vayan. La orden de matarlas está dada». Pero Minerva respondía: «¿Es que Trujillo va a matar a todo el que vaya conmigo? Él no va a matar a toda esta gente». Ése era su pensar, pensaba políticamente. Se supo después que Trujillo había ordenado que si en el vehículo iban más de cinco personas no perpetraran el crimen y el día de la matanza iban exactamente cuatro.

Quizás Minerva pensó que con toda la presión internacional el tirano no iba a arriesgarse a volver a cometer crímenes numerosos, en los que se asesinaba a personas inocentes que casualmente estaban en el lugar o en el momento escogido. El caso más horrendo de ese tipo fue el de Porfirio Ramírez (Prin), comerciante de San Juan de la Maguana. Era hermano del general Miguel Ángel Ramírez Alcántara, uno de los líderes de la expedición de Cayo Confites, en 1947. Trujillo sospechaba que Prin estaba ayudando a su hermano en la preparación de una nueva expedición, así que mandó a Federico Fiallo a matarlo. Ese día él les había dado una bola a nueve personas, a la salida de San Juan, y a todos los mataron a palos y los desricaron simulando un accidente.

Juan Bosch escribió un artículo sobre ese horrendo crimen, titulado «El crimen de El Número», que salió publicado en la revista *Bohemia* y no sé cómo llegó a nuestras manos, pero recuerdo que lo leímos.

Ese viernes Joaquín Baló no las podía llevar, así que las muchachas andaban buscando un vehículo y un chofer para hacer el viaje. El 24 en la tarde, René Bournigal, un amigo y vecino de Conuco, les ofreció prestarles el jeep y les propuso hablar con su chofer para que, si estaba de acuerdo, las llevara. El vehículo era un Toyota de los que se usaban para viajar a la montaña. Ellas hablaron con Rufino de la Cruz, el chofer de René, que estaba casado con Delisa González, una prima de Pedrito, y él aceptó.

Estaba previsto que tía Melania, esposa de tío Tilo, o tía Lalía, acompañara a las muchachas a Puerto Plata, pero eso cambió cuando Patria decidió que ella iría.

No puedo evitar que algo dentro de mí se rebele cuando pienso que Patria pudo no haber ido. A eso no me he podido resignar, porque ella no debió ir, no podía ir. Ni siquiera tenía permiso para entrar a verlos. Cuando discutieron sobre el tema, para tranquilizar a mamá supongo, ella aseguraba: «No se van a dar cuenta en Puerto Plata». Y Minerva le decía: «Patria, ese paisaje cuando uno sube la montaña, ¡qué cosa más bella!». Viéndolo a la distancia y conociendo el carácter de Patria, siempre cumpliendo con su rol de hermana mayor, creo que ella decidió ir para protegerlas. Sé que tenía conciencia del peligro, aunque no lo mostrara; había prestado atención a todo lo que se decía, incluyendo el alerta que le hizo Jaimito. Pero iba convencida de que con su presencia contribuiría a evitar que les pasara algo malo a sus hermanas menores.

En la tarde de ese día 24, estuve un largo rato conversando con Minerva y con María Teresa, pero regresé a mi casa en Ojo de Agua antes de que llegara Patria de la capital. De esos últimos momentos que compartí con Minerva y con María Teresa guardo varios recuerdos, que pasan una y otra vez por mi cabeza como las imágenes de una película: Minerva cosiendo unas blusas con los colores de la bandera dominicana, para cuando derrocaran al tirano. Una era para Sina, otra para María Teresa y la tercera para ella. Las tres quedaron sin terminar encima de la máquina de coser. María Teresa caminando hacia la cocina con su andar lento, femenino, tan parecido al de mamá…

A pesar de todo lo que habían pasado durante ese año, mis hermanas mantenían el buen ánimo. Tonó cuenta que María Teresa estaba un día cosiendo y sin más ni más se volteó para decirle: «Tonó, por poco y lo tumbamos, sí», queriendo decir que el movimiento había hecho tambalear al régimen.

El día 25, las muchachas salieron de Conuco y pasaron por la oficina de los caliés en Salcedo a informar su salida hacia Puerto Plata, como estaba establecido. En Santiago se pararon en la tienda El Gallo a comprar algunas cosas. En sus viajes trataban de no visitar casas de familia para no perjudicar a nadie, pues se nos trataba como si tuviéramos una enfermedad contagiosa. Digo esto para destacar la actitud de don Chujo, valiente y solidaria, que les ofrecía su casa cuando casi nadie se atrevía. A su casa en Puerto Plata llegaron a esperar la hora de la visita. De ahí se dirigieron, a las dos de la tarde, a la fortaleza.

La visita debía durar hasta las cinco, pero a las cuatro fue Ciriaco de la Rosa a informarles que se había terminado el tiempo. Minerva, como siempre, protestó: «La visita es hasta las cinco». De todas maneras las obligaron a salir.

Ese día Miriam Morales alcanzó a verlas y las saludó, pero parece que ellas no la vieron, o no le contestaron el saludo tratando de no perjudicarla.

Pasaron por la casa de don Chujo, se despidieron e iniciaron el regreso hacia Salcedo.

A la misma salida de Puerto Plata se dieron cuenta de que un carro las seguía. No era un cepillo. Esto que cuento lo supimos por los testigos que iban en un camión de la Caja Dominicana de Seguros Sociales, el cual coincidencialmente pasaba por allí. Durante los meses siguientes esos testigos sufrieron de delirio de persecución. Creían que dondequiera los estaban vigilando.

Nunca pude hablar con ellos, porque luego de la caída del régimen, el día que vinieron a visitar a mamá, yo no estaba en Salcedo.

La esposa de don Chujo le había dado a Patria, para el viaje, un dulce envuelto en un mantelito, que yo recogí de su cartera, lleno de sangre. Lo guardé. Conservo también el rosario de Patria que me hizo llegar el profesor Onésimo Jiménez a través de una alumna del colegio Sagrado Corazón de Jesús de Santiago. Tanto el pañito ensangrentado como el rosario se exhiben en la Casa-Museo.

Era viernes en la noche. Jaime David, de cuatro años, tenía una infección en los ojos. Jaimito había salido con Nelson en nuestra camioneta a hacer algunas diligencias y se demoraban en regresar. Yo, cansada de esperarlos para que me llevaran a casa de mamá, me tiré en la cama con Jaime David. Llegaron como a las nueve de la noche y a Jaimito le pareció que ya era demasiado tarde para salir a la calle. Casi no pude dormir, preocupada, pensando si habrían llegado las muchachas.

Mamá y Antonia amanecieron despiertas, esperando. Así lo cuenta Tonó:

A las nueve estábamos doña Chea y yo en la sala, pendientes, esperando. Entonces oímos como unos pasos y yo dije: «Ay, doña Chea, a las muchachas se les dañó el jeep y lo dejaron en la bomba y ya vienen». Pero ¡qué va!, se perdieron los pasos. Doña Chea lloraba, por ratos, y decía: «Ya a mis hijas me las mataron. Ya esto es lo último. Quién sabe adónde me las han tirado». Doña Chea no durmió; yo me recosté en la cama al lado de la cunita en donde estaba Raulito, el hijo de Patria, y como que me dormí, pero de pronto sentí que me agarraron la mano y me dijeron: «¡Mi hijo, mi hijo!, ¡cuídame a mi hijo!». Yo sabía que era Patria, porque yo estaba con su niño y también porque Minerva ya me había encargado a Manolito. Hacía meses, cuando ella regresó de la cárcel, me había dicho: «Bautizaste a Manolo, qué bueno, porque tú serás quien lo va a criar». Yo estaba medio durmiendo cuando oí la voz de Patria, y es tan así que yo las vi a las tres, mojadas, tiradas en un precipicio, así, una encima de la otra. Eso se me grabó para toda la vida. Entonces yo me tiré de la cama y les dije a las tres muchachas que cuidaban a los demás niños —Malú cuidaba a Raulito; Margarita cuidaba a Jacqueline, e Hilda cuidaba a los de Minerva—: «Están muertas. Yo las sentí. ¡Levántense!». Entonces nos levantamos y recogimos todo. Nosotras arreglábamos cosas y doña Chea, en su habitación, rezaba y rezaba. De madrugada, despertamos a Pedro para que fuera en una mula adonde Dedé a decirle que las muchachas no habían llegado. Un momento antes de que llegaran Dedé, Jaimito y Nelson, se apareció un rural con un papelito que decía que las muchachas se accidentaron y estaban en el Cabral y Báez de Santiago.

Por la mañanita llegó Pedro en la mula a mi casa. Yo, que había pasado toda la noche entre dormida y despierta, me levanté sobresaltada y le grité: «¡Pedro! ¿Qué pasa?». «Que las muchachas no han llegado», me dijo. Ya no me quedaron dudas y así empecé a lanzar el grito que repetiría sin parar durante esos días en todas partes: «¡Las mató!». «Nelson, levántate, que mataron a las muchachas», dije. Nelson se tiró de la cama. Jaimito por igual. Nos vestimos corriendo y salimos para casa de mamá. Antes de llegar nos topamos con la esposa de Rufino en la carretera, desesperada, llorando. Yo grité: «¡Miren a Delisa como está, también a su marido lo mató!».

Cuando llegamos ya habían venido policías rurales con el mensaje del accidente y la instrucción de que antes de seguir para Santiago debíamos pasar por el cuartel de la Policía de Salcedo. En ese momento yo pienso en Patria, tengo la esperanza de que tal vez Patria no haya muerto. Quizás de esa esperanza me vino la fuerza para tomar las disposiciones necesarias y para dar tantas órdenes. Dije: «Nelson, móntate. Mamá, ven conmigo aquí». A Antonia le pedí que preparara ropas y las montara atrás. Arrancamos en la camioneta.

Entonces, en mi desesperación, me entró una hiperactividad, como si disponiendo cosas pudiera negar lo que mi instinto me avisaba. Para cuando llegamos a Salcedo, a la Policía, ya no quedaban dudas. Jaimito se bajó de la camioneta y me dijo que lo esperáramos, pero yo no me aguanté. Cuando lo alcancé tenía en sus manos un telegrama y me pidió: «Dedé, por favor, no lo leas». Se lo arrebaté y leí en voz alta: «Murieron en el accidente Patria Mirabal, María Teresa Mirabal, Rufino de la Cruz y otra no identificada». Minerva. No se atrevieron a escribir Minerva Mirabal.

Salí corriendo del cuartel y le dije a mamá que se devolviera con Nelson, que a sus hijas las habían matado. «¡Asesino!», gritaba por la calle, mientras corría hacia la casa de mis suegros, que quedaba como una cuadra más allá.

Recuerdo que paré una camioneta que venía en sentido contrario y les rogué a los desconocidos que llevaran de vuelta a mamá a la casa.

Jaimito me alcanzó y seguimos de inmediato hasta Santiago, primero a casa de su hermana, Olga Fernández de Noboa, a quien le pedí sábanas y toallas, pues me di cuenta de que de nada servirían ya las ropas que le había pedido a Tonó cuando todavía me quedaba alguna esperanza de que aunque fuera Patria hubiera sobrevivido. Luis Noboa, el esposo de Olga, me acompañó a hacer todas las diligencias. En el hospital nos encontramos con el doctor Víctor Camilo (Vitico), un primo de Jaimito, y con Toñito Canto, también médico y miembro del 14 de Junio, quien había estado preso. Ambos nos ayudaron, sobre todo Vitico, que salió con Noboa a comprar los ataúdes. Mientras tanto, yo permanecí ahí, hablando sin parar, desesperada, gritando a todo el que se atreviera a oírme: «¡Las mataron! ¡Son unos asesinos!». Casi detrás de nosotros llegaron mamá Lesbia, la madre de Jaimito; Esperanza Saba, esposo de mi prima Dulce Pantaleón, y Vicente González, hermano de Pedrito.

Soy incapaz de recordar con detalles la cantidad enorme de trámites que tuvimos que hacer para sacar los cadáveres del hospital, pero al fin lo logramos. Montamos tres de los cadáveres en la ambulancia y a María Teresa la llevé en mi camioneta. Cuando veníamos creo que por la altura de Moca, como si no fueran suficientes los golpes que acabábamos de recibir, nos cruzamos con varios camiones cargados con troncos de robles de la finca de Patria y Pedrito, que Trujillo les había quitado.

Entregué el cadáver de Rufino a Delisa, que lloraba desconsolada. Mamá le ofreció que lo lleváramos junto a las muchachas al panteón que teníamos en Salcedo, pero su familia decidió enterrarlo en Tenares.

Llegamos a la casa de mamá alrededor de las once de la mañana.

«¡Salcedo, aquí están tus hijas, han muerto por la libertad de tu pueblo!», grité cuando me bajé de la camioneta. Ya había mucha gente esperándonos. La gente del campo, como se sabe, es muy solidaria. Ahí estaban las compañeras de María Teresa, de Macorís: las muchachas Duarte, las Rizek, las Mues; de Santiago había unas personas que trabajaban con Noboa en Bermúdez y Cía., y otras personas más. Tío José se desesperaba más que nadie, y yo me abrazaba a él.

Yo insistía en que tenía que cambiar de ropa a las muchachas. Sin embargo, cuando tratamos de entrar los ataúdes a la habitación, no cabían. Decidí hacerlo en la habitación de Tonó, que queda atrás de la casa y tiene una puerta más ancha, pero mi primo Antonio Mirabal me hizo reaccionar: «Dedé, pero ya están muertas. ¿Para qué?». Yo repito: «Es verdad, ¿para qué

En Montecristi, Minerva, Manolo, Patria, Nelson y María Teresa.

Minerva, Patria, Leandro, María Teresa y Nelson.

Manolo, Minerva, María Teresa, Leandro y Patria.

Manolo es padrino de graduación de Minerva, 1957,
quien está embarazada de Manolito.

Foto de cédula de Manolo.

Bodas de Leandro y María Teresa, 1958.

Manolo fue el padrino
de la boda.

María Teresa con su hija Jacqueline,
hacia 1959-60.

Patria con Raúl, quien había nacido en 1959.

Patria, Dedé (a la que suelen confundir con María Teresa en esta foto) y Minerva.

Última foto de Minerva.
La sacó para su nueva cédula, pues al ir
presa le quitaron la primera, 1960.

María Teresa

Rufino de la Cruz Disla.
"Nunca hemos olvidado su sacrificio y su valor sin límites".

Dedé frente a los féretros con los cadáveres de sus hermanas, en Conuco.
"El dolor más grande, sin embargo, fue al otro día, al salir de la casa.
Creí que el alma se me había ido y me dio un sopor".

Funeral en
la iglesia
San Juan
Evangelista
de Salcedo.

Vistas de la procesión fúnebre y del entierro.

Pedro, Leandro y Manolo en la cárcel en ocasión de la visita
de la Comisión de la OEA, junio de 1961.

Leandro, Alfredo Manzano
y Manolo salen del Palacio
Nacional, julio de 1961.

Manolo, testigo en el juicio contra los asesinos de las Mirabal,
señala para identificar a uno de ellos, 1962.

Manolo, 1963.
"Mamá y yo sabíamos
que estaba compro-
metido con la vuelta a
la constitucionalidad,
pero no imaginamos
que se iría para las
montañas".

Ana Antonia Rosario (Tonó): "Se ocupó con nosotras de criarlos y cuidarlos, fue otra mamá para ellos…".

Dedé y sus hermanas en la memoria.

Doña Chea con su nieta Patria Román González.
La madre de las Mirabal vivió hasta 1981.
"Sufrió con entereza y con la resignación que encontraba en su fe".

Jaime David, Dedé y Juan Bosch.

Dedé y Julia Álvarez, quien recreó la tragedia
en su novela *En el tiempo de las Mariposas*.

Dedé con sus nueve hijos. En primera fila, Noris, Jacqueline, Nelson, Minou y Raúl. Detrás, Jimmy, Jaime Enrique, Jaime David y Manolo.
"…criarlos bien, sin lástima, sin rencor, sin odio, tal era nuestra gran responsabilidad".

El jardín y la casa convertida en museo.
"En general, la gente ha sido muy solidaria
con la memoria de las muchachas y con lo
que hacemos para preservarla".

SIEMPRE
VIVAS
EN SU JARDIN

Placa en el jardín de la Casa-Museo.

Dedé, la que vivió para contarlo.
"Necesito saber que puedo ser útil, que al despertarme
tendré tareas pendientes por hacer".

cambiarlas si ya están muertas?»». Dispuse los ataúdes de las tres con sus respectivos retratos. El otro impulso incontrolable que me invadió fue el de cortarle la trenza a María Teresa. Tenía una desesperación tal que lo intentaba una y otra vez y no podía lograrlo. Tal vez lo quise hacer porque había oído decir que el cabello no se daña y quería mantener vivo algo de ella.

Hasta las cuatro de la tarde estuvimos velándolas en la casa.

Partimos a la iglesia. Siempre llevando yo el cadáver de María Teresa conmigo, los otros dos en la ambulancia. Hasta en ese último momento yo sentía que María Teresa era mi hija. «Yo siempre protegiéndote», le decía y me decía a mí misma.

A la entrada de Salcedo nos desmontamos de los vehículos y llegamos a la iglesia caminando. El lugar se llenó. Estaba toda la familia. La misa fue oficiada por el padre Juan Antonio Flores, entonces párroco de Salcedo y hoy obispo emérito. Recuerdo que allí estaban Pablo Yermenos, quien era el síndico, y su esposa Alida, que me puso una mantilla sobre la cabeza.

Las llevamos a pie al cementerio, pero antes de enterrar a la primera, digo: «Vamos a destapar el ataúd para ver quién es quién». Al abrirlo exclamé: «¡Ay, Minerva, tú siempre la más decidida, siempre la primera!». Luego sepultamos a Patria y, por último, a María Teresa. No se dijeron panegíricos. ¿Quién podía sacar fuerzas para hablar en un momento tan duro?

El padre Flores tuvo que arrancarme casi a la fuerza del cementerio porque yo no paraba de gritar: «¡Asesinos, las mataron!». De entre todas las caras llorosas no olvido la de un muchacho desconocido que, consternado, me hacía un gesto, como cuidando que no me fuera a pasar algo a mí también. «¡Cállate, no hables tanto!», parecía decirme.

El padre me abrazó y me dijo: «¡Paciencia, crucificado Señor! Di así, di así».

No me quiero acordar del regreso a la casa. Mi madre estaba en el aposento, sentada, y yo le dije, como sonámbula: «Mamá, ya están enterradas». Entonces ella me contestó algo que no esperaba: «Dedé, ¡yo he perdonado a los verdugos de mis hijas, para que ellas sean perdonadas!».

Mamá no había querido ir a la iglesia, ni al cementerio. Y desde entonces se negó a visitarlo: «Nunca voy al cementerio, porque yo espero que vuelvan. Prefiero que tú me lleves ahí el día que yo muera».

Ángela, la hermana de Manolo, y yo nos quedamos hablando hasta la madrugada. Consolándonos, supongo.

El dolor más grande, sin embargo, fue al otro día, al salir de la casa. Creí que el alma se me había ido y me dio un sopor. Al ver la realidad, lo irreversible, que ya estaban enterradas, sentí que la vida se me arrancó. Me quedé en el vacío. ¡Qué terrible! Yo no soy escritora, no sé con qué palabras se expresa tanta tristeza.

Vi a un muchacho que pasaba en una guagua en la cual yo acostumbraba a montarme, con Jaime David chiquito, para ir a nuestra finca en El Indio, y le grité: «¡Ay!, ¡ay!, Bolívar, ¡el alma se me arrancó!». Han pasado más de cuarenta años y casi no puedo acordarme de esos momentos sin sentir que los revivo.

Entraba a la casa y veía a mi madre que tampoco hallaba qué hacer. No sé cómo se puede soportar un dolor tan fuerte. Ni siquiera volví a recordar que había dejado a Jaime David enfermo en mi casa. Por suerte Jaimito le había llevado el niño a su tía Naná para que lo cuidara hasta que yo volviera. A los dos o tres días fui a buscarlo, pero antes pasamos por donde unas tías solteras de Jaimito. Cuando me vieron en esas condiciones le reclamaron: «Pero Jaimito, ¿cómo tú la sacas así a la calle?».

En esos días terribles, como detenidos, inacabables, no dormía ni comía. Sólo podía rezar.

Durante los nueve días ni la voz me salía del cuerpo. Me sentaba en mi casa en una mecedora, sin fuerzas para moverme, y para colmo seguía la tortura sicológica. Moncito, otro empleado nuestro, a cada rato venía y me decía: «¡Doña, ay, ya llegaron!, ¡ya llegaron!», refiriéndose a los cepillos que rondaban, se acercaban aquí y daban la vuelta en la entrada de la casa. Fueron momentos muy crueles. Sin embargo, cada vez que sentía acercarse uno de esos carros había una reflexión que de alguna manera me calmaba un poco: si vienen y me matan a mí, van a dejar claro que lo de las muchachas no fue un accidente.

Jaimito estuvo a mi lado en todo momento. Fue solidario, me protegió y apoyó. Se encargó también de distraer y apoyar a Nelson, que estaba muy afectado por lo ocurrido.

El día del último rezo de mis hermanas ocurrió un hecho que refleja la crueldad tan mezquina de aquella dictadura. Había mucha gente en la casa de Conuco. Tío Fello estaba aquí. Entonces llega Alicinio Peña Rivera, con una carta para que mamá la firmara, acompañado del gobernador de Salcedo, el doctor Jesús María Camilo, a quien le decíamos tío Chu, pues era primo de mamá y tío de Jaimito. En ese documento se testificaba que la muerte de Minerva, Patria y María Teresa había ocurrido en un accidente, y que eran falsos los rumores difundidos por el exilio antitrujillista en el extranjero, inculpando al Gobierno por el asesinato.

Tío Chu entró. Alicinio se quedó parado en el patio.

Yo pataleé y grité con todas mis fuerzas, opuesta a que se firmara esa carta, pero tío Fello, que era muy prudente, me encerró en la habitación de María Teresa. Fue al cuarto de mamá y le dijo: «Comadre, a usted nada más le queda viva Dedé. ¿Qué importa que usted firme ese documento si todo el mundo sabe que no fue un accidente?». Mamá accedió a firmar. Desde la habitación yo gritaba, furiosa, diciéndole a mamá que no lo firmara.

El 6 de diciembre, el periódico *El Caribe* publicó dos cables de prensa internacional, de AP y de UPI, refiriéndose a esa carta. El primero decía que «en un desmentido al comunicado entregado el 2 de diciembre a agencias noticiosas en Nueva York por el Partido Revolucionario Dominicano, la señora Mercedes Reyes viuda Mirabal declaró que se encuentra gozando de perfecta salud». Y seguía:

> La viuda declaró que, frente a las infundadas noticias que circulan en el exterior, «es mi deber declarar que me encuentro gozando de perfecta salud, en mi residencia campestre de Conuco, Salcedo, en donde pueden cerciorarse quienes han querido especular groseramente con el dolor de madre que me embarga por la muerte de mis tres hijas, Minerva, Patria y María Teresa, ocurrida en un accidente automovilístico en la carretera de Puerto Plata».

La nota de UPI refería lo mismo, poniendo en boca de mamá lo siguiente:

> Repudio, por las razones expuestas, la actitud que han tomado grupos sensacionalistas del exterior en cuanto a las muertes de mis hijas y esposo y al infundio de que fui asesinada.

Tonó, siempre cercana a mamá, cuenta que ella no se callaba, que lloraba y lloraba, pero que decía que tenía que vivir para sus nietos, para poder criarlos. «Después que murió Trujillo, mucha gente la visitaba. Ella les hablaba de sus hijas. Nunca creyó que estaban muertas. A veces decía que las sentía, que sentía que la estaban mirando. Las llamaba por sus nombres. Rezaba cada noche y ofrecía esas oraciones como si se hubieran ido de viaje, como si estuvieran por llegar en cualquier momento. Todos los que estábamos allá rezábamos con ella».

Me duele pensar que mamá fue una de esas personas que nació para sufrir. Hay seres así en la vida, que parecen perseguidos por la tragedia, por el sufrimiento. Sin embargo, ella nunca se quejó. Nunca dijo: «¿Por qué a mí? ¿Por qué mis hijas?». Sufrió con entereza y con la resignación que encontraba en su fe.

Trujillo, ese asesino con el instinto de una hiena, calibró lo que era Minerva, su inquebrantable decisión de luchar. Una mujer que se atrevió a desafiarlo políticamente, que no ocultaba sus ideas. Muchas veces he reflexionado que si mi hermana hubiera ido sola con el chofer, sólo los mata a ellos dos, porque Minerva era su problema, su obsesión.

Eso era tan así que Zacarías, el chofer de Trujillo, le comentó en esos días a Japonesa Trujillo que él sabía que el Jefe no estaba bien porque en varias ocasiones le decía: «Mira a esa mujer, mírala ahí, es Minerva», y que cuando él miraba, no había nadie.

Para una mentalidad enferma, criminal y autoritaria como la suya, acostumbrada además a que las mujeres se le brindaran, debe haber resultado inaudito encontrarse con una mujer como Minerva, que no sólo lo rechazó, sino que también se le enfrentó políticamente, y que lideró y organizó la oposición más importante que tuvo su régimen durante treinta años.

¿A quién, que se le enfrentara, perdonaba Trujillo? A nadie. Mucho menos iba a perdonar que una mujer tuviera ese coraje.

Joaquín Balaguer, que siempre fue un peón de Trujillo, era el presidente en el momento en que mataron a las muchachas. Había reemplazado a Negro Trujillo, cuando lo quitaron por las presiones de la OEA, a raíz del atentado perpetrado por el tirano contra Rómulo Betancourt. Aunque luego en sus libros de memorias, y hasta en un poema, trató de limpiarse de encima la sangre de mis hermanas, estoy convencida de que él estaba al tanto de la orden de Trujillo de matarlas. ¿Cómo no iba a saber de esa orden si él era el Presidente de la República el día del crimen, aunque fuera un presidente «títere», como le decían? Y si, como él pretendió que creamos, no lo sabía, ¿por qué al enterarse no renunció, ni lo denunció, ni hizo nada?

IX

El pueblo llora

Siguen la incertidumbre y la desgracia

Durante los meses que siguieron, casi desde las mismas primeras semanas posteriores al crimen, empezaron a surgir en el país manifestaciones de repudio, espontáneas en su mayoría, aunque algunas fueron organizadas. Vino lo que se llamó «El vía crucis de las hermanas Mirabal». Por debajo de las puertas se pasaban cartas, «un beso a las hermanas Mirabal» lo llamaban; por teléfono se hizo «la cadena de las hermanas Mirabal» y se escribieron poemas a las hermanas Mirabal. A quien atrapaban con algo de esto lo encarcelaban. Así le ocurrió a Caridad Cordero, una señora muy culta de Santiago, dueña de la librería Atlántida; igualmente a Fifa Estrella, hermana de Salvador Estrella Sadhalá.

Fue de tal magnitud la crueldad hacia nuestra familia que no cesó con el asesinato de las muchachas y de Rufino. Para aumentar nuestro dolor, después de la masacre, Trujillo vino a la casa de unos vecinos de Patria, frente al que fue su hogar, que había sido saqueado, y el pueblo de Salcedo fue conminado a ir y rendirle homenaje.

«Trujillo viene para Salcedo», se dijo. «¿Dónde lo van a llevar a comer?». Nadie podía creerlo cuando anunciaron que el almuerzo sería donde Isolina, la vecina y prima de Pedrito, y comadre de Patria. Ella estaba muy dolida, pero no se podía negar. «Que la casa se llene. Todo el mundo para allá, a demostrar que Trujillo no tiene enemigos, que todos son sus seguidores, que nadie piensa que mandó a matar a tres hermanas indefensas». Efectivamente, fue muchísima gente, todos los funcionarios, todos los adulones; la región entera rindiéndole homenaje. Prepararon una gran comilona en el patio, con puercos asados en puya y muchas bebidas.

¿A qué se debió todo este montaje inconcebible? Decían que habían traído a un siquiatra brasileño a tratar a Trujillo, y éste había aconsejado que lo llevaran al sitio de donde eran las Mirabal, para que viera que todo el mundo lo quería y para que se le quitara la obsesión por Minerva. Ya he contado que Zacarías, el chofer de Trujillo, le comentaba de esa obsesión a las hermanas del dictador, en especial a Japonesa. Así que ahí lo llevaron, a una casa desde donde los asistentes podían ver las ruinas en que los caliés habían convertido el hogar de mi hermana mayor. Eso fue el 6 de marzo de 1961, apenas tres meses después del asesinato de las muchachas y de Rufino. Manolo, Leandro y muchos jóvenes de aquí aún permanecían en prisión o estaban desaparecidos. Yo me preguntaba, ¿cómo es posible que se atreva a cometer este escarnio? Recuerdo que hasta pusimos candados a la puerta, porque nos decían: «Trujillo va a venir y va a entrar».

Debe haber sido terrible para Isolina y su familia verse expuestos a la dolorosa humillación de tener que abrir las puertas de su casa a Trujillo. Son personas cercanas a nosotros, como parientes. De hecho, el día antes de que las muchachas se fueran a Puerto Plata, Isolina estuvo en casa de mamá visitando a Patria. Las despidió, les recordó que salieran temprano… fue de las últimas personas que las vio vivas.

Otro duro golpe que nos afectó en esos días fue la muerte de la tía Lalía, una hermana de mamá y cuñada de Patria, pues estaba casada con Ezequiel González, un hermano de Pedrito. De pequeñas, nosotras éramos sus niñas mimadas. ¡Cuántas cerezas dulces comíamos donde tía Lalía! Sólo tuvo un hijo, ya un poco mayor, Antonio Ezequiel, quien estuvo preso junto con Nelson por formar parte del 14 de Junio. Era muy unida a mamá, así que cuando mi madre se mudó a Conuco ella construyó su casa en las proximidades y en los últimos tiempos venía con frecuencia a cuidar a Raulito.

El 25 de noviembre tía Lalía también iba a ir con Minerva y María Teresa a Puerto Plata, pero sufría de problemas cardíacos y el día anterior vino donde mamá a decirle que no se sentía bien. Después de la tragedia, se obsesionó: «Debí ir yo y no Patria. Yo debí morir, que ya tengo el corazón enfermo. ¿Para qué vivir?».

Un día regresó de ver al médico, comió con mamá y jugó un rato con Raulito. Al llegar a su casa se suicidó. Cuando me dieron la noticia me sentí impotente ante este nuevo y duro golpe. A mamá no le podíamos informar del suicidio. Decidimos decirle que murió de un infarto y eso fue lo que ella creyó hasta el fin.

El día del último rezo de tía Lalía, Tonó y yo íbamos caminando desde Ojo de Agua hacia Conuco, a pleno sol. Cuando se acercaba un vehículo nos tapábamos para no poner a nadie en el compromiso de saludarnos o llevarnos. Si nos montaban, se arriesgaban. Si no nos montaban, se sentirían mal. Vimos aproximarse el jeep de Pablo Yermenos, el síndico de Salcedo, acompañado del jefe del SIM. Andaban preparando la visita de Trujillo, que sería al día siguiente. Yo me tapé la cara, pero Pablo nos vio, se devolvió y se ofreció a llevarnos. En un cruce cercano a nuestro destino le pedí que nos dejara.

«Los esposos de las Mirabal están vivos»

La tragedia ocurrió un viernes. El lunes siguiente, Ciriaco de la Rosa y otro de ellos montaron a Manolo y a Leandro en un carro y se los llevaron a la capital, a la cárcel La Cuarenta. A Pedrito lo sacaron de La Victoria y también lo llevaron a La Cuarenta. Cuenta Leandro que todos los días se encaramaba en los hombros de Manolo para tratar de mirar por una rejita lo que pasaba en la celda contigua.

Un año después, Manolo relató esos momentos ante el juez de Instrucción encargado de investigar el crimen:

El 28 de noviembre del año 1960, a las 10:30 de la noche, mi compañero, ingeniero Guzmán Rodríguez, y yo fuimos trasladados a la cárcel del Servicio de Inteligencia Militar dominicano, denominada «La Cuarenta». El día 4 de diciembre de ese mismo año llevaron a nuestro concuñado señor Pedro Antonio González Cruz a la celda número seis de la cárcel ya mencionada, donde nos encontrábamos el ingeniero Guzmán Rodríguez y yo.

El día anterior, es decir, el 3 de diciembre, a las cuatro de la tarde, introdujeron a esa celda un agente del Servicio Militar de apellido Núñez.

El día 4 de diciembre a las 12:00 del mediodía se presentó ante nosotros el capitán de la Policía Nacional, Miguel del Villar Álvarez, en compañía de otros agentes destacados al servicio de esa cárcel y nos dijo, dirigiéndose a mí: «Doctor Tavárez, usted sabe que en las cárceles del país a los presos políticos no se les permite la entrada de periódicos, pero en este periódico —mostrándome un ejemplar de *El Caribe*, de la edición de fecha 27 de noviembre— hay algo que puede interesarle» y en actitud cínica, burlona y cruel nos lanzó el periódico dentro de la celda, soltó una grosera carcajada, cerró la puerta y se retiró.

Entonces nos enteramos de la muerte de nuestras esposas. Transcurrida más o menos media hora volvió el capitán Del Villar en compañía de los mismos agentes, y en la misma actitud que he referido nos preguntó: «¿Se enteraron, eh?», soltando otra carcajada, y luego nos dijo: «Eso hace este gobiernazo con los desgraciados que como ustedes pretenden derrocarlo. Eso no es nada, aquí van a suceder cosas terribles, porque estamos dispuestos a seguir matando, quizás las próximas víctimas sean ustedes», y diciendo esto se retiró tirando la puerta de la celda. Al día siguiente sacaron al calié de apellido Núñez[*].

Leandro, en su libro *1J4. De espigas y de fuego,* cuenta que mientras estuvo el espía que les habían introducido en la celda, él y Manolo sólo se miraban sin pronunciar palabra. «Aquélla fue la más atormentada vigilia de todos mis días». Cuando sacaron al calié, los dos presos comunicaron sus angustias. Especulaban que tal vez el periódico era una simulación. Trujillo era capaz de ordenar aquel impreso para echarles más aún su moral al suelo, y como relata Leandro:

> Seguíamos considerando que un crimen de esa naturaleza no era posible, que el tirano no llegaría a tal nivel de infamia, que aquello sería un horror y un desafío a la opinión pública a los cuales Trujillo no se arriesgaría.
>
> A medida que iban llegando más detenidos a La Cuarenta crecía nuestra desesperación. A todos les preguntábamos si sabían algo de las hermanas Mirabal. La mayoría lo ignoraba todo. Pero uno de ellos, Hugo Rivas, reincidente en la lucha contra Trujillo y miembro de nuestro Movimiento, aseguró que las había visto en la cárcel La Victoria. El ánimo subió. Queríamos aferrarnos a aquella posibilidad. Nos convencimos uno al otro de que aquel periódico *El Caribe* era una simulación.

Estaban desesperados, pero siguieron adelante alimentando la esperanza e interpretando las informaciones que les llegaban a favor de esta esperanza. Cuenta Leandro que cuando más adelante los trasladaron a La Victoria, fueron a parar a una celda cuyas paredes estaban cubiertas de escritos, dejados por

---

[*] Declaración ante el juez de Instrucción, Ambiorix Díaz Estrella, 1° de diciembre de 1961.

los que por allí pasaron. Uno de ellos les cortó el aliento, decía: «Trujillo ha muerto, pero su régimen de terror ha quedado entre nosotros. Por esta celda pasaron tres mujeres inocentes, que fueron vilmente atropelladas. 31 de mayo de 1961». Todavía pasaría un tiempo antes de que supieran con toda certeza de la tragedia que se había llevado a sus esposas y del ajusticiamiento del tirano.

De nuestra parte, suponíamos que a ellos también los habían asesinado. Pero se nos acercaban personas que afirmaban lo contrario. Ana Matilde Cuesta, que había sido novia de Manolo, y un militar conocido, nos enviaron mensajes: «Ellos están vivos». Yo lo dudaba: «Mamá, no te hagas ilusiones. Están muertos». Y es que después de la muerte de las muchachas casi todos los días nos enterábamos de nuevos asesinatos.

Leandro y Manolo nos contaron más adelante que cuando llegaban personas a las que habían torturado hasta casi matarlas, ellos oían cuando las tiraban en los barrancones de La Cuarenta. Esperaban que pasara un rato y se tranquilizaran y dejaran de gritar, para entonces empezar a vocear: «Aquí estamos los esposos de las hermanas Mirabal», con la esperanza de que alguien los escuchara y filtrara esa información. Y, efectivamente, de vez en cuando esas noticias nos llegaban a nosotros, sin saber la procedencia. Un señor llamado Héctor Osorio, que había estado preso, fue de los que vino con la información de que estaban vivos. «¡Mentira!», gritaba yo, mientras mamá me decía: «Y tú tan incrédula que eres, Dedé».

Al salir de la cárcel Leandro me contó que vio cuando mataron a Domingo Russo y a Eugenio Perdomo, y tiraron los cadáveres en una camioneta. Éste último era el padre de Virgilio Perdomo Pérez, el que murió peleando en 1972 junto a Amaury Germán Aristy. A Russo y a Perdomito los acusaron de la falacia de haber puesto una bomba a la entrada del Seminario Mayor Santo Tomás de Aquino. La habían puesto los propios caliés.

Dicen que la sábana del diablo es larga y angosta. Por algún lado sale un pedazo. Siempre hay algún testigo y en este caso hubo más de uno.

Luego de seis meses en la misma rutina, acechando por la rejita de arriba, un día escucharon que habían tirado a alguien torturado en la celda del lado. Les dijo su nombre: Pirolo de la Maza. Se trataba de uno de los hermanos De la Maza, un ingeniero que había sido compañero de Leandro. «Manolo, pasó algo. Yo noto un meneo que no es el de todos los días», dijo Leandro. Efectivamente, habían matado a Trujillo, pero ellos no sabían nada aún.

A finales de junio de 1961 vino al país la misión de la OEA y una de sus primeras acciones fue visitar y entrevistar a los presos políticos que quedaban en La Victoria. Tan pronto llegaron a la prisión solicitaron al jefe de la cárcel que les presentara a los esposos de las hermanas Mirabal.

Gracias a las investigaciones y a la presión ejercida por la misión de la OEA, el Gobierno fue dejando en libertad a presos importantes. El 2 de julio fueron liberados Leandro Guzmán, Pedro González, Miguel Lama y Juan Rodríguez hijo. Recuerdo que vino Esperanza, mi vecino y primo, y me informó: «Soltaron a Pedrito». Grité tanto que creí que se me habían acabado todas las lágrimas. Más adelante llegó Leandro. Ellos regresaban, mis hermanas no. Ellas estaban muertas. Fueron días muy difíciles para mí y para mi madre. Nelson y Noris tampoco podían parar de llorar.

Ver a Leandro fue como revivir todo el dolor, como hurgar en una herida que nunca cerrará. Él mismo relata esos momentos de su llegada a la casa de mamá, en Conuco, mejor de lo que yo puedo hacerlo:

Eran las diez y media de la noche cuando la madre de Patria, Minerva y María Teresa nos abrazó. El mundo se me cayó encima. Me hundí en el llanto y en los llantos que nos rodearon de la gente que llegaba, espontáneamente, queriendo apoyar y animar, pero sumando tristeza a la tristeza.

Todo lo que fue, y lo que no fue, pasó por mi cabeza. Adquirí la noción exacta de la soledad. Me perdí emocionalmente en la incertidumbre de saber, pero no saber, si habrían valido la pena los riesgos y los sacrificios.

El pasado me atropelló con toda su fuerza. Trece años antes, justamente cuando ella tenía trece, conocí a María Teresa, y comenzamos juntos a edificar el encanto de las miradas, de la florecita dejada en el camino, del recado furtivo. ¿Cómo hacer para rebasar la angustia?

A Manolo lo soltaron el 26 de julio, junto con Ramón Imbert (Moncho), los hermanos Imbert y José Espaillat (Che). Trujillo ya había sido ajusticiado y Balaguer era el presidente, pero Ramfis tenía el poder. Fueron momentos difíciles. Ramfis se dedicó con furia criminal a torturar personalmente a los participantes en el ajusticiamiento de Trujillo y a muchos de sus familiares. Se llevaron a cabo crímenes horrendos en esos meses.

Yuyo D'Alessandro, sobrino de Manolo y concuñado de Ramfis, pues estaba casado con Josefina Ricart, hermana de Octavia (Tantana), la esposa de Ramfis, fue de los pocos miembros del Movimiento 14 de Junio que pudo escapar a la prisión y a la tortura. A él, que era de origen italiano, lo escondió una pareja italiana. Pudo salir del país disfrazado de cura, en un barco. La tripulación salió a comprar. Cuando regresaron, entre ella se coló Yuyo. La situación era tan difícil que su familia publicó un espacio pagado en el periódico diciendo: «Yuyo está desaparecido, necesitamos conocer su paradero».

En opinión de Yuyo, Ramfis fue más asesino que Trujillo. Éste mandaba a matar, pero su hijo mató con sus propias manos a Luis Manuel Cáceres (Tunti), Salvador Estrella Sadhalá,

Modesto Díaz, Pedro Livio Cedeño, Roberto Pastoriza y a Huáscar Tejeda.

De la cárcel Manolo salió inmediatamente para acá. Recuerdo que se sentó a conversar con mamá. Intentaba hablar, pero no podía, sólo lloraba. Entonces se fue detrás de la casa y sentó a Minou en sus piernas y lloró, lloró, lloró, abrazándola. En esa época ya era un verdadero líder nacional. El pueblo se volcó a seguirlo.

El día coincidió con un gran mitin del Partido Revolucionario Dominicano (PRD) en San Francisco de Macorís. En la tardecita, cuando toda esa gente se enteró que habían soltado a Manolo y que estaba aquí, se dirigieron hacia acá. La multitud lo inundó todo. La casa y el patio se llenaron de personas que gritaban «¡Manolo! ¡Manolo!». Querían verlo. Y Manolo, desgarrado, sin poder parar de llorar, viviendo su regreso aquí a esta casa, por primera vez sin su Minerva.

Cuando vi toda esa gente me mortifiqué. Manolo era calmado y hablaba pausado, como es Minou en la actualidad. Ella heredó esa característica de su padre. «¡Sal, Manolo, sal!», insistía yo, hasta que lo hice salir. Recuerdo verlo caminando, pausadamente, mientras aquel pueblo lo ovacionaba. No habló. No podía. Estaba lleno de tristeza y dolor y la gente lo acompañó en su llanto. ¡Qué momento tan inolvidable, con aquella enorme multitud llorando en silencio junto a su líder!

Ese día fue también de matanza. La misma multitud llegó a Santiago, pues el pueblo se había tirado al fin a las calles. Allí asesinaron a Erasmo Bermúdez Espaillat y a Fausto Jiménez Guzmán. A Erasmo parece que lo confundieron con el periodista Brinio Rafael Díaz. Pedro García Monclús y Marino Guzmán Abreu fueron vilmente asesinados en Moca. Durante un bárbaro ametrallamiento de la ciudadanía en la explanada del puente Juan Pablo Duarte, en la capital, murieron el doctor Víctor Rafael Estrella Liz y Manuel Martínez Cabrera. En Puerto

Plata, donde el Movimiento 14 de Junio había tenido mucha fuerza, la represión fue feroz. Allí mataron al doctor Alejo Martínez, de San Pedro de Macorís, y responsable del 14 de Junio en Sosúa, y al doctor Pedro Clisante, entre muchos otros.

En esos días que Manolo pasó en la casa se sentaba durante horas en un haragán que había en la pequeña galería trasera de la casa, y con Minou en las rodillas deshogaba su dolor. No quería que lo vieran llorar y se escondía ahí, detrás de la casa, a contestar las preguntas de la niña, que tenía cinco años y era muy curiosa. Minou recuerda que en esos momentos le hablaba de Minerva y de la cárcel, mientras ella le acariciaba las marcas que le dejaron los cigarrillos apagados por los torturadores en sus brazos.

Entonces fue cuando la gente comenzó a reproducir fotos de las muchachas y a venderlas. Todo el mundo quería tener esas fotos. Manolo no vio con buenos ojos esa comercialización. Pero ¿cómo controlar eso? El pueblo estaba muy dolido y ésa era una forma de manifestarse.

El 6 de agosto del año 1961, desde la capital, Manolo le escribió una afectuosa carta a mamá que reflejaba su estado de ánimo y las responsabilidades políticas que lo absorbían.

> Queridísima mamá Chea:
> Para esta fecha creíamos que íbamos a estar allá, entre ustedes que tanta falta nos hacen. Pero el trabajo no nos permite tregua, y por encima de nuestros deseos personales está la ineludible obligación del cumplimiento del deber. Pero iremos, querida mamá Chea. Estoy tratando de resolver los asuntos más urgentes para poder irme. Necesito volver a verlos, compartir con ustedes mi soledad espiritual y disfrutar entre mis hijos la pequeña alegría que me depara la vida.
> Los tres estamos bien de salud. Nos cuidamos mucho. Siempre recuerdo sus consejos y trato de ordenar mi conducta de acuerdo a los mismos. Nuestras actividades se están desarrollando bien. Las simpatías del pueblo hacia el 14 de Junio cada

día se multiplican a un ritmo vertiginoso. Nuestro sacrificio no ha sido inútil. Ya empiezan a manifestarse sus óptimos frutos. Esto es lo único que alienta mi corazón en esta noble lucha. Besos para mis adorados hijitos, y para todos ustedes mi gran cariño.

Su hijo,

Manolo

Manolo alquiló un apartamento en la capital y nos pidió que le dejáramos llevarse a Minou con él: «Quiero disfrutar de mi hija y Manolito está aún muy pequeño». El niño había vivido con mamá desde que era un bebé, y se quedó con nosotros. En Santo Domingo, Manolo inscribió a Minou en el colegio Santa Teresita con la profesora Minetta Roque, que la quería muchísimo.

Don Manuel y doña Fefita, los padres de Manolo, se habían mudado a la capital. Carmen Tavárez Mayer, hermana mayor de Manolo por parte de padre, se los había llevado a vivir con ella. Carmen, hija de don Manuel y de su primera esposa Isabel Mayer, destacada figura del régimen y la primera mujer gobernadora del país, tenía una posición económica muy buena, debido a que estaba casada con Guido D'Alessandro, un ingeniero italiano radicado en el país, que había tenido grandes contratas del gobierno, incluyendo la construcción del Palacio Nacional. Carmen Tavárez Mayer y Guido D'Alessandro no sólo eran los padres de Yuyo, sino también de Aldo, un joven de veinte años asesinado por Trujillo el 19 de noviembre de 1960.

Pedrito no tenía hogar. Se lo habían destruido. Él y Leandro se quedaron un tiempo viviendo en casa de mamá.

El final de la Era de Trujillo

El 18 de noviembre de 1961 los Trujillo fueron obligados a salir del país. Nosotros nos sentimos como liberados, como si respiráramos por primera vez. Nos sumamos a las celebraciones y a las palmadas al son de «¡Navidad, Navidad, Navidad con libertad!». Nos montábamos en las guaguas y en los camiones. Íbamos a los mítines y voceábamos con la gente: «¡Navidad, Navidad, Navidad con libertad!».

Balaguer se asiló el 31 de diciembre en la Nunciatura y hasta ahí le deben haber llegado los gritos de la gente en las calles: «Balaguer, muñequito de papel».

Luego se formó el Consejo de Estado presidido por Rafael Bonnelly, que gobernaría hasta las elecciones, celebradas en diciembre de 1962. Bonnelly, en mi opinión, organizó unas elecciones honestas en las cuales su partido, la Unión Cívica, el partido de la clase «bien», perdió. Juan Bosch, con un discurso sencillo, conciliador, que el pueblo escuchaba y entendía a través de la radio, y con el último debate que sostuvo con el padre Láutico García, las ganó. El nuevo presidente se juramentó el 27 de febrero de 1963. Duró sólo hasta septiembre, pues aún persistía la maquinaria del ejército de Trujillo, y las manos de los norteamericanos jugaron su papel para derrocarlo.

Pocos días después de que mataran a Trujillo, Alicinio Peña Rivera desbarató la casa de Patria y quemó las ruinas. Cuando en el juicio, que estaba siendo transmitido a todo el país, declaró que había utilizado esa madera para construirse una vivienda en la avenida Estrella Sadhalá, en Santiago, una multitud indignada se dirigió hacia allá y la destruyó.

No hace mucho fui donde Pedro Ramón Rodríguez Echavarría a darle las gracias, porque él fue quien apresó a Alicinio Peña Rivera y le impidió irse con Ramfis, como tenía planeado. Rodríguez Echavarría me contó en esa ocasión: «Yo llegué a dar el contragolpe. Ahí encontré a Alicinio. La situación era: me mata él o lo mato yo. Le quité la ametralladora y lo apresé». Para entonces ya Manolo había investigado y sabía quiénes habían sido los asesinos directos de las muchachas y de Rufino.

A la salida de Manolo de la cárcel, él y Jaimito ocuparon la finca con la que se había quedado Alicinio, la finca de Güiza, que nos habían quitado, así como otra finca nuestra en la zona. Pedrito, por su parte, ocupó de nuevo los terrenos donde había estado su casa.

Hoy, la propiedad donde vivió el matrimonio de Patria y Pedrito y nacieron sus hijos, pertenece a ellos, y yo he tratado de rehacer el jardín que Patria tanto amó.

Por las mañanas me gusta ir a Conuco a visitar lo que fue la casa de Patria, a regar las plantas que se salvaron y las nuevas que yo he sembrado. Observo los restos del tanque de agua, las columnas, la pecera y todo lo que sobrevivió a la destrucción llevada a cabo por los caliés. Patria represó el pequeño río que pasaba cerca de su casa. Con cascajo y arena construyó una pequeña piscina. Mis hijos Jimmy y Jaime Enrique se acuerdan de lo que les gustaba bañarse en ese riíto de donde «Nina Patria». «Nina Patria» siempre estaba dispuesta a andanzas y excursiones. Ella era como un motor que nos entusiasmaba a todas. Juntas nos divertíamos muchísimo.

Por aquí todos los ríos se han ido secando. El que pasa por la casa de Patria es de los pocos que nunca se seca y yo, a veces —no sé si hablando con ella o conmigo misma— le digo que tal vez sea cierto que la naturaleza es muy agradecida.

Me duelen estas ruinas. Recuerdo cómo era Patria con su casa y con su jardín. He tomado retoños de azahar de los que sembró mi hermana para replantarlos en el jardín con el propósito de que se multipliquen. He rellenado con coralillos algunos espacios. Están lindos, a pesar del entorno en ruinas. En estos días le propuse a Noris: «Como el azahar no adelanta y con él ni tú ni yo vamos a ver el jardín lleno, ¿por qué mejor no sembramos plantas que cubran los muros?».

Mamá, siempre precavida, muy austera y buena administradora, compró una finca con un dinero en efectivo que nos había dejado papá, después de repartirnos una parte a cada una.

Pedrito, por su parte, con el dinero de la venta de una finquita que tenía cerca de su casa, había comprado unas seiscientas tareas en la zona de Güiza por San Francisco de Macorís. Eso hizo que mamá se entusiasmara a comprar la que vendían al lado, a siete pesos la tarea. Como tenía algo de dinero ahorrado la compró por unos catorce mil pesos y la puso a nombre de Patria y de Pedrito, tratando de evitar más problemas con una familia paralela que había tenido papá. Cuento esto porque luego nos produjo problemas que hicieron sufrir mucho a mamá.

Mi madre nunca dejó de trabajar. Se ocupaba de todo, cuidaba las plantaciones y la recolección del cacao, atendía la finca de ganadería… A mí, que la visitaba casi a diario, me mortificaba verla durante horas en un secadero moviendo el cacao con los pies. Mientras estuvo activa, tenía energía. «Mamá, no, deje eso», le decía yo, pero ella no me hacía caso. Después, cuando la vi en una silla de ruedas, echaba de menos verla moviéndose. Era como si la vida se le hubiera acabado.

Todas nosotras heredamos la fortaleza de mi madre. Yo la heredé. A mis ochenta y tres años estoy llena de energía. Pero, sobre todo, heredé su fortaleza mental. Gracias a esa fortaleza, nunca nos dejamos avasallar por el dolor. Lo que más nos ayudó a mi madre y a mí a recuperarnos fue la responsabilidad de criar y educar a los hijos e hijas de las muchachas.

Minerva Josefina (Minou) y Manuel Enrique (Manolo) tenían cuatro y dos años, respectivamente, en noviembre de 1960. Milka Jacqueline del Rosario, la hija de María Teresa, tenía un año y ocho meses. Raúl Fidel Ernesto, el hijo menor de Patria, había cumplido un año en septiembre. Noris Mercedes, la segunda, tenía quince, y Nelson Enrique, dieciocho años. A la muerte de Patria, Nelson se fue a vivir con nosotros. Jaimito había tumbado un cafetal para hacerle un conuco a Nelson y lo encargó de ponerlo a producir. Buscaba entretenerlo y que tuviera responsabilidades. «No es bueno que este muchacho esté así, nada más pensando…». Nelson había vivido siempre en un hogar muy estable donde no le faltaba nada; tuvo todos los juguetes y sobre él, primer hijo y primer nieto, se había volcado todo el cariño familiar. Jaimito pensaba que con el conuco Nelson se embullaría, y así fue.

Al salir de la cárcel, Minerva había contratado a una maestra particular, Tatá Pantaleón, para darle clases a Minou, quien era muy despierta para los estudios y ya a los cuatro años sabía leer y escribir. En enero de 1961 no sabíamos nada de Manolo y yo hice algo que pensé que a Minerva le gustaría: llevé a la niña a estudiar al colegio Inmaculada Concepción, donde ya estaba Noris interna y así la sacaba del ambiente de terror y dolor que se vivía en nuestra casa. Para las monjas, que yo les llevara a Minou fue como si les entregara un pedacito de Minerva. «Minervita, Minervita», la llamaban. La sentaban a comer con ellas, lo que no hacían con ninguna otra alumna, y me decían que la niña era la felicidad para ellas. La mimaban y la cuidaban. Mientras duró el enfrentamiento de Trujillo con la Iglesia y los duros ataques a monseñor Panal, encerraban a Minou y a Noris en la clausura, pensando que se las iban a querer quitar.

A Manolo lo liberaron durante las vacaciones de Minou en el colegio, pero él esperó a que ella hiciera la primera comunión antes de llevársela para la capital. En la Casa-Museo hay un retrato de Manolo con su hija que acababa de cumplir los cinco años ese día. Los dos se ven alegres y tristes a la vez. Por lo menos él pudo participar en la comunión de Minou y retratarse con ella.

X

Manolo, 1963

Habían pasado casi dos años desde que Manolo se llevó a Minou a vivir con él, cuando recibí una llamada suya para pedirme: «Dedé, llévate a Minou porque la pueden tomar de rehén para que yo me entregue». Él ya estaba preparándose para lo que venía.

El 23 de septiembre de 1963 —dos días antes del golpe de Estado a Juan Bosch—, Manolo vino a Salcedo para asistir al entierro de Alexis Brache, un revolucionario catorcista asesinado por policías. Ésa fue la última vez que hablé largamente con él. Lo recuerdo parado con un pie encaramado en un banco, mientras conversábamos. Jaimito le decía: «Manolo, ten cuidado. ¡Cuídate!», y él respondía: «Despreocúpense, que yo no me voy a poner de banquete de nadie». Fue el último día que lo vi. Después de eso hablé por teléfono con él una sola vez.

Supe que en una ocasión pensó asilarse en la embajada de México. Llegó a entrar, pero un grupo de compañeros suyos que habían ido a entrenarse a Cuba, incluyendo a Fidelio Despradel, le reclamaron y le echaron en cara a Manolo lo que había dicho: «Los hombres del 14 de Junio saben muy bien dónde quedan las escarpadas montañas de Quisqueya». Para ese grupo de compañeros que traían la euforia de la experiencia de Fidel en Cuba, asilarse era traicionar. Manolo se sintió comprometido y salió de la embajada. Se escondió en la casa de Wiche García Saleta. La única vez que intenté hablar con Manolo, Wiche tomó el teléfono y me dijo: «Dedé, cierra el teléfono. Está interceptado». Se puso bravísimo conmigo por esa llamada.

Otra parte de los compañeros de Manolo estaba en desacuerdo con la decisión de irse a la montaña a pelear, en reclamo de la vuelta a la constitucionalidad. Benjamín Ramos, médico; Máximo Bernard, baloncestista y famoso miembro del buró; Vinicio Echavarría, Pucho García Saleta… Esos y otros más no estaban de acuerdo. Manolo se vio presionado entre los que sí creían necesario irse a la montaña y los que no estaban de acuerdo. Puede ser que no estuviera convencido del todo, pero sintió que debía cumplir con su palabra.

Yolanda Vallejo, en cuya casa estuvo escondido Benjamín, me lo confirmó. Ella guarda actas de las resoluciones tomadas en algunas reuniones en las que participó.

Mamá y yo sabíamos que Manolo estaba comprometido con la vuelta a la constitucionalidad, pero no imaginamos que se iría para las montañas. El mismo día que mataron a John F. Kennedy en Estados Unidos, el 22 de noviembre, partió Manolo a Santiago y de ahí siguieron para la Cordillera Central. Ya en la montaña, se enfermaron. No había armas y las que tenían estaban dañadas, no servían. Fue un desastre.

Yo no lo critico, porque Manolo vivió en una dictadura y estuvo dispuesto a dar la vida por conseguir la libertad. Tenía casi 33 años de edad. Demasiado joven. Toda su vida había transcurrido durante la dictadura. En la juventud se pueden tomar decisiones que responden a un ideal, pero que luego no resultan tan oportunas como se suponía.

Manolo fue un líder de gran carisma que aglutinó a todo el pueblo dominicano. Irse a la montaña fue cumplir un compromiso con su pueblo, y yo diría que con sus compañeros. Tomó la decisión consciente de que le costaría la vida. Me enteré con certeza de que estaba en la montaña el día que lo mataron. Nosotros creíamos que era mentira. Por un lado los de la extrema izquierda decían: «Manolo está en un hotel, disfrutando», y por el otro, los de la derecha también lo atacaban.

Doña Paulina Justo, tía de Manolo, vino a visitarnos y nos dijo: «Manolo está en la montaña». Eso fue un viernes y al día siguiente, sábado 21 de diciembre, lo asesinaron. Nuestra casa se llenó de gente: «¡Mataron a Manolo! ¡Mataron a Manolo!», exclamaban. Llevé a Minou a donde Lesbiolita, mi cuñada, para que no presenciara la situación, y Jaimito y yo volvimos a recorrer el camino a Santiago.

En esta ocasión yo no me sentía con fuerzas para subir a Las Manaclas, en San José de las Matas, lugar donde asesinaron a Manolo, así que esperé primero en casa de doña Betty viuda Román, casada con un primo de Manolo, y luego de un rato nos fuimos al hospital a esperar a los familiares que habían subido a rescatar los cadáveres.

En circunstancias terribles siempre aparece un hombre bueno. Esta vez fue el ingeniero Víctor González, que trabajaba en Obras Públicas. Era guapo, joven, serio. Era fiel. Su esposa estaba emparentada con doña Fefita. Ese día él fue a Las Manaclas en una camioneta de Obras Públicas. Montó todos los cadáveres y los bajó a Santiago. Allí fui yo de nuevo, a la misma morgue del hospital José María Cabral donde había recogido los cuerpos sin vida de mis hermanas. Estaban los diecisiete cadáveres de los guerrilleros muertos. Había sido un paredón. Era evidente que se trataba de un fusilamiento.

Fue terrible volver a revivir lo pasado, mezclado a una nueva desgracia. Diecisiete cuerpos de jóvenes destrozados. A Manolo lo reconocí por la cara. En la cabeza, cerca de la frente, tenía la quemazón de una bala. Estaba sin camisa; conservaba el pantalón, pero roto. Era un coladero de balas. Tenía heridas de bayoneta por varias partes. Lo mataron con saña. A Jaime

Ricardo Socías, esposo de Ángela, la hermana de Manolo, lo reconocí por el bigotito. Por suerte, el frío de la montaña había evitado, en parte, la descomposición de los cadáveres.

Los demás parientes de los caídos habían ido a recoger los restos. Trajimos a Manolo y a Jaime y los enterramos en el cementerio de Salcedo, al caer la tarde del lunes. Ahí reposaron hasta que trasladamos los restos de Manolo al mausoleo de la Casa-Museo, junto a los de las muchachas, en noviembre de 2000. Un mes más tarde, el 21 de diciembre, llevamos los de Jaime al panteón de su familia en el cementerio de Montecristi, su ciudad natal.

Yo salí de la morgue impregnada de un olor terrible. Aunque trajimos los cadáveres en una ambulancia, el carro en el que regresé conservó durante muchos días ese olor a carne, a quemado, del que no me podía desprender. Pasarían muchos meses antes de que yo pudiera ver o comer algún tipo de carne.

Para mamá y para mí fue otro golpe difícil de asimilar. Era como si te abrieran y escarbaran de nuevo en una herida que no ha terminado de cicatrizar. Recorrer nuevamente el camino del cementerio era como volver a enterrar a Minerva y a las muchachas. Con la misma desesperación. Nos sentíamos igualmente llenas de rabia e impotencia. Mamá sentía un apoyo en Manolo. Era el hijo que siempre deseó tener; por eso su muerte fue una pérdida terrible para ella. Confiaba plenamente en su juicio y en su sentido de la justicia, de lo correcto siempre.

Pero el dolor se acrecentaba aún más por lo que Manolo significaba para todo el pueblo que lo seguía. «Pobre patria, pobre país», pensábamos sintiendo que así como nosotros habíamos perdido a un ser querido, así lo había perdido nuestro país. Un líder que le había tomado al pueblo dominicano más de treinta y dos años construir, que con valentía y decisión se había enfrentado a Trujillo, que representaba lo mejor de los ideales de libertad de esa generación que muchos aún llaman «la generación inmortal». Hasta los hijos mimados de los colaboradores cercanos de Trujillo apoyaban a Manolo.

Él significaba la garantía, el pilar fundamental para que se hiciera justicia y para que nuestro país pudiera al fin encaminarse libremente hacia el progreso y la democracia. Perdimos el norte, el guía, el orientador, y sentimos que nuevamente se habían impuesto las fuerzas del mal. El aparato, la maquinaria y los métodos de la tiranía seguían vivos, y habían arrasado con el primer gobierno verdaderamente democrático y justo de nuestra historia, y habían asesinado al líder de toda una generación que en él había encontrado, por fin, una cabeza, un capitán. El hombre que cuando más se necesitaba demostró calidad, capacidad de análisis, formación intelectual, pureza y entrega, valor y arrojo, calma y tolerancia. Un conductor enamorado de su país, sensible ante las necesidades de su pueblo, mentor de un proyecto claro y desinteresado para su futuro. Y es que Manolo reunía en sí todas las cualidades de los grandes líderes.

Tercera parte

Tiempo de recuperación y compromiso

XI

UN JUICIO PARA LA HISTORIA

Para contar todos estos acontecimientos que afectaron a mi familia, voy a recurrir a documentos que, unidos a mis vivencias, aclaran episodios importantes sobre la muerte de mis hermanas y lo que se desencadenó después. He recabado otros datos también porque me pueden servir para reconstruir lo mejor posible las últimas horas de la vida de mis hermanas.

En el proceso de escribir estas memorias he vuelto a recorrer el trayecto entre el punto en que fueron secuestradas mis hermanas y Rufino, hasta el lugar donde posiblemente fueron asesinadas. Son parajes por los que durante años evité pasar. Pero ahora me he reencontrado con personas de Puerto Plata que las vieron o tuvieron contacto con ellas el 25 de noviembre de 1960. He hurgado en documentos importantes que nunca, hasta el presente, había querido leer porque su contenido me desgarraba.

Hay detalles que hasta ahora no había tenido el valor o la fuerza de investigar. Pasó un tiempo en el que yo estaba como atemorizada, incapaz de enfrentarme con ciertas situaciones. Pero ahora quiero la verdad. Y quiero dejar mi testimonio porque puede arrojar luz sobre la época más tenebrosa de la historia de nuestra patria. Por eso escribo estas memorias: para que no se olvide y para que nadie en mi país vuelva a ser víctima de tanto horror, de tanto dolor.

Los años de 1960 a 1965 fueron muy intensos para mi familia y para mi país. Y fui testigo cercano de muchos de esos acontecimientos que cambiaron nuestra historia.

El PRD llegó al país el 4 de julio de 1961 y empezó a celebrar mítines en distintos lugares. Recuerdo uno famoso que hubo en Santiago al que fuimos Jaimito y yo. En el mismo, el doctor Salvador Jorge Blanco iba mencionando los pueblos y la gente del lugar mencionado respondía. Entonces dijo: «Salcedo, me viene el recuerdo de esa diosa que se perdió en el océano de la vida, Minerva». Todavía hoy el recuerdo de esa expresión me saca lágrimas. Yo estaba por ahí, en medio del mitin, en un rinconcito, delgada, vestida de negro. El público a coro gritó: «¡Aquí está Dedé!», y me subieron a la tribuna. Yo me resistía porque nunca he sido protagonista de esas cosas, pero en realidad fue un gran homenaje a mis hermanas. Eso debió haber sido a comienzos de julio, porque recuerdo que aún Manolo no había salido de la cárcel.

En los meses siguientes el Movimiento 14 de Junio fue creciendo en simpatías y actividades. En septiembre hubo un mitin en Salcedo para inaugurar y bendecir el primer local del 14 de Junio. Se habló en el parque, incluso yo pronuncié un discurso, que me escribió Chachita Brito, en el que exhortaba a las mujeres a luchar.

Los caliés rondaban por el pueblo, todavía ocupaban la casa de mamá en Salcedo. Después que terminó el mitin, una joven llamada Margarita Toribio se puso a vocear: «¡Abajo los Trujillo!»; la gente le hizo coro. Los caliés, que vivían muy cerca de la casa de los padres de Jaimito, aunque tuvieron una reacción agresiva, no se atrevieron a seguir provocando y se marcharon para el cuartel, como a buscar refuerzos.

Leandro y Vinicio Echavarría, del comité del 14 de Junio de la capital, dormían con nosotros en Ojo de Agua, mientras Manolo iba a dormir en casa de mamá en Conuco. Recogimos nuestras cosas en la camioneta roja, el único vehículo que teníamos y que los caliés conocían muy bien, para irnos. Pero entonces Jaimito pensó que podía ser peligroso, así que dejó la camioneta estacionada donde sus padres y buscó a Leonte, un chofer amigo suyo al que pidió que nos llevara a casa. Nos detuvimos a echarle gasolina al carro de Leonte y Jaimito se bajó del vehículo para dejar que se subiera un conocido nuestro que nos pidió que lo lleváramos. Los caliés, que andaban buscándonos desorientados, lo vieron y se dirigieron hacia nosotros. Entonces Jaimito le dijo al chofer: «¡Échese para allá!», cogió el guía, arrancó y le pasó por el lado al cepillo en que ellos iban montados. Veníamos «como la onda del diablo» por esa carretera, y con las luces apagadas. Cuando llegamos a la entrada de Ojo de Agua, en vez de tomar el camino conocido, nos metimos por un callejón, pero al frenar se encendieron las luces traseras y los caliés descubrieron el carro. Llegando a la casa se devolvieron porque sabían que si bien en la ciudad de Salcedo tenían apoyo de sus colegas, en el campo no pasaba lo mismo.

Nos bajamos rápidamente del carro y Jaimito empezó a llamar a los vecinos: «¡Vamos, reúnanse gente, busquen piedras, que ahí vienen los caliés a atacarnos!». Días antes había corrido el rumor de que nos iban a quemar la casa. Salieron varios hombres, reunieron un montón de piedras. Muchas de estas personas habían estado en el mitin. Recuerdo que Leandro y sus acompañantes pasaron un susto, porque cuando ellos llegaron los vecinos por poco los confunden. Pero esa noche los caliés no llegaron.

La situación fue muy tensa durante todos esos días. Yo, conociendo el temperamento de mi marido, esperaba que en cualquier momento se diera un enfrentamiento con los caliés, por lo que le sugerí que se fuera por un tiempito a Estados Unidos, donde tenía una hermana. Así lo hizo, pero en diciembre, cuando se produjo el contragolpe de Pedro R. Rodríguez Echavarría y tuvo lugar la gran huelga, dijo que volvía aunque lo mataran. Él sufre de úlcera y, de regreso, le dio un derrame. No pudo resistir y se tiró al suelo en el aeropuerto de Puerto Rico. Por fortuna, un amigo suyo, Luis Fernández, quien había sido su compañero de estudios en San Francisco, lo encontró tirado y le dijo: «¡Jaimito!, ¿y eres tú?». Él le respondió: «Sí, y me estoy muriendo». Luis lo llevó al hospital, donde le pusieron sangre. Cuando estuvo mejor, como a los dos días, regresó. Lo primero que me dijo fue: «¡No me preguntes por qué vine!». No quería que le reprochara el haber regresado cuando todavía había peligro.

En casa de mamá se vivía la misma zozobra. Después de la muerte de Trujillo circulaban miles de rumores, y temíamos que pudiera pasar cualquier cosa. En varias ocasiones que escucharon a los caliés moverse afuera pensaron que iban a incendiar la casa. Cuenta Tonó que ella y las demás muchachas que cuidaban los niños tenían toda una estrategia de escape prevista: «Cada una va a coger uno de los niños y va a salir corriendo por la puerta del pasillo». Malú debía encargarse de Raulito; Hilda de Jacqueline y ella de Manolito. Minou estaba en el colegio en La Vega.

Le agradezco a Rodríguez Echavarría porque fue él quien apresó a los asesinos de mis hermanas. Cuando lo visité en Guerra, cerca de la capital, le agradecí su gesto de valor que hizo posible que Alicinio y los otros criminales fueran juzgados. «¿Cómo lo hizo?», le pregunté. Entonces me contó:

Cuando yo decido dar el contragolpe estoy en la capital y no encuentro qué hacer. Veo que se va a producir una matanza, que planeaban liquidar a todos los que participaron en la muerte de Trujillo y cogí ánimo. Dios me dio valor, porque yo no sabía qué hacer en ese momento. Tomé la decisión y le dije al piloto: «¡Prende el avión!». Cuando llegué a Santiago encontré a Alicinio. Lo desarmé y lo tranqué. Mandé a los regimientos a hacer formación y les dije: «¡Reciban órdenes mías, que viene una invasión!». Mandé un avión a Dajabón con el mismo mensaje.

Lo que no me dijo Rodríguez Echavarría fue cómo apresó a Cándido Torres Tejada (Candito) y a los otros. Pero si no hubiera actuado, Alicinio se habría ido con los Trujillo, porque estaba esperando en Santiago que dieran el golpe para tomar mando. No hay que olvidar que Alicinio era nada menos que el jefe del SIM en el Cibao.

Rodríguez Echavarría me dijo que antes del contragolpe, él se había reunido con Manolo Tavárez en casa de don Pompilio Brouwer. Ahí Manolo le entregó la lista de los cinco asesinos de las hermanas Mirabal y de Rufino. De Alicinio Peña Rivera, por su cargo en el SIM para la región del Cibao, ya se sabía su responsabilidad en lo ocurrido.

Rodríguez Echavarría murió dos meses después de mi visita.

La pregunta que siempre me había hecho era: ¿cómo había conseguido Manolo la información? Esto sólo lo supe cuando Leandro publicó *1J4. De espigas y de fuegos*. En ese libro Leandro cuenta que cuando estuvieron presos en Salcedo y los trasladaron en un carrito, en el asiento delantero iban dos caliés del SIM, en el trasero iban Manolo, que con lo alto que era debía ir muy incómodo, Leandro y otro calié. A Leandro le apretaban las esposas al punto que no podía aguantar y le pidió al calié que se las aflojara un poco, y éste lo hizo antes de llegar a Moca.

Tiempo después, cuando habían ocurrido tantos hechos, entre ellos el asesinato de las muchachas y la muerte de Trujillo, y habían cambiado las cosas, un día Leandro se encontraba en el local del 14 de Junio que estaba en la calle Hostos, y afuera, en la calle, un grupo de gente estaba atacando a los caliés, dándoles golpes. Un hombre subió corriendo las escaleras y gritó: «¡Leandro, Leandro, no permita que me maten!». Leandro lo reconoció y lo encerró para protegerlo. Ésa era una cara que nunca se le olvidaría, pues correspondía al que le había aflojado las esposas. Él fue quien le dio la información a Manolo sobre la identidad de los miembros del SIM que asesinaron a las mucha-chas. Dos encuentros cruciales tuvo Leandro con este esbirro, del cual jamás supo ni el nombre.

¿Qué ocurrió el 25 de noviembre?

En una conversación con don Chujo Pimentel Líster, quien vivió más de noventa años en Puerto Plata con la dignidad que da saber que se ha cumplido con el deber, me enteré con deta-lles de lo ocurrido esa tarde del 25 de noviembre. Es el testimo-nio de una de las últimas personas que estuvo en contacto con mis hermanas el 25 de noviembre de 1960. De sus propios la-bios escuché los pormenores de esos momentos críticos y supe cómo el azar intervino para colocar a este hombre honorable y valiente en presencia de mis hermanas cuando tanto lo nece-sitaban.

Antes de ellas llegar a mi casa, ya estaban los carritos del SIM dando vueltas por los alrededores. Mi casa, que luego perdí en un incendio, estaba localizada en la calle José del Carmen Ariza. Cuando oía el sonido de los cepillos: tum, tum, tum…, yo decía: «Ya están llegando las muchachas».
Ellas —Minerva y María Teresa— habitualmente llegaban como a las diez y media de la mañana. Se ponían cómodas y después de comida se iban a la fortaleza a visitar a sus maridos. Ese día, el 25 de noviembre, ellas estaban muy contentas, se veían muy bien. Incluso contaron que, pasando el puente de Yá-sica, en donde hay un puesto militar, le habían dado bola a un guardia. Yo les digo: «¿Pero cómo ustedes van a cometer una imprudencia así?». Minerva dice: «No 'ombe, no. Esos son unos infelices. Malos son los que los mandan a ellos». Parece que en el camino ellas se les identificaron al guardia y éste enseguida les dijo: «Déjenme aquí». También me dijeron que algunos días antes habían estado en Montecristi con el objeto de realizar la

venta de varios muebles que incluían una estufa y una nevera. Llevaban con ellas el valor de esta venta, ascendente a algunos cientos de pesos.

Habían venido acompañadas por Patria —era la única vez que Patria había venido—. Y venía con ellas el chofer Rufino de la Cruz. En Santiago se habían parado a comprar materiales de costura. Ya estaban preparándose para mudarse a Puerto Plata, en donde estarían cerca de sus maridos. Ya yo les tenía una casa conseguida. Pero las facilidades que les habían dado para visitar a sus esposos parece que eran una pura celada.

Ese día llegaron alrededor de las once, se cambiaron de ropa y se pusieron cómodas. Después que comieron y reposaron, se bañaron y se arreglaron bien. Comentaban que tenían que ponerse buenasmozas para llevarles un espíritu de alegría a sus esposos. A las dos y pico se fueron para la fortaleza. En el camino de regreso a mi casa, se detuvieron en la calle y Minerva y María Teresa se desmontaron para saludar a Miriam Morales, antigua compañera de presidio. Ya en mi casa, las vi muy alegres, contando que los muchachos estaban muy contentos porque ellas les habían dicho: «Las cosas ya se van a arreglar, porque nosotras vamos a estar con ustedes dos veces a la semana, vamos a estar cerca».

Ellas regresaron de la fortaleza como a las cuatro y pico de la tarde. Yo les sugerí que se quedaran a dormir aquí, que se fueran al otro día, para que no les cogiera la noche en el camino. Pero ellas dijeron: «No; si mamá no nos ve llegar, va a pensar que ha habido un desastre. No, no se apure, nosotras venimos la semana entrante». Los del SIM seguían rondando por mi casa, por ahí andaban esperando la salida de ellas. Ya creían que ellas no se iban a ir. Estaban tan cerca que pudimos oír cuando uno dijo: «Ya están montando las maletas».

Como he dicho, ellas estaban contentas y planeando la mudanza a la casa que yo les había conseguido. ¡Y qué trabajo me había dado conseguirles esa casa! Nadie quería alquilar ni hacer nada que se relacionara con las muchachas. Fui a dos o tres partes, hasta que conseguí una casa que alquilé a mi nombre. La persona me la alquiló a mí, ignorando que era para las muchachas. Rufino de la Cruz, el chofer, también estaba tranquilo, normal, como si no pasara nada. Creo que éste era un hombre dispuesto a servirles a las Mirabal como fuera.

En la casa teníamos un perro enorme que cuando olfateaba a los del SIM se encaramaba al techo y hacía un escándalo grandísimo. Al día siguiente, ese animal apareció muerto. Lo envenenaron.

Ocurrió lo que ya se sabe, a la salida de Puerto Plata, ese 25 de noviembre, los emboscaron en Mará Picá, los metieron al cañaveral. De ahí, el desastre.

Al otro día yo pasé por el colmado al que iba diariamente y que era de mi amigo Raymundo Parra. La esposa de mi amigo me dijo: «Compadre, ¿usted sabe que ya las muchachas no van a venir más?». «¿Cómo que no van a venir?», respondí yo; entonces ella me dijo: «Así es». Me contó que la noche anterior, un comisionista que venía de Tamboril, al pasar por La Cumbre, por el camino viejo, vio cuando las estaban sacando de la furnia a donde las habían arrojado los asesinos.

Yo nunca pensé que podrían asesinarlas. Que podrían llegar a tanto.

Con la doctora Linda Pelegrín, asistí al funeral de las muchachas, pero no pudimos entrar al cementerio, porque estaba acordonado de guardias y de todos esos bandidos. Impedían el paso. Después fue que nos dejaron llevar una flor para depositarla en la entrada del cementerio. Ni siquiera dejaron entrar a uno al cementerio. Era una situación terrible.

Después por aquí se corrió la voz de que, después de asesinar a las Mirabal y a Rufino, también habían asesinado a Manolo y a Leandro. Este comentario se inició porque en el cementerio había aparecido un saco con restos humanos. Pero, por suerte, eran comentarios falsos.

Yo fui a Montecristi y el día antes de Nochebuena me lo pasé con don Manuel y doña Fefita. Estaban derrumbados. Pero don Manuel era un hombre de mucho temple y valor. Me agradeció mucho esta visita porque él sabía lo peligroso que era.

Muchos meses después, a los dos o tres días de haber salido de la cárcel, Manolo me hizo una visita para darme las gracias, ponerse a la orden y conocer al jovencito que por encargo mío les llevaba las cantinas con comida.

Mi encuentro con doña Fefita y las muchachas había sido accidental. Yo había trabajado con don Manuel Tavárez, el papá de Manolo. Éramos íntimos amigos. Yo traté muy de cerca a esta familia, era como un pariente de ellos. Visitaba a don Manuel y a doña Fefita con cierta frecuencia. Inclusive a Minerva la conocí en una de estas visitas. Ella estaba en el patio, que era grandísimo, bañando a Minou, una muchachita de meses. Minerva me produjo una impresión magnífica. Era una muchacha con mucha disposición para todo.

En Puerto Plata yo estaba en casa de Raymundo Parra, un hombre excelentísimo, estábamos ahí, en el patio —yo siempre iba por las tardes—. Entonces lo llama la esposa, que estaba en el negocio. Como él se demora, salgo a ver qué pasa. Entonces veo a doña Fefita, Minerva y María Teresa. Habían venido con René Bournigal, en el carro de éste. René se había ido a visitar a un hermano y las tres mujeres estaban en el colmado. Yo digo: «¡Caramba, qué sorpresa tan agradable! ¿Qué hacen ustedes por aquí?». Ellas me explican que han venido a confirmar si los muchachos están vivos o si los habían matado en el camino. Yo les digo: «¡Ah, no!, vamos enseguida a mi casa». Para allá nos fuimos. Entonces ellas me explican que estaban comprando algo para dejarles comida a los maridos. Me pidieron que le recomendara a alguien que pudiera llevarles comida a la fortaleza de manera regular. Les digo: «Yo me encargo de eso». Minerva les dijo a las otras mujeres: «¿Ustedes ven cómo todo se va resolviendo? Ya don Chujo se va a ocupar de la comida».

Les mandaba comida a los dos presos dos veces al día en cantineros. Uno decía «Manolo» y el otro «Leandro».

Pero, ríete tú de cómo eran las cosas. Recuerdo que había una muchacha, que también era de Salcedo, que administraba la farmacia de don Luis Pelegrín, la que se encontraba frente a mi casa. El esposo de ella era administrador de la Corporación de

Electricidad. Esa muchacha había sido compañera de las Mirabal en la escuela, por lo que vino a saludarlas. Aquí se saludaron y abrazaron. Eso bastó para que cancelaran al marido de la Corporación de Electricidad y para que se le fuera todo encima. Tenían un barquito que estaban terminando, nunca les permitieron tirarlo al mar. Las represalias eran terribles.

Mi padre me visitó y me dijo: «¿Usted sabe el problema que usted se ha creado?». Yo le respondí: «Sí». «¿Usted está consciente?». Otra vez le confirmé con un sí. Él, José Pimentel Loinaz, era un antitrujillista connotado, pasó los treinta años de Trujillo tumbándolo, porque siempre decía: «Que ya no pasa de tal día…», y en esa ocasión me dijo: «Entonces, eche para adelante». Por esos días, nadie visitaba mi casa. Hasta los amigos se alejaron. Una noche, los del SIM estuvieron halando las puertas. Estaban tumbando las puertas, pero no pudieron abrirlas. Don Luis Pelegrín, que vivía en el frente, se asomó, prendieron luces y entonces los del SIM se fueron. Era una edificación antigua, con cuatro puertas en el frente, sin galería. Nosotros nos sentábamos en el quicio de las puertas. Venían los carritos cepillos y casi se paraban, como una amenaza, una burla. Después arrancaban de nuevo. En la pared de mi casa, que daba a la vivienda vecina, tenían micrófonos pegados. El mínimo movimiento de uno estaba vigilado por ellos. Llamaban a uno por teléfono y preguntaban: «¿De qué palo del parque quiere que lo guindemos por andar dándoles protección a los enemigos del Gobierno?». Eso lo hacían a cada rato. Era una tensión del diache.

Había gente que me decía: «Chujo, deja eso. Por la seguridad de tu familia y tus hijos». Yo respondía: «Ya estoy metido en esto, no puedo echar para atrás. Debo seguir a como dé lugar». Lo contrario hubiera sido una cobardía.

Yo me desempeñaba en el área de seguros. Representaba a la Caribbean Motors aquí, que era de Paquito Martínez (cuñado de Trujillo). Sin embargo en esta compañía no sufrí represalias. También trabajaba para La Curacao. Todo el mundo me sacaba el cuerpo. Nadie me visitaba, nadie venía a darle vueltas a uno. Los negocios se me iban al suelo. Linda Pelegrín, la hija de Luis Pelegrín, era la única persona que nos visitaba.

Durante el juicio a los asesinos de las hermanas Mirabal y de Rufino, yo estuve presente y di mi testimonio. Pensaba que debió haber un plan o algo para acabar con todos esos bandidos. ¿Ustedes saben lo que es eso? Ellos estaban riéndose cuando yo estaba declarando. Me acuerdo de Cruz Valerio, del que se decía golpeaba a los oídos de las víctimas con las manos abiertas: mataba a la gente o la ponía loca.

Me preguntaron si podía señalar a los miembros del SIM acusados de los crímenes. Dije que sí. Los fui señalando y describiendo. Los conocía muy bien porque los había visto tantas veces. Sobre todo durante las visitas de las muchachas a mi casa. Los del SIM se ponían en el frente, en El Bambú. Ahí había una pared de cristal. Ellos espiaban a todo el que entraba o salía de mi casa. Pero también yo los veía a ellos.

Fernando Cueto, de Puerto Plata, aunque para 1960 era muy joven, ya había estado preso y había sido torturado junto con Manolo y los demás miembros y simpatizantes del 14 de Junio. Y él fue otra de las personas que se encontró con las muchachas el 25 de noviembre:

Ese día yo estaba desde las diez de la mañana en la farmacia de Linda Pelegrín con Guancho Escaño. La dueña del establecimiento nos permitía resguardarnos allí, para evitar que nos vieran los esbirros de la tiranía. Esta farmacia quedaba frente a frente a la casa de don Chujo Pimentel. Guancho y yo, ambos del 14 de Junio, esperábamos a las muchachas por si ellas necesitaban de nosotros para hacer cualquier diligencia. Cerca del mediodía llegó el jeep con las muchachas y yo fui a recibirlas. Regularmente iban algunas personas a hablar con ellas y a llevarles cosas para Manolo y Leandro. Recuerdo como ahora que Guancho Escaño les dio un paquete de canquiñas y una caja de cigarrillos Hollywood para que se los llevaran a los presos.

Minerva me pidió que me fuera porque ellas tenían que prepararse, cambiarse de ropas, para ir a la fortaleza. Incluso yo le pregunté qué pasaba y ella me dijo: «No, nada. Es que María Teresa está contenta porque va a ver a su esposo». Luego me pidió que me quedara para que atendiera a la gente y le agradeciera de parte de ellas la visita, porque ellas no podían perder tiempo. Recuerdo que doña Rosa Morales fue la última persona que llegó. Yo le dije: «Doña Rosa, cualquier cosa dígamela a mí, porque Minerva se está cambiando y tienen que estar a la hora en punto en la fortaleza». Doña Rosa me dijo: «No, señor, yo tengo que verla y saludarla». Entonces Minerva salió y se abrazaron y hablaron. Ellas salieron y se montaron en el jeep. Entonces me fui y regresé como a las dos de la tarde. Yo también les estaba haciendo diligencias para conseguir una vivienda, pero la casa que yo había conseguido estaba muy apartada y se quería encontrar una vivienda que estuviera en la misma ciudad, con vecinos cerca, para evitar problemas. Luego nos despedimos y ellas partieron para la fortaleza.

Al otro día, cuando se supo la noticia del «accidente», no sé cómo a mí no me mataron porque yo salí como un loco, voceando que era un asesinato. Hacía sólo dos meses que yo había salido de la cárcel.

Quiero incluir aquí lo que tanto Manolo como Leandro contaron de ese último encuentro en la cárcel de Puerto Plata. En su libro *1J4. De espigas y de fuegos*, Leandro relata que ellas llegaron como siempre, cerca de las dos de la tarde:

(…) acompañadas por Patria y Rufino de la Cruz, aquel muchacho magnífico que les servía de chofer, a quienes ni siquiera pudimos saludar en esa ocasión porque los carceleros no lo permitieron.

(…) Para sorpresa de todos, los centinelas nos permitieron hablar a solas. Fue una gran dicha: conversamos de la situación política en general, de nuestras martirizadas vidas y del azaroso existir de ellas; del cariño que se veía puesto a prueba con la esperanza de hacerlo florecer en los días de libertad que avizorábamos.

La sombra siniestra de aquel diálogo surgió cuando las muchachas comentaron, intrigadas, de los continuos recorridos que Trujillo estaba realizando por la provincia Salcedo… Hasta ellas habían llegado los comentarios de la conversación sostenida por el dictador con su amigo Rafael Gómez Quezada (aquélla en la que Trujillo dijo que tenía dos problemas: los curas y las hermanas Mirabal)…

Cuando nos contaron esto, Manolo reaccionó como si acabara de despejar la gran interrogante. Se inquietó mucho, elevó la voz y le ordenó, enérgico, a las muchachas que no volvieran a visitarnos más, que por nada del mundo regresaran.

Minerva captó a la perfección la inquietud implícita en la orden y respondió preguntando si Trujillo sería capaz de atreverse a ponerles la mano, estando como estaba tan emplazado por los medios de prensa internacionales y por las organizaciones continentales.

Manolo insistió en su recomendación con un énfasis inusitado. Les pidió, además, que se quedaran en Puerto Plata. Que fueran a casa de Chujo Pimentel y encontraran un alojamiento, por modesto que fuere, con lo imprescindible para que se sintieran cómodas. Manolo dijo más. Influido seguramente por el ambiente grato, de privacidad, que la ausencia de los carceleros propiciaba, les razonó a nuestras compañeras que, si se quedaban, nosotros, aunque en la cárcel, podríamos disfrutar de la misma comida que ellas prepararan…

Aquellos diálogos determinaron un estado de ánimo muy especial que nos hizo despedirnos de una manera muy emotiva. Las muchachas se veían radiantes, lindísimas. María Teresa en particular…

Testigos en el juicio

Durante el proceso del juicio a los asesinos, aparecieron cuatro testigos que presenciaron el asalto a las muchachas y a Rufino.

Eso llevó a que mucha gente dijera: «Es verdad, ningún crimen queda impune». Esos testigos fueron José Gabriel Pérez, encargado de la entrega de medicamentos en los hospitales y consultorios de la Caja Dominicana de Seguros Sociales y de Sanidad; Silvio Bienvenido Núñez, chofer del camión; y los ayudantes Tomás Ortega y Romeo Molina.

En el mismo documento del juez de Instrucción del caso, Ambiorix Díaz Estrella, está la declaración de los ocupantes del camión de la Caja Dominicana de Seguros Sociales, los únicos testigos directos del asesinato.

Uno de ellos, José Gabriel Pérez, declaró lo siguiente ante el juez de Instrucción:

> Yo para esa época tenía el mismo cargo que ahora en la Caja Dominicana de Seguros Sociales, que consistía en ser encargado de la entrega de medicinas en los hospitales y consultorios de la Caja Dominicana de Seguros Sociales y de Sanidad en todo el país. El día 25 de noviembre del año pasado estaba en Puerto Plata en dicha misión y al hacérseme un poco tarde, las medicinas que tenía que llevar a Imbert las envié por correo y me dispuse a salir para Santiago a las cinco menos diez de la tarde. Cuando yo me chequeaba en el puesto de Policía a la entrada de Puerto Plata, un jeep nos pasó delante y se chequeó primero que nosotros en el puesto de guardia a la entrada de Long Beach. Un poco más adelante, en el kilómetro 3½, donde hay un puente pequeño de concreto, estaba estacionado un carro Pontiac de color azul y blanco, ocupado por unos hombres, más de cuatro, que después de desmontarse asaltaron el jeep donde iban las mujeres, a las cuales les interrumpieron el paso atravesándoles el carro. Una de las mujeres se desmontó por detrás del jeep, vestida con una blusa amarilla y con una falda marrón, y corrió hacia el camión en que íbamos el chofer Silvio Bienvenido Núñez, y los ayudantes Tomás Ortega y Romeo Molina, el cual estaba detenido al lado derecho de la carretera al observar nosotros lo que acontecía. La señora que se dirigió hacia noso-

tros corriendo nos gritó: «¡Socorro, auxíliennos, son caliés y nos van a matar!». Uno de los individuos venía corriendo detrás de ella y la desprendió del manubrio de la puerta del chofer. Mi compañero, es decir el chofer, le dijo a la señora, «Doña, nosotros no podemos hacer nada». Cuando el sujeto ése la arrastraba, ella me dijo a mí gritando: «Avisen a los Mirabal que nos van a matar». En eso vino otro hombre y ayudó a su compañero a meterla en el carro Pontiac después de la señora tirarse en el suelo y gritar: «¡Que nos van a matar! ¡Que nos van a matar!». El carro inició la marcha y desapareció. En ese momento el sujeto que había desprendido a la señora del manubrio del camión se dirigió hacia nosotros y nos dijo: «Tengan mucho cuidado con hablar, porque si no se joden. Esto es muy delicado, yo voy a tomar la placa del camión por si acaso»; yo, con mucho miedo, me dirigí al individuo y le dije: «No te apures, que nosotros no vamos a decir nada porque trabajo con Villeta», el cual era jefe de Transportación de la CDSS en ese tiempo. El individuo se devolvió y se montó en el jeep de las señoras junto con otro compañero y pusieron al chofer del jeep en el medio iniciando la marcha. En ese instante vino una camioneta de la Secretaría de Agricultura, manejada por un chofer apodado Chulito, quien me preguntó: «José, ¿qué es lo que pasa?», y yo le contesté: «Nada, sigue, sigue». La camioneta siguió para Puerto Plata. Al nosotros iniciar la marcha hacia Santiago, el jeep que iba manejando uno de los caliés se detuvo, nosotros nos detuvimos paralelo y le preguntamos qué pasaba y nos dijeron que siguiéramos adelante, y antes de llegar al kilómetro veintiuno de Santiago-Puerto Plata nos pasó el jeep y lo perdimos de vista…

El puentecito mencionado por ellos recibe el nombre de Mará Picá, y la que se bajó del jeep gritando que eran las Mirabal fue Patria. Lo sé por la descripción de la ropa que llevaba.

En un reportaje publicado en la revista *¡Ahora!* N° 2 del 31 de enero de 1962, bajo el título «La emboscada en que cayeron las Mirabal», dijeron que ellos habían mencionado a Villeta

(Rafael Villeta), jefe de Transportación y Talleres de la Caja de Seguros, porque era hermano de Cholo Villeta, un famoso calié. También señalaron un detalle ocurrido después de haber presenciado el asalto a las muchachas y a Rufino: «Dos kilómetros más adelante volvimos a ver el jeep. Los caliés nos estaban aguardando. Nos echaron por delante. En esa ocasión pudimos ver quién era el compañero de De la Rosa (…). Al llegar a Yásica, el jeep volvió a adelantársenos y no lo volvimos a ver más».

En ese mismo reportaje, los testigos confesaron a la revista *¡Ahora!* el susto que pasaron y el angustioso temor que vivieron los días posteriores, hasta que pudieron «desahogarse»:

> Al otro día (26 de noviembre del 1960), de madrugada, salimos de Santiago por la carretera de San José de las Matas. Vimos un carro estacionado junto a una bodega y uno de mis compañeros creyó ver en el chofer de ese vehículo a uno de los que participaron en el asalto al jeep. Probablemente era así porque, al salir a la carretera de Montecristi para evitar el encuentro con ese automóvil, noté que nos seguían. Esta vez era uno de esos temidos cepillos, que después de haber recorrido muchos kilómetros detrás del camión, decidió rebasarlo para esperarnos, probablemente, en Montecristi.
>
> Aprovechamos esa tonta maniobra del conductor del cepillo para meternos por la carretera de Maguaca, rumbo a Pepillo Salcedo. Íbamos zigzagueando a través de la intrincada red de caminos carreteros de las plantaciones de guineo de la Grenada, rumbo a Restauración y Bánica, en la frontera Noroeste. La noche del sábado 26 dormimos en un sitio denominado Higüerito. Allí ocultamos el camión en un bosquecito y al otro día, por la tarde, llegamos a San Juan de la Maguana.
>
> Aquí fue donde nos dimos cuenta que las jóvenes y el conductor del jeep habían sido asesinados y precipitados, con el vehículo, en un abismo de la carretera que va de La Cumbre de Puerto Plata a Peña, para aparentar un accidente.
>
> (…)

Entonces comenzó para nosotros un verdadero vía crucis de temores, de angustioso silencio... semanas y meses llenos de sobresaltos, esperando que el día que menos lo sospecháramos, íbamos a ser apresados y desaparecidos por el SIM, por la única culpa de haber sido testigos oculares del secuestro de aquellas jóvenes.

En más de una ocasión en que vimos a De la Rosa con Cholo Villeta visitando al hermano de éste, Fello (Villeta), nos escondíamos en su oficina de la Caja de Seguros para evitar el encuentro con el feroz calié y renovar, de esa manera, en la memoria del terrible verdugo, nuestras caras.

Pero si era grande ese temor, más grave nos resultaba el obligado silencio de lo que vimos. Por eso sentimos gran alivio cuando fuimos llamados a declarar en Santiago ante los jueces que instruyen el proceso. Sentimos que nos quitábamos un pesado fardo de encima y nos ofrecimos sin demora a declarar cuanto habíamos visto.

El 26 de diciembre de 1961, el juez de Instrucción se trasladó con los testigos del camión a la cárcel pública de Santiago, a fin de que éstos pudieran identificar entre los reclusos a los que hubieran participado en el hecho ocurrido en el kilómetro 3½ de la carretera Puerto Plata-Santiago.

José Gabriel Pérez declaró:
Yo reconozco al del mechón blanco (Ciriaco de la Rosa Luciano) como el sujeto que manejó el jeep de las hermanas Mirabal después que metieron a una de ellas en el carro. Al indio largo (señalándonos a Emilio Estrada Malleta), como el sujeto que se quedó con el chofer de las Mirabal y que luego se sentó del lado derecho del jeep, dejando en el medio de él y el del mechón al chofer de las Mirabal, y al blanco que parece rubio (señalándonos a Manuel Alfonso Cruz Valerio) como uno de los sujetos que ayudó a entrar a las Mirabal en el carro.

Silvio Bienvenido Núñez expresó:

Yo sólo reconozco al del mechón blanco (refiriéndose y señalando a Ciriaco de la Rosa), ése fue quien manejó el jeep y nos dijo: «Tengan mucho cuidado porque si no se joden, ya yo anoté la placa del camión». De los otros yo no puedo decirle nada porque no me fijé bien.

Tomás Ortega:

Yo reconozco al del mechón blanco (Ciriaco de la Rosa) como el sujeto que manejó el jeep de las Mirabal.

Romeo Antonio Molina:

Yo reconozco al de la matica de canas (Ciriaco de la Rosa) como el sujeto que vino al camión a llevarse a la muchacha y que nos amenazó con jodernos. Al indio largo con la cara flaca (señalando a Emilio Estrada Malleta) lo vi cuando se apeó del carro, y al blanquito que se quedó con las mujeres en el carro y que tenía una cachuchita de las Águilas Cibaeñas (señalando a Manuel Alfonso Cruz Valerio).

Detalles y hechos relevantes sin aclarar

Un detalle de ese trágico día sobre el que se ha especulado mucho es la presencia de un misterioso carro Mercedes Benz, estacionado frente al puesto militar de La Cumbre. El chofer del camión, Silvio Bienvenido Núñez Soto, expresó: «Había un carro Mercedes Benz que me pareció rojo casi frente al puesto militar y tenía dos mujeres dentro, en el asiento de adelante, que estaban solas». Otro de los testigos, Tomás Ortega, dijo: «Había un carro ahí parado (en La Cumbre), pero yo no pude identificarlo bien; sí recuerdo que había unas mujeres dentro, en el asiento de adelante. Yo no vi hombres». Este mismo testigo dijo: «Quiero agregar que después que nosotros íbamos bajando La Cumbre, nos fue siguiendo un carro Mercedes Benz con las luces apagadas y nos persiguió hasta el kilómetro seis de Puerto Plata a Santiago, donde yo no lo volví a ver más».

Romeo Antonio Molina, el testigo restante de los cuatro del camión, expresó: «Cuando nosotros habíamos dejado de ver el jeep, nos persiguió un carro Mercedes Benz con las luces apagadas, cuando bajábamos de La Cumbre».

Muchas veces me he preguntado qué hacían y quiénes eran las mujeres que estaban en el automóvil. Debía haber otro u otros ocupantes; ¿quién, quiénes podrían ser y dónde estaban cuando los testigos del camión vieron el carro estacionado en La Cumbre? ¿Estaba Alicinio Peña Rivera en ese carro? ¿Qué hizo Alicinio inmediatamente después de recibir la llamada de uno de los agentes, designados para cometer los crímenes, informándole que «las visitas» estaban en Puerto Plata?

Alicinio Peña fue el hombre del sombrero en el Mercedes Benz. Al menos eso es lo que yo creo. Los asesinos directos nunca lo delataron. Él era el jefe, mientras que ellos eran sólo matones, subalternos. Lo encubrieron en el juicio. Nunca se dijo quién era el hombre del sombrero grande.

Johnny Abbes, en su versión sobre lo ocurrido, puso a Segundo Imbert en la escena del crimen, con una horrorosa participación. Eso es una falacia. Si a Segundo Imbert lo hubieran sacado de La Victoria para participar en el asesinato de las muchachas, como escribió Johnny Abbes, los otros presos se habrían dado cuenta. Entre el grupo de presos que estaban en La Victoria por motivos políticos existía una estrecha relación. Che Espaillat y Papito Sánchez ocupaban la misma celda en que estaba Segundo Imbert, y Che Espaillat en más de una ocasión me dio testimonio de que Segundo Imbert nunca fue sacado de esa celda. De hecho, el domingo después del asesinato de mis hermanas, Zoila Muñoz visitó a su marido Che Espaillat y fue quien les llevó la noticia del crimen, que les provocó lágrimas y una tristeza enorme. Todos los presos se consternaron y entonces comprendieron que ésa era la razón por la cual a Pedrito lo sacaron de la cárcel el sábado temprano, a raíz del asesinato. Patria había estado visitándolo en La Victoria sólo un par de días atrás.

Conversé también sobre este tema con el doctor Fernández Caminero, quien me repitió lo mismo que Che Espaillat respecto a que en ningún momento habían sacado a Segundo Imbert de La Victoria. No tengo razón para dudar de estos testimonios. Che Espaillat fue antitrujillista desde que era niño. Lo acusaron de haber matado a un calié cruelísimo, de apellido Cabrera. Fue condenado a treinta años de cárcel. Papito Sánchez, Segundo Imbert y Che Espaillat, al estar condenados por delitos comunes, solían tener más libertad que los presos políticos y mayores posibilidades de comunicarse con la gente. En la cárcel ellos hacían la labor de llevarles información a los muchachos del 14 de Junio, que tenían menos posibilidad de movimiento.

En ese mismo reportaje de la revista *¡Ahora!* del 31 de enero de 1962, que antes cité («La emboscada en que cayeron las Mirabal»), se da cuenta de intensos rumores sobre la presencia de un italiano llamado Salvador Perrone en el escenario del crimen de mis hermanas. Se afirma en el reportaje que Perrone le debía favores a Trujillo, pues éste lo había salvado de la quiebra y puesto como administrador de su finca en La Cumbre, por lo que era señalado como un colaborador del dictador. Sin embargo, en el mismo artículo se decía —siempre según rumores— que Perrone en el lugar del crimen había protestado: «¡No hagamos esto! ¿Por qué no las fusilamos de una vez? (…) Por Dios, déjenlas… No somos hombres… Si lo fuéramos, cada uno de nosotros debía pegarse un tiro por lo que estamos haciendo», y según esa versión terminó desmayándose. Este italiano, que había sido un modesto dueño de una factoría de despulpar café, más adelante se ahorcó en el cuarto de baño de su casa, en la sección de El Llano, a pocos kilómetros de donde habían asesinado a las muchachas y a Rufino. Decían que estaba «arrepentido» y no aguantaba el tormento de la culpa.

Indagando también me he encontrado que hay dos versiones sobre el lugar exacto en el que se cometió el asesinato. La primera afirma que el escenario fue los cañaverales de Monte Llano, entre los kilómetros ocho y nueve de la carretera que va de Puerto Plata a Santiago. La segunda dice que fue en una terraza de la mansión La Cumbre. En un artículo del periódico del 14 de Junio, del 30 de agosto de 1962, se dice:

> (…) el criterio popular da casi por sentado que era imposible que los verdugos de las heroínas de Salcedo y su chofer los hubiesen ultimado en los cañaverales del ingenio Monte Llano. (…) Lo real es que la mansión La Cumbre —en lo alto de un promontorio y rodeada de espesos pinares— ofrecía el manto de la impunidad a los esbirros trujillistas.

Por otro lado, el mismo artículo refiere:

> …en Puerto Plata se comenta que el italiano Perrone llegó a La Mansión en el momento de la comisión de los horrendos hechos, por lo cual fue eliminado por la tiranía unas semanas después. Sin embargo se ha señalado que Perrone murió por una enfermedad cardíaca.

Tal vez lo más interesante sobre Salvador Perrone se desprende del interrogatorio que hizo el juez de Instrucción a Cristina Cruz Vda. Perrone, el 5 de febrero de 1962:

P. ¿Es cierto que su esposo murió ahorcado en su casa?
R. No es cierto, mi esposo murió en el hospital.
P. ¿Su esposo, Salvador Perrone, se enteró del lugar adonde habían matado a las hermanas Mirabal?
R. No, señor, él no se enteró de eso.

P. ¿Él era administrador de la finca de Trujillo en La Cumbre?

R. Él fue administrador de esa finca durante un año.

P. ¿Hasta qué fecha fue administrador?

R. Él fue administrador hasta el 27 de noviembre de 1960. Esta no es una fecha precisa, pero fue hasta esos días.

(…)

P. ¿Usted leyó la revista *¡Ahora!*, o sea, la misma que da una versión sobre la participación voluntaria o involuntaria de Salvador Perrone en la muerte de las hermanas Mirabal y de su chofer Rufino de la Cruz?

R. Sí, señor, yo la leí y puse un escrito desmintiendo eso. Es una calumnia que le han hecho a la memoria de mi esposo, pues él era incapaz de cometer un acto de esa naturaleza; además él no podía caminar, pues sufría de callos, y últimamente se le habían hinchado los pies, pues tenía albúmina.

En esas declaraciones, dos datos son altamente significativos: a) Salvador Perrone deja de ser administrador de la finca de Trujillo en La Cumbre dos días después del asesinato, y b) este hombre muere semanas después. ¿Por enfermedad? ¿Suicidio? ¿Asesinado? Cuando leo estos testimonios, y luego de que han transcurrido tantos años, siento con pesar, pero con mi acostumbrado realismo, que quizás nunca lleguemos a saber con exactitud muchos de los hechos relevantes ocurridos el 25 de noviembre de 1960, y quiénes fueron todos los testigos o participantes.

Declaraciones de los asesinos y relato de la Justicia

Los involucrados y responsables de los crímenes trataron de eludir el peso de la ley, y burlar la aplicación de la justicia, con declaraciones que no resistieron las primeras indagatorias del juez de Instrucción, doctor Ambiorix Díaz Estrella.

Alicinio Peña Rivera declaró con descaro: «Yo me enteré de esas muertes cuando me encontraba en mi oficina del Servicio de Inteligencia Militar, al otro día, con el decir popular de que habían muerto en un presunto accidente».

Aseguró que en todo el tiempo que llevaba al frente de la oficina del SIM en Santiago, nunca llegó a visitar el puesto del Ejército Nacional de La Cumbre o La Mansión.

Cuando el juez de Instrucción le preguntó si conocía a las cuatro personas que habían perdido la vida, respondió:

> Conocía solamente a María Teresa y a Minerva, en vista de que éstas estuvieron involucradas en asuntos políticos. A Minerva la conocí cuando fue detenida en Montecristi y de paso a Ciudad Trujillo se detuvieron en mi oficina, y a María Teresa porque vivía en Santiago con su esposo y hasta estuvimos juntos en un pasarrato en una casa de familia. Además, en una ocasión me fue ordenado que citara a ambas en la Oficina de Inteligencia de Salcedo y les comunicara que había sido levantada ya la restricción que tenían de moverse en el territorio nacional y que, en consecuencia, podían ir a donde quisieran libremente.

A la pregunta: «¿Usted tenía conocimiento de que las esposas de Manuel Tavárez Justo y Leandro Guzmán iban a visitarlos semanalmente a Puerto Plata?», su respuesta fue:

> Sí, señor, a mí se me ordenó que le comunicara al Comandante Militar de Puerto Plata que esos presos políticos solamente podían ser visitados por sus padres, hermanos, esposas e hijos, dos veces por semana, cuyos días le fueron señalados distanciados uno de otro en la semana.

De su parte, los ejecutantes de los asesinatos se compusieron para declarar lo mismo. Éstas son las declaraciones de Emilio Estrada Malleta. Las de los otros son casi idénticas, en cuanto a decir que no cometieron el crimen y que ellos entregaron a las hermanas Mirabal al capitán Del Villar en La Cuarenta.

El juez de Instrucción preguntó:

P. Lo hemos llamado nuevamente con el fin de que usted responda a la acusación de asesinato que pesa sobre su persona, conjuntamente con Alfonso Cruz Valerio, Ramón Emilio Rojas Lora, Néstor Antonio Pérez Terrero, Ciriaco de la Rosa y Víctor Alicinio Peña, cometido en perjuicio de Patria, Minerva, María Teresa Mirabal y Rufino de la Cruz. ¿Qué responde usted al respecto?

R. Un día, no recuerdo la fecha, Peña Rivera me dijo que me pusiera a las órdenes del sargento De la Rosa (Ciriaco de la Rosa) alias Chaguito, diciéndome que venía de la capital a recibir unas instrucciones. Cuando llegó De la Rosa salimos al otro día para Puerto Plata y en el camino nos dijo a mí, a Alfonso Cruz Valerio, a Emilio Rojas Lora y a Pérez Terrero que se trataba de prepararles un accidente a las hermanas Mirabal, pero que teníamos que tener mucho cuidado porque el caso era muy delicado por tratarse de mujeres. Ese día las vimos a ellas en Puerto Plata acompañadas de una persona mayor y decidimos regresar a Santiago. Realizamos otro viaje en día de visita y nos devolvimos porque también iban acompañadas de una anciana. A la tercera oportunidad las vimos solas en la ciudad de Puerto Plata y Ciriaco nos dijo que las fuéramos a esperar en las afueras de la ciudad. Nos paramos a la derecha de la carretera a unos cuantos kilómetros de la ciudad. Cuando el jeep de las hermanas Mirabal venía, todos nos desmontamos del carro, a excepción de Pérez Terrero, y Ciriaco le hizo seña de que se detuvieran, el jeep se detuvo y cuando entrábamos las mujeres al carro fue que se apareció el camión que nos vio realizar la operación. Ciriaco se fue en el jeep con el chofer de las Mirabal y nosotros seguimos en el carro con las tres mujeres. Cogimos por la carretera de La Cumbre a Tamboril y las llevamos a La Cuarenta en la capital, adonde se las entregamos al capitán Del Villar. Regresamos después a Santiago, a excepción de Pérez Terrero que se quedó en la capital viendo una chiquita enferma, y no supimos lo que pasó con ellas en La Cuarenta. Aquí en Santiago fuimos a la oficina y al otro día Ciriaco informó a Peña Rivera, porque él no se encontraba en su oficina la noche anterior.

P. ¿Es cierto que usted habló con Peña Rivera desde Puerto Plata?

R. Sí, señor. Yo desde la Policía de Puerto Plata llamé a la oficina de Santiago y hablé con Olivero, pidiéndole que me comunicara con Peña Rivera. Él me contestó: «Déjame ver si lo localizo», y casi seguido, o sea unos diez minutos después, me comunicaron con él. Yo le dije que las visitas estaban en Puerto Plata y él me contestó que Ciriaco tenía las instrucciones y de una vez se cortó la comunicación.

P. ¿Por qué razón si usted tiene instrucciones o, mejor dicho, si las instrucciones de ustedes eran preparar un supuesto accidente en la carretera, las llevaron a La Cuarenta?

R. Nosotros lo decidimos así porque a nosotros nos habían visto en la carretera los señores que venían en el camión y al entregarlas en la capital no dijimos nada de que nos habían visto. Según dijo Ciriaco después, la razón que él le expuso era que en la carretera había mucho tránsito.

P. ¿Ustedes le echaron gasolina al jeep para que hiciera un viaje tan largo?

R. No, señor. Quiero aclarar que el jeep nosotros lo dejamos en La Cuarenta y regresamos en el carro público que andábamos.

P. ¿Al carro le echaron gasolina?

R. No, señor. Quiero agregar que cuando ellos fueron a llevar a Pérez Terrero a su casa de la capital, yo me quedé en un bar de la avenida Tiradentes, comiéndome un sándwich, y después ellos me procuraron en el mismo bar, no sé si en ese espacio de tiempo ellos echaron gasolina.

P. ¿A qué otra persona, además del capitán Del Villar, vieron ustedes en La Cuarenta?

R. Si había más gente, quien pudo haberla visto fue Ciriaco por ser la persona que se desmontó en La Cuarenta a hablar con Del Villar y entregar a las mujeres con su chofer.

P. ¿Qué decían las hermanas Mirabal cuando iban en el camino?

R. Ellas nos preguntaban que para dónde las llevábamos nosotros y que si había algo en contra de ellas, y nosotros les contestamos que no sabíamos nada y que cumplíamos la orden de llevarlas a la capital.

Manuel Alfonso Cruz Valerio, a la pregunta sobre la hora en que llegaron a la capital con las hermanas Mirabal, respondió: «A eso de las ocho de la noche». «¿Cómo explica usted que según el testimonio de los militares que prestaban servicio en La Cumbre, ellos recibieron aviso del vuelco del jeep mucho antes de la nueve de la noche?», le interroga el juez de Instrucción. «Yo no me explico eso», responde el hombre.

Por otro lado, Mateo Núñez, un agricultor residente en Río Arriba, declaró que como a las siete de la noche oyó el ruido producido por el derrumbe del jeep:

Estaba oyendo La Voz de la Reelección en el programa religioso del Santo Rosario, cuando oí un golpe de un vehículo al derrumbarse. No supe lo que pasó porque me acosté después que pasó el tercio. Pero después vinieron las autoridades y una ambulancia que puso la sirena y a mí me vinieron a buscar para ayudar a subir los cadáveres.

Este campesino pudo ubicar la hora del ruido producido por el derrumbe del vehículo precisamente porque estaba escuchando la radio.

Víctor Alicinio Peña Rivera, con rango de teniente, era el jefe de la oficina del SIM en el Cibao. Y, según dijo en el juicio, fue él quien recibió la orden de boca de Candito Torres Tejada, para preparar «el accidente» de las hermanas Mirabal. Para participar en el asunto, trasladaron a Santiago al agente del SIM, Ciriaco de la Rosa.

Todo esto queda claro en el Auto de Envío al Tribunal Criminal, firmado por el juez de Instrucción, Ambiorix Díaz Estrella, y por el secretario ad-hoc, Víctor Manuel Marte, fechado el 20 de febrero de 1962, el cual establece:

> Que desde el otro día de la llegada a Santiago del sargento Ciriaco de la Rosa, le fue facilitado un vehículo y los nombrados Alfonso Cruz Valerio, Emilio Estrada Malleta, Ramón Emilio Rojas Lora y Néstor Antonio Pérez Terrero, del personal del SIM que actuaba aquí en Santiago;
>
> Que el día señalado, probablemente el 18 de noviembre de 1960, Ciriaco de la Rosa y sus cuatro acompañantes se trasladaron a Puerto Plata y regresaron con la información de que no habían consumado el crimen por la circunstancia de que las hermanas Mirabal estaban acompañadas de unos ancianos y unos niños;
>
> Que el día 22, después de un recorrido semejante en el cual también vieron a las hermanas Mirabal, retornaron a la oficina del SIM en Santiago con el mismo pretexto antes señalado;
>
> Que en un viaje que realizó Peña Rivera a la capital de la República, después del día 22 de noviembre señalado, le expuso la situación personalmente al mayor de la Marina de Guerra Cándido Torres Tejada, y éste, después de consultarlo, probablemente con el jefe inmediato Rafael Trujillo Molina, le comunicó a Peña Rivera que la orden debía completarse siempre que las muertes que se produjeran no fueran mayores al límite de cinco;
>
> Que transmitida la orden por Víctor Alicinio Peña Rivera al sargento Ciriaco de la Rosa, éste, en compañía de los sujetos mencionados, Alfonso Cruz Valerio, Emilio Estrada Malleta, Ramón Emilio Rojas Lora y Néstor Antonio Pérez Terrero, se trasladó a la ciudad de Puerto Plata, y al ver el jeep de las hermanas Mirabal en las inmediaciones de la fortaleza, anotaron el número de la placa y lo esperaron en la carretera que conduce a Santiago, a unos 3½ (tres y medio) kilómetros de Puerto Plata;
>
> Que entretanto, Emilio Estrada Malleta, desde el Cuartel General de la Policía Nacional, hizo una llamada telefónica a Peña Rivera, a la oficina del SIM en Santiago, para comunicarle la noticia de que «las mujeres habían llegado» y también en ese

lapso había llegado a Puerto Plata un camión de la Caja Dominicana de Seguros Sociales con cuatro ocupantes, empleados de dicho departamento;

Que las hermanas Minerva, María Teresa y Patria Mirabal, en un jeep que manejaba Rufino de la Cruz, habían llegado a la ciudad de Puerto Plata a las once de la mañana y se habían hospedado en la casa de familia del señor José Eugenio Pimentel Líster (a) Chujo, donde habían comido y después de cambiarse de ropa fueron a la cárcel a las dos de la tarde, permaneciendo hasta las cuatro de la tarde, acortándose su visita en una hora por circunstancias y en forma que no hemos podido esclarecer en la presente instrucción;

Que al salir de Puerto Plata el jeep de las hermanas Mirabal a las 4:50 p. m., hora la cual ha podido establecerse porque ese vehículo pasó o rebasó al camión de la Caja Dominicana de Seguros Sociales cuando este camión se chequeaba a esa hora en el Puesto de Policía, fue detenido por el carro ocupado por los cinco agentes del SIM en el kilómetro 3½, y obligadas las señoras Minerva, María Teresa y Patria Mirabal a montarse en el carro de los secuestradores asesinos, custodiadas por Manuel Alfonso Cruz Valerio, chofer, Ramón Emilio Rojas Lora y Emilio Estrada Malleta, mientras Rufino de la Cruz era colocado entre Ciriaco de la Rosa y Néstor Antonio Pérez Terrero, quien manejaba en el propio jeep utilizado por las hermanas Mirabal;

Que mientras se realizaba la operación señalada, el camión de la Caja Dominicana de Seguros Sociales se presentó al lugar de los hechos y presenciaron sus cuatro ocupantes cuando una de las hermanas Mirabal, tirándose por la parte trasera del jeep, corrió hacia el camión agarrándose a uno de los manubrios, de donde fue desprendida por uno de los acusados, y arrastrada e introducida dentro del carro que utilizaron los miembros del SIM;

Que después de los dos vehículos partir con sus futuras víctimas, en algún lugar del camino que conduce a Santiago, probablemente en la finca o en la mansión de La Cumbre, propiedad de Rafael Trujillo, se consumó el horrendo asesinato de Minerva, Patria y María Teresa Mirabal y del chofer señor Rufino de la

Cruz, mediante el procedimiento de asfixia por estrangulación, después de hacerle perder el conocimiento a cada una de las víctimas, mediante traumatismos en ambos lados del cuello y en el cráneo, como explicaremos más adelante;

(...)

Que lo alegado por los cinco asesinos en el sentido de que llevaron a las víctimas a la capital de la República, donde dicen haberlas entregado al capitán Del Villar en La Cuarenta, pretendiendo eludir la enorme responsabilidad que han contraído, queda desvirtuado por haberse establecido: 1° Que las hermanas Mirabal fueron secuestradas a las 5:00 p.m. y tiradas al abismo a las 7:30 p.m., o sea poco más de dos horas después del secuestro, no habiendo tiempo por lo tanto de efectuar un viaje de ida y vuelta a la capital de la República; 2° Que ésa no fue la orden que les habían dado, sino todo lo contrario, de tirarlas en un abismo en forma que aparentara un accidente, tal como lo hicieron; 3° Que habiendo acordado los acusados ponerse de acuerdo al efecto dicen haberle entregado las personas detenidas al capitán Del Villar, con lo que cierran una investigación al respecto por haberse suicidado dicho sujeto; 4° Que cuando Ciriaco de la Rosa regresó a Santiago, a las oficinas del SIM, le dijo a Peña Rivera que todo le había salido perfecto y que iba a permanecer unos días aquí para que no resultara notoria su llegada y el supuesto accidente*.

En el Sumario de Instrucción y Auto de Envío al Tribunal Criminal asimismo quedó establecido:

Que el tirano que fuera ajusticiado el 30 de mayo del año 1961, Rafael L. Trujillo, fue el autor intelectual del asesinato de las hermanas Mirabal y del señor Rufino de la Cruz, estando por

---

* Auto de Envío al Tribunal Criminal, firmado el 20 de febrero de 1962 por el doctor Ambiorix Díaz Estrella, juez de Instrucción, y por Víctor Manuel Marte, secretario ad-hoc.

tanto extinguida la acción pública en su contra en razón de haber muerto.

Que en los hechos comprobados en la instrucción de la presente sumaria, existen cargos e indicios suficientes para considerar que los nombrados Ciriaco de la Rosa, Alfonso Cruz Valerio, Emilio Estrada Malleta, Ramón Emilio Rojas Lora y Néstor Antonio Pérez Terrero fueron los autores materiales de la muerte de Minerva, María Teresa y Patria Mirabal Reyes y del señor Rufino de la Cruz (…).

Que Víctor Alicinio Peña Rivera y Candito Torres Tejada pueden ser considerados cómplices de los hechos (…), que ambos mediante «abuso de poder o de autoridad» dieron instrucciones para cometer la acción (…).

Que todo miembro del antiguo Servicio de Inteligencia Militar (SIM) puede ser perseguido como autor del crimen de asociación de malhechores (…); en consecuencia procede el encausamiento de Ciriaco de la Rosa Luciano, Manuel Alfonso Cruz Valerio, Emilio Estrada Malleta, Ramón Emilio Rojas Lora, Néstor Antonio Pérez Terrero, Cándido Torres Tejada, Víctor Alicinio Peña Rivera, Sindito Almonte, Silvio Antonio Gómez Santana, Viterbo Álvarez (a) Pechito, David Olivero Segura y Pedro Peña Ortiz, como co-autores del crimen de asociación de malhechores.

En una crónica sobre el juicio, publicada por el periódico *El Caribe*, se recogen las declaraciones en el tribunal de Ciriaco de la Rosa que consternaron al país:

Después de apresarlas las condujimos al sitio cerca del abismo, donde ordené a Rojas Lora que cogiera palos y se llevara a una de las muchachas. Cumplió la orden en el acto y se llevó a una de ellas, la de las trenzas largas (María Teresa); Alfonso Cruz Valerio eligió a la más alta (Minerva), yo elegí a la más bajita y gordita (Patria), y Malleta el chofer (Rufino). Ordené a cada uno que se internara en un cañaveral a orillas de la carretera, separados todos para que las víctimas no presenciaran la ejecución de cada una de ellas. Ordené a Pérez Terrero que permaneciera en la carretera a ver si se acercaba algún vehículo o alguien que pudiera enterarse del caso. Yo no quiero engañar a la justicia ni al pueblo. Traté de evitar el desastre, pero no pude, porque de lo contrario nos habrían liquidado a todos.

Como puede verse, ya en el transcurso del juicio que se inició el 27 de junio 1962, los acusados confesaron cómo prepararon el asesinato y relataron fríamente los detalles espeluznantes del crimen, e incluso algunos se acusaron entre ellos mismos, como ocurrió con Ramón Rojas Lara, quien llega incluso a comparar a Ciriaco de la Rosa con Satanás:

> Aquí va una desgraciada viva —decía Ciriaco de la Rosa, refiriéndose a Minerva Mirabal que aún tenía vida—, deja que lleguemos allí para que la terminemos de arreglar. Al llegar al sitio por donde lanzamos a las Mirabal, Ciriaco se desmontó lleno de cólera. Haló fuertemente a la muchacha que quedaba aún con vida. Era alta y delgada y tenía el pelo recortado casi «a lo boy». Con improperios, De la Rosa la arrastró entre la carretera y la hierba.
> La colocó allí. Buscó el garrote y le cayó a golpes. La remató totalmente. De la Rosa le propinó numerosos garrotazos. Quería estar seguro de que estaba bien muerta. Cuando paró de dar golpes estaba lleno de ira. Cansado, sudando copiosamente. Con la respiración trabajosa. Yo me lo figuraba como la representación de Satanás. Él era verdaderamente uno de los diablos del Servicio de Inteligencia Militar. Se rió a sus anchas. Parecía satisfecho y complacido de su labor criminal. Nos llamó entonces para que trasladáramos los cadáveres de las muchachas al jeep. Lo hicimos así y encendimos las luces del jeep, abrimos el «swiche» y todos lo empujamos hacia el abismo[*].

---

[*] Tony Raful: *Movimiento 14 de Junio, historia y documentos*, Santo Domingo, Alfa y Omega, 2007, segunda edición, pp. 136-137

El juicio fue seguido con profundo interés por todo el pueblo dominicano a través de la televisión y la radio. El proceso tuvo más de treinta audiencias y fue un hecho sin precedentes para la historia de la justicia dominicana. Por fin, el 25 de noviembre de 1962, el magistrado Osvaldo B. Soto, de la Cámara Penal Nacional, dio el dictamen de la justicia dominicana, condenando a Manuel Alfonso Cruz Valerio, a Emilio Estrada Malleta y a Ramón Emilio Rojas Lora a treinta años de trabajos públicos; mientras Ciriaco de la Rosa, Néstor Antonio Pérez Terrero, Víctor Alicinio Peña Rivera y Cándido Torres Tejada recibieron la pena de veinte años de trabajos públicos.

Rafael Valera Benítez (Fefé) fue el procurador fiscal de Jurisdicción Nacional que representó al Ministerio Público. El licenciado Antonio Guzmán fue el abogado que representó a nuestra familia en el juicio, junto a una barra que representaba a la parte civil compuesta por los doctores Héctor Sánchez Morcelo, Ramón Pina Acevedo, Francisco Carvajal Martínez y Miguel A. Vázquez Fernández. El abogado defensor de los acusados fue el abogado de oficio Héctor Barón Goico.

Yo no quería seguir las incidencias del juicio. No soportaba escuchar los detalles ni verles las caras ni oír las mentiras de los asesinos. Así que aproveché que tenía que hacerme un trabajo dental y le pedí a mi cuñado, el odontólogo Tulio Suazo, quien vivía en Nueva York, que me lo hiciera. Allí me fui a mediados de 1962, cuando ya habían empezado a transmitir el juicio. Ésa fue la primera vez que salí del país.

Jaimito compró una televisión grande, y nuestra casa en Ojo de Agua se llenaba de gente para seguir las audiencias. Yo no lo resistía. Sin embargo, antes de irme no me pude contener, porque la curiosidad me picaba, y escuché algunos de los interrogatorios, pero me resultaba demasiado duro revivir la tragedia. No tenía estómago para ver, por ejemplo, al cínico Cruz Valerio, siempre con una risita...

En Nueva York estuve por varios meses, pues decidí no retornar al país hasta que concluyera el juicio.

En relación con el lugar del crimen, estoy de acuerdo con la interpretación que han hecho los catorcistas de Puerto Plata. Tuvo que ser cerca de donde las secuestraron. Pienso que desde que las mandaron a detenerse, mis hermanas hicieron conciencia de una terrible realidad: las iban a matar. Conociéndolas, sé que no iban a quedarse quietas. Sabían que iban al paredón. ¿Iban a permanecer serenitas, a bajar del carro como mansas ovejas y esperar que las asesinaran? Definitivamente, no. Podían intentar bajar los vidrios, gritar, abrir la puerta, saltar del vehículo.

Sólo hay que ver que en el momento del secuestro Patria no perdió tiempo, se tiró por la parte de atrás del jeep, y corrió hacia el camión que apareció, comunicando a sus ocupantes lo que estaba sucediendo. Uno de los secuestradores la arrastró. O sea, que desde antes de que las obligaran a montarse en el otro carro ya ellas iban batallando. Pusieron resistencia, estoy segura. Iban muy estrechos en el asiento, ellas eran tres, se harían sentir; debió entablarse una batalla dentro del carro. Aún era de día, alguien podría darse cuenta.

La Mansión en La Cumbre queda como a cuarenta kilómetros de Mará Picá, el punto en que el grupo del SIM interceptó el jeep. Hasta allá no iban a llevarlas vivas, no hubieran podido controlarlas. Estoy convencida de que los secuestradores las mataron lo más rápido que pudieron y luego trasladaron los cadáveres hasta La Mansión para concluir ahí con los últimos detalles del «accidente»: prepararlas, ponerlas en el jeep, manejar éste hasta cerca del precipicio, abandonar el vehículo y desriscarlo. Según las declaraciones de Rojas Lora, Minerva conservaba algo de vida cuando arribaron a La Mansión, y el mismo Ciriaco de la Rosa se encargó de extinguirla. Es posible, me parece, que esta parte fuera la que presenciara, como testigo involuntario, el administrador de La Mansión, Salvador Perrone.

Durante el juicio seguido a los asesinos, se indagaron los posibles lugares donde pudieron ocurrir los hechos, pero no se encontraron evidencias.

Los catorcistas de Puerto Plata siempre me habían dicho que ellos sabían el lugar donde las habían asesinado. ¡Han pasado tantos años!, y es ahora cuando me atrevo a ir al escenario del crimen para reconstruir con mayor precisión lo acontecido. Voy a Puerto Plata, contacto a Lillian Russo, que siempre fue muy amiga de las muchachas, y a su esposo, Fernando Cueto, catorcista, que fue terriblemente torturado junto con Manolo en La Cuarenta, y a quien antes he citado en estas memorias. Su padre, Fernando Suárez, estuvo a cargo de la organización, junto a un grupo, del movimiento interno de apoyo a la expedición por Luperón en 1949 y pereció en el hecho. Primero nos detenemos en el puente de Mará Picá y caminamos por la plazoleta dedicada a la memoria de mis hermanas, luego seguimos por la carretera unos tres o cuatro kilómetros más.

Fernando Cueto explica que ellos —los catorcistas de Puerto Plata—, apoyándose en las declaraciones de los esbirros y asesinos durante el juicio, así como en el conocimiento que tienen de esta zona, concluyeron que los crímenes fueron perpetrados en el tramo de cañaverales ubicado donde empieza la carreterita de El Cupey, a unos tres o cuatro kilómetros de Mará Picá. Quien va por la carretera y dobla hacia la derecha por esta estrecha vía, queda totalmente oculto.

Fernando me cuenta que esa versión también se basa en lo que supuestamente dijo Ciriaco de la Rosa, a quien después, según él, le remordió la conciencia; se puso casi loco, no podía vivir y se metió a evangélico. Fue entonces, después de concluido el juicio, que declaró que los asesinatos se habían cometido en el cañaveral, en la subida que salía hacia El Cupey.

Mientras caminamos por este trayecto a pocos metros de la carretera Puerto Plata-Santiago, me invade una sensación extraña, de desasosiego y de paz a la vez. Se me ocurre que fue en este lugar donde por última vez ellas vieron el cielo, donde por última vez nos recordaron a nosotros, sus seres queridos, donde vieron la cara demoníaca de la dictadura, personificada en sus verdugos, y donde pronunciaron sus últimas palabras, las cuales nunca conoceremos con certeza.

En este lugar de horror, estoy segura que ellas tuvieron algún bello pensamiento para la vida que tanto habían amado, y que en parte encarnaba en sus hijos, en mamá, en mí, en sus esposos, en los amigos… y en la fuerza única de la libertad.

XII

El destino de los asesinos

A pesar del claro esfuerzo por hacer justicia, sobre todo durante los primeros años posteriores al asesinato, en la memoria colectiva de nuestro país pesará por siempre la vergüenza de que la mayoría de los que participaron en el crimen murieran en sus camas, salvo Johnny Abbes y Cruz Valerio, asesinados por Francois Duvalier en Haití en oscuras circunstancias.

Trujillo cometió ignominiosos crímenes durante treinta años. Pero fue el asesinato de las hermanas Mirabal el que provocó mayor conmoción en todo el país. Distinto a otros casos, de éste se enteró todo el mundo inmediatamente. La terrible noticia se regó como pólvora, despertando conciencias dormidas, y selló la suerte del dictador. Me cuenta Ernesto de la Maza, sobrino de Antonio de la Maza, que el padre de éste, un viejo muy guapo de Moca, a quien ya le habían asesinado un hijo, les recriminaba a los otros hijos que le quedaban: «¿Es que ustedes no tienen cojones?, ¿seré yo quien tenga que ir a matarlo? ¡Mátenlo! ¡Mátenlo!». Cuando se enteró de lo que le había pasado a las muchachas exclamó: «¡Ya! ¡Lo mato porque lo mato!».

De primera intención, se hizo justicia por el asesinato de mis hermanas y de Rufino. Los matones, aquellos que ejecutaron el hecho, fueron condenados a treinta años, y a veinte los que dirigieron la trama de manera directa.

Después de los acontecimientos de 1963, en los que perdió la vida Manolo, yo fui a visitar a Leandro, que permanecía preso en la fortaleza Ozama. Lo habían apresado en medio de la represión que se desató contra el 14 de Junio, organización que se había opuesto al golpe de Estado dado a Juan Bosch y que, al producirse el mismo, no vaciló en luchar contra las fuerzas golpistas. El encarcelamiento impidió que Leandro participara en la guerrilla. Por él me enteré de que Alicinio Peña Rivera era un preso privilegiado. No lo tenían en La Victoria, como correspondía, sino ahí, en la fortaleza Ozama. De los veinte años a los que fue condenado sólo cumplió unos cuatro.

Se cuenta que durante la revolución de 1965, cuando Montes Arache entró a la fortaleza, se encontró con Peña Rivera. «¿Qué tú vas a hacer conmigo?», preguntó el preso. Montes Arache le dijo: «Vete». Más adelante llegó Fafa Taveras con un grupo y parece que estaban dispuestos a matar a los asesinos de las hermanas Mirabal y a otro criminal de la dictadura, Félix W. Bernardino, preso también en la fortaleza, pero no pudieron cumplir con su propósito. Los dos se escaparon a nado por detrás. Alguien les había facilitado esa salida.

Parece que el plan de asaltar la fortaleza y matar a estos criminales andaba rondando la cabeza de algunos catorcistas desde que se enteraron de que los mantenían en condiciones privilegiadas en esa prisión.

Uno de ellos le contó una vez a Minou que elaboraron un plan de asalto a la fortaleza y que cuando llegaron a comunicarle los detalles de la operación a Manolo, éste se opuso firmemente. Que les dijo: «¿Pero ustedes están locos?». Les explicó que si habían luchado tanto por la justicia y la democracia no podían ahora actuar con los mismos métodos que combatían, ni replicar las conductas que repudiaban. Esa anécdota retrata de cuerpo entero al Manolo que conocí: coherente, íntegro, puro hasta el sacrificio.

Candito Torres, el que trajo la orden de la capital a Santiago y que se fue del país cuando salieron los Trujillo, aún reside en Estados Unidos. Cuando estuve en Nueva York, en el año 1961, fui invitada por una amiga a una casa en Queens. Al llegar encontramos a los presentes muy nerviosos. Luego, la misma amiga me contó que Candito Torres había estado en ese mismo sitio y que se había marchado a toda prisa cuando le dijeron que yo iba para allá.

Durante el gobierno provisional posterior a la revolución del 1965, Neit Nivar Seijas soltó a los asesinos de mis hermanas que aún permanecían en prisión. Nosotros nos alarmamos, escribimos cartas de protesta. No nos valió de nada. El jefe de la guardia en La Victoria, un militar de apellido Despradel, declaró cínicamente que alguien con una voz parecida a la del Presidente llamó y le ordenó liberar a esos presos. Se marcharon del país y la mayoría de ellos se fue a vivir a Estados Unidos. ¿Cómo consiguieron visas y residencias en ese país si eran prófugos de la justicia dominicana?

Aquí sólo permaneció el llamado Rojas Lora, quien era nativo de Salcedo. Le decían Caifás. Recuerdo que el día del juicio Jaimito le gritó «¡Caifás!», y él volteó la cara, nervioso. Ese hombre fue el que mató a María Teresa. Nos enteramos que había sido policía en La Cementera porque el esposo de una hermana de Jaimito tenía un cargo importante en esa empresa. Cuando se lo informó a su jefe, éste lo que le respondió fue: «¡Vaya usted y denúncielo!». Eso nunca se hizo. Pasó el tiempo y no volví a saber nada más de él.

Hace unos cinco años vino a visitarme un señor y me informó que Rojas Lora había muerto, que se cayó en Los Mina, donde vivía, y que murió a consecuencia del golpe. Más recientemente, el doctor Alcibíades González, quien es oriundo de Salcedo y ha escrito un libro sobre las hermanas Mirabal y Rufino, me contó algo distinto. Un día llegó a su clínica, ubicada en la zona oriental de Santo Domingo, un hombre enfermo, recomendado por un médico militar de alto rango, el doctor Clarence Charles Dunlop, asesor médico de Balaguer.

La recomendación estaba dirigida a otro doctor González, que no estaba en ese momento de servicio, por lo que el doctor Alcibíades lo atendió. Al enterarse del nombre, Emilio Rojas Lora, quedó profundamente impresionado por la coincidencia. El enfermo vivía en Villa Faro y sufría de un cáncer avanzado del que poco después murió. Pasado un tiempo, un día llegó a la clínica una joven en labor de parto. Había que hacerle una cesárea y no tenía dinero. Ocurre que era hija de Rojas Lora. El doctor Alcibíades escuchó las amargas quejas de la mamá de la joven: Rojas Lora no le había dejado nada, salvo muchos problemas. El doctor Alcibíades, fervoroso admirador de las Mirabal, le hizo la cesárea a la joven, pensando para sus adentros en las vueltas que da el destino.

A Rojas Lora lo enterraron en el cementerio de San Isidro. Pérez Terrero está enterrado en Enriquillo.

Ciriaco de la Rosa y Estrada Malleta vivieron juntos durante un tiempo en Lawrence, Massachusetts. Ambos eran adictos a los juegos de azar, peleaban, discutían en los casinos, hasta que finalmente se separaron, y Estrada se fue a vivir a Miami. Allá lo entrevistó Freddy Beras Goico, también en la misma ocasión en que entrevistó a Angelita Trujillo y a Alicinio Peña Rivera. Vi esas entrevistas y se me revolvió el estómago porque casi son ellos los que aparecen como víctimas. ¿Qué se les está trasmitiendo con esos reportajes a las futuras generaciones?

Alicinio Peña Rivera se fue primero a vivir a Puerto Rico, pero después se radicó en Miami. En 1991, siendo Balaguer presidente, se atrevió a venir públicamente al país con la intención de presentar un libro sobre Porfirio Rubirosa en la Biblioteca Nacional. Es decir, un asesino de mujeres escribiendo una apología sobre un gigoló, un vividor de mujeres.

El periódico *El Nacional* publicó una entrevista suya en la que Peña Rivera decía: «Después de veintiséis años vengo con mi conciencia tranquila». Minou le escribió una carta durísima a Radhamés Gómez Pepín, director de ese diario. Nos presentamos en televisión, protestando. La reacción de indignación fue de tal magnitud que se vieron obligados a suspender el acto de lanzamiento del libro que habían organizado en la biblioteca. Al otro día, en el aeropuerto, hubo un lío. Lo sacaron del país bajo protección de no se sabe quién. Aunque en Palacio anunciaron que le habían renovado el impedimento de salida que pesaba sobre él, el mismo fue enviado al aeropuerto después que el avión con el asesino a bordo había despegado. La prensa estuvo ahí para reportar esta nueva ignominia.

Reproduzco aquí el texto de esa carta publicada por *El Nacional*, el 24 de agosto de 1991, porque recoge la opinión de nuestra familia y porque provocó una extraordinaria reacción popular de repudio:

Apreciado señor Director:
El dolor, el verdadero, el profundo, anda siempre callado. Quizás por ello nuestra familia ha vivido en silencio su dolor. Pero después de leer con indignado estupor las declaraciones a toda página del señor Víctor Alicinio Peña Rivera, nombre que me quema los labios tanto como las manos al escribirlo, no puedo menos que hacerle llegar algunas reflexiones, con la confianza de que serán acogidas por usted con el respeto que merecen los hombres y mujeres que sí han dado por la Patria lo mejor de ellas y ellos mismos. No puedo negarle que me sorprendió hasta la indignación el despliegue con que fueron acogidas por usted las declaraciones de un asesino convicto, confeso y prófugo de la justicia dominicana. Y esto porque por muchos años he admirado la defensa que ha hecho ese periódico de la ética, la moralidad y la justicia, valores éstos que han sido de sobra agredidos desde la titulación misma del citado reportaje hasta su última línea, aparentemente bajo la pretensión de una «objetividad periodística».

¿Sería mucha ingenuidad esperar que se le diera a ese señor el tratamiento que le corresponde por dictamen de la justicia dominicana: el de asesino de las hermanas Mirabal? ¿O es suficiente que ello sólo esté implícito en una frase tan ambigua como la única que se utiliza para definirlo: «juzgado como cómplice y condenado en 1962 a veinte años por la muerte (no por el asesinato, m.t.m.) de las hermanas Mirabal»? ¿Por qué darle un manejo periodístico como si se tratara de un político que regresa de un exilio inmerecido? ¿Por qué no se resalta como noticia el que se le haya dejado entrar libremente al país y/o quiénes tienen la obligación de determinar su situación legal como criminal —no cualquier criminal— prófugo? ¿No tienen en *El Nacional* periodistas y archivos para, siendo así de verdad objetivos, haber incluido junto a sus declaraciones una historia del juicio en el que se le condenó? Lo más objetivo del reportaje, lo único que contrasta con el texto, es el rostro burlón y cínico de Peña Rivera, quien primero tendría que tener conciencia para poder tenerla limpia.

¿Cómo hubiera tratado la prensa israelí a un asesino nazi que se vanagloriase con semejante desparpajo? Y el caso de Israel es bueno traerlo a colación porque, inmersos como estamos en esta inconsciencia colectiva frente a la impunidad, olvidamos que todavía hoy buscan los judíos por todo el mundo a los delincuentes nazis, para condenarlos por sus crímenes más de cincuenta años después. Los asesinatos no prescriben. No pueden prescribir. Cada vez que veo a mi pequeña hija, o a las hijas de mi hermano, y pienso que mi madre, Minerva, no podrá conocerlas jamás, se renueva en mí la indignación por ese crimen no prescrito.

La premura y los afanes cotidianos en el ejercicio periodístico o la obsesión competitiva por captar el *rating* en la televisión y en los últimos titulares no deben llevar al extremo de que nuestro periodismo termine promoviendo la iniquidad y lacerando el sentimiento de su propia audiencia.

Me resisto a creer, señor Director, que este tratamiento de la información, así como la estrategia de falsedades e imprecisiones que recorre todo el texto, tenga como objetivo manipular la opinión pública para desligar a ese señor de un crimen que no podrá ser borrado jamás de la conciencia nacional, aunque miles de reportajes y comparecencias públicas así lo pretendieren.

Me preocupa muchísimo más la tónica de este reportaje porque me recuerda que el intento de Peña Rivera por «limpiarse» de sus crímenes se inició hace tiempo, y también recibió excelente acogida en una entrevista igualmente «objetiva» que le hiciera Freddy Beras Goico en *El Gordo de la Semana*. Al día siguiente de dicha entrevista, una de mis alumnas en la Universidad me pidió que le dijera el nombre de los «verdaderos» asesinos de mi madre y sus hermanas, puesto que ella había visto en la televisión a un señor que le pareció «inocente».

Ante el programa de Freddy y ante este reportaje, vale cuestionarse cuáles son las normas éticas que rigen la objetividad periodística y a cuáles intereses ésta sirve en determinados momentos. En esta ocasión no me parece que esté precisamente sirviendo a la justicia dominicana, que anda ya de por sí demasiado atropellada. Ni tampoco —como debería ser— a la formación de nuevas generaciones que no han conocido en carne propia el horror y la indignidad que ahora nos restriega con arrogancia este señor.

Esos jóvenes no vieron el juicio en el que fue condenado Peña Rivera por el asesinato de las hermanas Mirabal. Tampoco yo pude verlo porque tenía seis años y porque mi abuela, en su infinito dolor, apagó para siempre la radio de nuestra casa. Pero sí lo vieron los que tienen hoy más de cuarenta años y ellos podrán decir si a ese juicio histórico puede denominársele «circo romano», y si no fue evidente la culpabilidad de quien estuvo en la carretera Santiago-San Francisco de Macorís la tarde del 25 de noviembre de 1960, dándole seguimiento por radio a los ejecutores sobre los detalles del crimen. Es culpable quien, esa misma noche, se reunió con los ejecutores en el kilómetro siete de la carretera Santiago-Licey, en la casa de descanso de un tal doctor Bornia, para recibir todos los detalles y transmitírselos «con lealtad y adhesión» «...a la persona y gobierno del Caudillo» (las citas y las mayúsculas son de Peña Rivera en la declaración).

No es más que una burla de este señor quejarse de que se le trató injustamente. Él, precisamente él, que era la mano tenebrosa de Johnny Abbes y Trujillo en el Cibao, y que no tomó jamás en cuenta los derechos de los miles de dominicanos muertos y torturados por la maquinaria represiva y criminal de la que formaba parte importante.

Como ciudadana y como hija de dos abogados que dieron la vida por alcanzar una verdadera justicia, estoy obligada a enfrentar el calificativo de «circo romano» con el que este señor quiere ensuciar ahora una de las pocas ocasiones en la que se utilizaron los tribunales para el ejercicio democrático de la justicia, ¡y cómo no hacerlo!

Hace poco un amigo de mi padre me contaba que presos Peña Rivera y sus cómplices antes del juicio, él y otros amigos le propusieron a mi padre hacer justicia con sus propias manos, a lo que Manolo indignado les respondió: «Tenemos que dar el ejemplo haciendo un juicio democrático que castigue a los culpables». Mi padre se negó así a utilizar los métodos criminales de la tiranía que ahora quiere hacernos olvidar Peña Rivera.

Si en aquellos momentos sólo mi padre y unos pocos creyeron en la imparcialidad y en el derecho a la justicia, enalteciendo con ello nuestros tribunales, ahora, en nombre de las tantas familias que lloraron sus muertos con dignidad y decoro, escribo para que se respete la verdad. Y para que no olvidemos quiénes son los verdaderos responsables de una muerte todavía impune. Escribo también para que no sea olvidado el sacrificio de la vida de las hermanas Mirabal y de mi padre.

La justicia, los medios de prensa y la sociedad dominicana tienen la palabra.

Minou Tavárez Mirabal

Alicinio murió no hace mucho de cáncer en Puerto Rico. Cuando me enteré de su muerte, se me escapó una exclamación festiva: «¡Murió esa bestia!». Jaime David, que estaba conmigo, me miró con reprobación: «Mamá, mamá…». Ciriaco de la Rosa murió en Lawrence, Massachusetts, Estados Unidos. Se había cambiado el nombre a Chago. El único que sigue vivo, que se sepa, es Estrada Malleta.

A lo largo de estos años se dieron curiosas coincidencias. En 1974 mi hijo Jaime Enrique se fue a vivir con Josefina, su esposa, a la ciudad de Lawrence, en Massachusetts. Apenas comenzaba la gran emigración de dominicanos hacia allá. Nada más mudarse les llegó la noticia: «Aquí viven Ciriaco de la Rosa y Estrada Malleta. Tienen un carro rojo marca tal». Jaime Enrique, que tiene un temperamento parecido al del papá, se obsesionó, y hasta se compró una escopeta recortada y la guardó en la casa.

Un domingo en que fue a comprar algo a la bodega vecina, estaba ahí un señor que le pareció raro y notó que el dueño de la bodega se puso muy nervioso. Entonces vio que afuera estaba estacionado el carro rojo y sintió una corazonada y se dijo: «Éste es uno de los asesinos». Regresó a toda prisa a la casa a buscar el arma, pero en ese lapso el dueño de la bodeguita le avisó al esbirro: «Vete, que ése es un sobrino de las Mirabal». Ciriaco de la Rosa salió corriendo y, por suerte, cuando mi hijo regresaba con su arma, sólo alcanzó a verlo doblar por la esquina a toda velocidad. Lo persiguió, pero no lo pudo alcanzar. Esa noche amaneció haciendo guardia, casi congelado por el frío que hacía, con su escopeta recortada al hombro. De la Rosa no regresó a Lawrence mientras mi hijo estuvo viviendo allí. Aunque por esa misma fecha los visité para ayudarles con su primer hijo recién nacido, no me contaron nada de lo ocurrido para no preocuparme.

Durante el gobierno de Donald Reid Cabral se llevó a cabo un programa de indemnizaciones a víctimas de la dictadura, que incluía a las viudas de los que mataron a Trujillo. Se hablaba de 400,000 pesos, lo que era una suma considerable para la época, pues el dólar y el peso estaban a la par. Nos propusieron incluirnos entre los beneficiarios y nos negamos, aunque sí hicimos gestiones para que a la viuda de Rufino le otorgaran una compensación, hasta que finalmente le asignaron una modesta mensualidad.

Por alguna vía, que no recuerdo ahora con precisión, le mandaron a decir a mamá que el Gobierno estaba dispuesto a ayudarla con la educación de los niños. Su respuesta fue tajante: «Muchas gracias. Yo no vendo mi sangre».

Aparte del famoso telegrama que daba cuenta del «accidente», en el que no mencionaban a Minerva por su nombre sino como una víctima «no identificada», hay otras extrañas borraduras que me vienen a la memoria y que no quiero dejar de mencionar porque ignoro si ocurrieron por azar.

Al momento de ir a pagar los impuestos sucesorales de mamá y de mis hermanas, encontré con sorpresa que faltaba el expediente de Minerva. Lo buscamos por todos los archivos posibles, pero nunca apareció.

Algo similar ocurrió con el anuario del colegio Calasanz, publicado para la graduación de Nelson. En la casilla del padre dice: «Pedro González», y en la de la madre omitieron el nombre de Patria. Sólo escribieron «Q.E.P.D.».

Poco a poco aprendí que el tiempo es el único paliativo para los grandes dolores. Después de la tragedia de mis hermanas, las fibras del rencor murieron en mí. Yo no guardo rencor, pero cultivo la memoria. Diría mamá que así es mi temperamento. A través de los años he recibido sin discriminación a balagueristas, comunistas, perredeístas, a personas de todos los credos filosóficos y variadas orientaciones políticas.

Una vez, en la primera campaña de Jaime David para senador, una amiga organizó en su casa una actividad para recaudar fondos. En el transcurso de la recepción se me acercó un señor y se presentó: «Doña Dedé, ¿cómo está usted? Yo soy Flicho Palma». Claro que lo había reconocido. Se trataba de un

calié de primera, que había sido vecino nuestro durante el trujillismo. El hombre había comprado un boleto de contribución y
allí estaba. No pude hacer otra cosa que devolverle el saludo, pero
mi mano se negó a extenderse para estrechar la de aquel hombre.

A la muerte de Alicinio, no pude reprimir la alegría. Recuerdo que aunque yo no conocía personalmente a Ramón Antonio Veras (Negro), el prominente abogado sobreviviente de Los
Panfleteros de Santiago y un firme defensor de los derechos humanos y ciudadanos, se me ocurrió llamarlo y proponerle que
celebráramos juntos la muerte de Alicinio.

No he olvidado. Aún hoy me siguen doliendo los acontecí-
mientos que cambiaron para siempre la vida de mi familia y de
mi país. De mi madre aprendí que el perdón es un sentimiento
que a los humanos nos da paz. No se cansaba de repetirnos que
si tienes odio y rencor, eso mismo es lo que expresas en todo. Sin
embargo, ella también me enseñó que si bien es saludable perdonar, el perdón no incluye la complacencia ni el ablandamiento
ante la impunidad.

¿Cómo se perdona el saqueo del país, el robo al pueblo
pobre e indefenso? ¿Cómo se tolera eso? Un hecho así no puede
quedar sin castigo. ¿Cuántas son las personas que se han enri-
quecido a costa de este pueblo infeliz? No, definitivamente no
podemos permitir que se confunda perdón con impunidad, o que
la respuesta ante los crímenes de sangre o de corrupción sean la
indiferencia y la apatía.

XIII

LOS ACONTECIMIENTOS POLÍTICOS SIGUEN TOCÁNDONOS

En 1965, en medio del fragor de la Guerra Civil, en la finca de Pedrito mataron a cuatro revolucionarios que habían venido a atacar el cuartel de San Francisco de Macorís y fueron delatados por el trabajador que llevaba la leche desde la finca al pueblo. En el cuartel asesinaron a otros dos. Ahí murieron Edmundo Díaz Moreno, hermano del ingeniero Rubén Díaz Moreno, catorcista que había caído con Manolo, y Sóstenes Peña Jáquez, otro destacado catorcista.

Militares, comandados por un coronel de apellido Perelló, penetraron a la casa de Pedrito y destruyeron todo. Él tuvo que salir huyendo con su nueva esposa y con Raúl. No encontraban adónde ir y se refugiaron en casa de mamá. A pesar del distanciamiento y de las fricciones que habían surgido entre nosotros, él pensó que era el lugar más seguro. De aquí siguieron a casa de tío Fello en Jarabacoa. Fueron momentos muy tensos y difíciles para mamá y para mí.

Jaimito, de su parte, convirtió su camioneta en un medio de transporte para llevar a la capital a la gente que quería ir a sumarse a la lucha por el retorno a la Constitución de 1963. También llevaba plátanos y otros alimentos para los constitucionalistas, con muchísimo trabajo y riesgo para su vida.

De hecho, casi ni lo veíamos pues, al igual que Pedrito, tuvo que esconderse para que no lo mataran. Nelson y yo le decíamos a todo el mundo que se había ido a Puerto Rico, pero como era tan temerario se metía a la casa por una ventana a riesgo de que los amiguitos de Jaime David lo vieran y lo contaran. Aquí se escondía o se iba donde Uca, una prima que vivía por Santana, hasta que lo apresaron. Permaneció dieciocho días en la cárcel. Yo fui a denunciar su detención ante un representante de la OEA, el cual, por cierto, me contó que había conocido a Manolo en una misión anterior al país.

Al día siguiente de que lo soltaron, llegó Nelson tempranito con la noticia de que se iban a robar el ganado de su papá. Jaimito lo acompañó. Buscaron unos camiones y trasladaron todo el ganado de la finca de Pedrito a la nuestra, hasta que las cosas se tranquilizaron.

El triunfo de Balaguer en las elecciones de junio de 1966 fue un golpe duro de asimilar. ¡Ganar Balaguer en este país después de lo que había sido su papel durante la tiranía! Todavía estaban demasiado frescos en mi memoria el asesinato de las muchachas y la inmolación de Manolo. Jaimito había hecho campaña abierta en contra de Balaguer, a pesar de que yo no quería que participara en política. Pero ¿de qué servía oponerme, si nunca podía convencerlo?

Hay una anécdota de esos días que ahora me hace sonreír, pero que refleja la atmósfera de descontento que vivíamos. En el funeral de tío David, un primo de mamá que murió al día siguiente de las elecciones, coincidí con varias mujeres catorcistas. Gritábamos y llorábamos a mares. Alguien me comentó que no sabía que yo quería tanto a ese tío y no me atreví a confesarle que estaba desahogando la rabia que sentía. Que Balaguer, el «muñequito de papel», triunfara, me hirió el corazón. ¡Qué situación más frustrante! Nada en política me ha dolido tanto como ese hecho.

Durante el régimen de los doce años de Balaguer, mi casa, en Ojo de Agua, fue asediada con allanamientos, supuestamente buscando las armas del 14 de Junio. Insistían que estaban aquí, en el tanque de agua del patio —¡qué animalada: armas dentro del agua!—, o entre los cacaotales. Buscaban por dondequiera. En total, sufrimos veintiocho allanamientos a cualquier hora del día o de la noche. Una vez allanó la Policía y a la hora siguiente vino el Ejército a allanar de nuevo. Nos querían amedrentar, supongo, pero a Jaimito, con el temperamento que tiene, sólo lograban molestarlo más. Temíamos que lo mataran si las cosas seguían así.

Si no fuera por la gravedad del asunto diría que era cosa de risa, pues el abuso llegó a tal extremo que una vez que andaba yo vendiendo seguros por San Francisco de Macorís, me encontré con Orlando Camilo, el responsable por la fiscalía de acompañar los allanamientos, y me dijo: «Qué casualidad, Dedé, vengo de tu casa. Como ustedes no llegaban tuvimos que proceder con el allanamiento».

Cuando llegué a la casa descubrí que se habían llevado, como si se tratara de un documento subversivo, un periódico dedicado al primer aniversario del asesinato de las muchachas. Incluía las biografías de ellas y otras fotos importantes. No pude controlar la indignación, así que arranqué para la fortaleza y de allí no hubo forma de sacarme hasta que me lo devolvieron.

Temiendo lo que pudiera ocurrir, una vez, no recuerdo si fue durante la Revolución de Abril o ya en tiempos de Balaguer, en una de las habitaciones de la casa cavamos y acondicionamos un subterráneo. La entrada quedaba disimulada bajo la cama. Allí no teníamos armas, pero pensábamos que serviría para escondernos si la situación lo ameritaba. Mientras estábamos en el proceso de sacar la tierra y regarla en el cacao para que no se notara, entró corriendo Ramón Paja a avisarnos que los guardias estaban llegando a allanar. No me quiero acordar de eso. Del pobre Rarrá, el señor que estaba haciendo la puerta del subterráneo, colocando los colchones de las camas por aquí y por allá para despistar a los guardias. Nos queríamos morir del susto. Por suerte, esa vez los guardias no revisaron las habitaciones.

Otro día que Jaimito no estaba aquí, llegaron por la madrugada a hacer un allanamiento. Yo me levanté corriendo, escondí la pistola de Jaimito bajo mi blusa. Uno de los guardias me preguntó por las armas y yo le respondí que no había. Entonces él me señaló: «¿Y ésa que usted se entró ahí?». No me quedó más remedio que sacármela y aunque les mostré el permiso de porte se la llevaron. Nunca la devolvieron. Ahora puedo contar esto y hasta reírme, pero fueron momentos muy difíciles. Cuando me dijeron «Pase su pistola», temblaba. «El miedo es libre, Dedé, hay momentos en los que sientes miedo sin poder evitarlo, más si sabes que te pueden torturar o matar», me decía Jaimito luego.

En esos tiempos de Balaguer, siempre había guardias merodeando por los alrededores de la casa. Por eso les prohibíamos a los niños que jugaran en el patio después de la seis de la tarde.

Hubo momentos en que Jaimito llegó a tener uno o dos fusiles ocultos. Yo me ponía nerviosa y, para despistarlos cuando se acercaban un poco al lugar donde las teníamos escondidas, les decía: «Vengan a buscar bien en estos armaritos» y me temblaban las piernas. Después Jaimito me tranquilizaba: «No te avergüences, Dedé, hasta a mí, cuando vi que andaban cerca del escondite, se me cayeron los cigarrillos de la mano».

Pero los momentos de mayor peligro los pasó Jaimito en Nagua. Él siempre anheló tener una finca más grande que la de El Indio, pues aunque había nacido en el pueblo, le gustaba la tierra tanto como a mí. Vendimos un ganado y pedimos un préstamo al banco para aprovechar una oportunidad de comprar los derechos de unas tierras cerca de Nagua a una viuda que los tenía desde 1909. Al tipo de finca que adquirimos le decían «sitios». Era una sabana entre dos lagunas que únicamente servía para cultivar arroz. La compra nos salió por muy buen precio. Jaimito niveló la tierra, aró, sembró y organizó la finca. Allí se agravaron los problemas. Como yo seguía viviendo aquí en Ojo de Agua y sólo me enteraba de algunos sucesos, le pedí que me contara en detalle lo que pasó por esos días:

> Salí a buscar tierra por Los Jengibres y me topé con ese mundo de tierra, de 50,000 a 60,000 tareas, que eran de varios dueños. Hice las gestiones y adquirí la tierra, pero cuando por ahí vieron el arroz que cultivé, un arroz que metía miedo de tan bonito, la gente empezó a interesarse y a meterse. Después de hacerle caminos, un rancho, una pista de aterrizaje para los aviones de fumigar y un puente de palos para un «flumen» [desvío de aguas acumuladas], empezó el coronel Juan René Beauchamp Javier, que era de Nagua, a envidiarme la finca y a ponerme cortapisas. Él le había quitado tierra, u obligado a vendérsela a bajo precio, a los Llibre, a Mariano Palmero —un español de Pimentel— y a Agustín Polanco, entre otros.
>
> Pusieron a correr el rumor de que yo era un hombre peligroso, que estaba casado con una Mirabal, que era comunista, que la pista era para que los aviones de Fidel Castro aterrizaran, entre otras cosas. ¡Yo, comunista! Lo que quería era trabajar, tener mucha tierra, y eso no les gusta a los comunistas.
>
> Dos o tres años atrás hubo por ahí una célula guerrillera en la que había participado Rafael Chaljub Mejía. Yo ignoraba eso. Como a veces me pasaba de largo, por mano del diache se me ocurrió poner una cruz grande, pintada de blanco, a la entrada de la finca. Ahí empezó otro chisme: esa cruz era la señal para orientar a los aviones de Fidel Castro.
>
> Me tenían vigilado porque decían que de noche yo recibía espías. La realidad era que en la finca había tantos mosquitos que si te quedabas tranquilo te cubrían de pies a cabeza. Así que por las tardes yo salía a tomar tragos, a bailar, a enamorarme, a bru-

juliar, cosas de hombres… No voy a decir que fuera un santo ni un pavo viejo. Dedé estaba tranquila en Ojo de Agua. Eso pensaba yo.

En el cruce de Los Jengibres había un caserío en el que vivía Eva Chaljub con su padre, buenos amigos míos. Ocurre que anda por ahí un sargento de la aviación llamado Emeterio Javier, primo de Beauchamp Javier, que le cuenta a una cuñada que el coronel le había prometido que si me mataba lo iban a ascender y le iba a conseguir una casa en San Isidro. La señora mandó a Eva Chaljub, esposa del músico Tatico Henríquez, a alertarme. Me fui por Abreu y vine a Tenares, decidido a poner la situación en conocimiento de alguien que pudiera detenerla.

Antes de yo enterarme de esto, un día había visto al sargento en una curva. Estaba uniformado y se quedó medio a medio de la carretera. Le pasé cerca. Si yo hubiera sabido que su intención era matarme, lo arrollo con el vehículo.

Un coronel amigo mío, el médico Humberto Hernández, me llevó adonde el jefe de Estado Mayor, el general Pérez Guillén. Éste reunió a unos cuantos generales y coroneles para que me oyeran, y me hizo hacerle un recuento desde que yo me casé con Dedé. Le conté todo, incluso que a Jaime Enrique lo habían apresado en Nagua una vez que vino a traer unas cosas a la pulpería que teníamos.

El general Pérez Guillén me dijo: «Vete tranquilo a Salcedo. Luego te mando a buscar con un oficial serio».

Días después supimos por el noticiero que la familia del sargento Emeterio Javier había denunciado que el sargento había salido de la casa y que nunca más había vuelto. Les mandaron a decir que le hicieran los nueve días.

Beauchamp Javier era amigo mío por delante y por detrás daba órdenes de matarme. Los hombres no me asustan, pero a Beauchamp lo había visto tan cínico con una risita que ni Trujillo… Lo había conocido en una casa de Nagua. Tan simpático, me agradó. Pero luego me informaron: «¡Cristiano, si hace media hora que dijo que, por si las moscas, te eliminaran!».

Seguir con la vida y con la brega diaria

Después de la muerte de mis hermanas, mamá cerró la puerta del frente de la casa, y nunca más la volvió a abrir. Su vida se circunscribió al interior del hogar y al jardín. Más de veinte años duró este encierro. Incluso sus salidas a misa fueron excepcionales. Otras salidas especiales eran a visitar a su nieto Raúl, en Macorís, o cuando fue a ver su finca recuperada, a posesionarse, pues esa propiedad se la habían confiscado cuando apresaron a las muchachas.

Se pasaba el día con un rosario en la mano, sembrando y arreglando el jardín. Mientras estuvo de pie, nunca dejó de trabajar. Eso le daba vida. Cuidaba a los nietos. Bregaba con los secaderos de cacao. Manejaba la finca de ganadería.

Los nietos decían: «Mamá Chea es bruja», porque mientras ellos jugaban se les aparecía por dondequiera, con su rosario y una correa para darles sus fuetecitos, porque eran traviesos y se encaramaban en los abundantes árboles frutales que ella misma había sembrado: nísperos, cajuiles, mangos, tamarindos, caimitos, toronjas, mandarinas. También hacían bellaquerías a la gente que pasaba por la carretera. Cuando los muchachos con sus travesuras la desesperaban, les decía: «Ustedes están de su cuenta porque la que quedó viva fue Dedé. ¡Si es Patria, sí que los pone a ustedes en regla!». Y es cierto que Patria, aunque tenía un carácter muy bueno, era al mismo tiempo la más estricta y disciplinada de nosotras.

Quizás uno de los problemas más serios que debimos enfrentar, el cual se prolongó por largos años, produciéndonos a mamá y a mí todo tipo de mortificaciones, fue el conflicto con el Estado y con Pedrito y su segunda esposa por la propiedad de la finca en San Francisco de Macorís. Ese proceso nos costó largos años de lucha, de gestiones, en un país como el nuestro en el que los tribunales trabajan con excesiva lentitud, pero más que nada fue doloroso para todos, especialmente para los hijos de Patria y Pedrito, que considero como míos.

A pesar de que yo estaba convencida de que, como dice el refrán: «Es mejor un mal arreglo y no un buen pleito», mamá estaba muy dolida e insistió en llevar la litis hasta el fin. Si hubiéramos llegado a un acuerdo, del tipo que fuera, ella habría muerto más tranquila, habría tenido tiempo para sentirse dueña de su finca, con sus papeles legalizados, y dejársela a los nietos como era su deseo. Pero la vida no es un ensayo, no es posible dar marcha atrás.

Lo más triste es que cuando por fin los tribunales fallaron a su favor y se lo conté, casi ni reaccionó, pues la arteriosclerosis la había afectado mucho. Nunca pensamos que el litigio iba a durar tanto tiempo, dañando para siempre la relación de nuestra familia con Pedrito.

Aun con el fallo de la justicia a nuestro favor, seguimos confrontando dificultades con los papeles de la finca que no aparecían. Luego nos enteramos de que el extravío del expediente se debía a que Alicinio Peña Rivera había iniciado algunos trámites para sacar el título a su favor.

Los intereses son demasiado peligrosos para la unidad de una familia. Cuando hay bienes, todo debe estar bien claro y manejarse con completa transparencia. Muchas veces me quejo con mis hijos y los acuso de que no me ayudan lo suficiente, porque a partir de esa experiencia he dedicado muchos esfuerzos a legalizar todos los documentos del patrimonio familiar y a ponerlos al día. No quiero dejarles más problemas de ese tipo. Al fin y al cabo, como se dice en el campo, nadie se lleva cosas materiales al cielo y «la mortaja no tiene faltriqueras».

CUARTA PARTE

TIEMPO DE PRESERVAR LA MEMORIA

XIV

CRIAR LOS NIÑOS NOS DIO VIDA

Mamá sobrevivió veinte años a la muerte de las muchachas. Juntas hicimos la labor de infundir en los niños y niñas de nuestra familia un aliento de superación. Nos ocupamos de que crecieran en un entorno lo más parecido al normal y en una atmósfera natural para su desarrollo. Me hubiera gustado que ella viviera un poco más para que disfrutara la evolución de sus nietos. Manolo la preocupaba un poco porque tenía un carácter rebelde y travieso. ¡Cuánta satisfacción habría sentido si hubiera visto la bonita familia de ese nieto que ella adoraba y todos sus éxitos como empresario!

Si algo le dio fuerzas y estímulo a esa última etapa de su vida fue haber tenido que criar a esos niños pequeños que, a veces, con sus travesuras, la desesperaban. «¡No me van a enloquecer!, yo no me voy a dejar poner loca», decía.

Los niños, atenderlos, explicarles la tragedia de su familia sin que esto los afectara sicológicamente, sin rencor, sin odio; criarlos bien, sin lástima, tal era nuestra gran responsabilidad.

Nos fuimos adaptando a sus necesidades de crecimiento y a las vocaciones de cada uno, todas distintas. A la muerte de mis hermanas, algunos de nuestros hijos ya eran adolescentes, pero los más estaban pequeños y requerían mucho cuidado y atención.

Esa responsabilidad para con los hijos y las hijas de mis hermanas y los míos fue lo que nos obligó a continuar y, no me canso de repetirlo, fue lo que nos mantuvo en pie a mamá y a mí después de la tragedia.

Jacqueline y Raúl tenían a sus respectivos padres. Pero Minou y Manolito no. Nosotras nos preocupábamos particularmente por ellos dos, pues una vez nos enteramos que un militar había comentado en Salcedo: «Miren, ése es el hijo de Manolo. Mejor matarlo ahora cuando aún es chiquito». ¡Virgen santísima, qué preocupación! Mamá no se despegaba del muchachito. Desarrolló hacia él una sobreprotección parecida a la que había tenido con la salud de María Teresa. Me di cuenta a tiempo y le dije a mamá que si seguíamos criándolo así, lo convertiríamos en un inútil. Decidimos enviarlo, y a Jaime David, al colegio Evangélico de Santiago, como internos. Ahí estudiaban como cualquier otro niño. Los profesores fueron buenos y comprensivos con ellos, con la hiperactividad de Jaime David y con el carácter difícil de Manolo. Tomaron en cuenta cada situación particular y los ayudaron en su formación básica.

En realidad, con los niños todo iba bien. Sus travesuras eran normales; sus juegos y ocupaciones eran comunes a las de otros muchachos de su edad. Se encaramaban a los árboles, coqueteaban con el peligro, jugando a la gallinita ciega en el laurel grande del patio, y a veces fastidiaban a alguien que pasaba por la carretera. Mamá era un poco más fuerte y exigente con ellos; yo, un poco apoyadora. Jaimito y yo los llevábamos a la finca, y de paseo a la playa. Tratamos de darles una vida normal. Nada de lástima ni de pobres huerfanitos. Eso nunca.

Raúl vivió con su padre hasta la muerte de éste, en 1972, entonces decidimos llevarlo a la capital a vivir con Nelson, que ya se había casado. Tonó, que se ocupó con nosotras de criarlos y cuidarlos, que fue otra mamá para ellos, puede ofrecer una imagen del ambiente en que crecieron nuestros hijos:

Todos estaban siempre juntos, no sólo los de Minerva, Patria y María Teresa, también los de Dedé. Eran como hermanos, discutían, peleaban, jugaban. Jaime David era de los más activos; a Minou le gustaban mucho los libros y se dejaba dar de los otros más fácilmente. Jaime Enrique y Jimmy eran los más grandes; todos iban y venían de una casa a la otra; Jacqueline estaba más tiempo donde Dedé, pero venía para acá los fines de semana. Nunca se separaban; doña Chea quería tenerlos juntos a todos... Después que murieron las muchachas, también yo me sentía responsable de ellos, era mi deber ayudar a doña Chea.

Tonó los consentía a todos. Se preocupaba por la comida que les gustaba a Nelson y a Noris, por la «alegría de coco» para Manolo, el asopao de pollo para Minou, los mangos lechosos para Jacqueline. Vivía para que cada uno se sintiera bien. Todavía hoy ella los espera con sus dulces favoritos y los complace a todos. Pero su debilidad siempre fue Manolo, que vivió desde bebé en nuestra casa y de quien es la madrina.

No sé cómo, pero logramos desarrollar una familia unida en la que mamá era el eje de todo, e infundía respeto con su disciplina y buenas formas. Logramos que se traten y se quieran como hermanos y se han comportado siempre como lo que nos propusimos que fueran: parte de una familia totalmente integrada.

Hoy que son adultos y están bien encaminados por la vida los veo y me digo: «Tienen buen corazón, buenos sentimientos, son honrados y trabajadores; se han ganado el respeto de quienes los conocen, se quieren mucho entre ellos y mantienen relaciones excelentes. ¿Qué más puedes pedir, Dedé?».

Nelson Enrique, Noris Mercedes y Fidel Raúl Ernesto

De los hijos de Patria y Pedrito, Nelson, que ya estudiaba en la universidad a la muerte de su madre, siempre se ha distinguido por su carácter correcto. Es bueno de corazón y tímido. «Tú eres el ejemplo», le repetía yo. Nació en un hogar feliz y heredó de Patria la disciplina y la organización. Sólo hay que ver cómo tiene colgada la ropa en su closet. Sus pantalones, camisas, pulóveres… ordenados perfectamente. Así era Patria, extremadamente organizada y detallista. Si había un bailecito y Noris no tenía el lazo apropiado para adornar su cabeza, Patria prefería que no fuera.

A mí me preocupaba mucho Nelson, pues temía que lo marcara la desgracia. Era suficientemente grande como para sufrir y tener conciencia de todo lo que violentó la vida de su familia: la destrucción de su hermoso y cuidado hogar por parte de los caliés, la prisión de su padre y la suya propia, el asesinato de su madre… Él, contra todos mis temores, logró sobrepasar las trágicas y terribles circunstancias de su adolescencia. Ha sido un hombre trabajador y tan responsable que, cuando decidió divorciarse, con los hijos ya grandes, me dijo con preocupación: «Mamá Dedé, pero ya yo no voy a ser más el ejemplo para los demás». Entonces le aconsejé que no tenía por qué preocuparse ni sacrificarse, que si la decisión era para su bien, pues que lo hiciera.

Sus hijos mayores, Patricia y Nelson Enrique, ya han formado familia propia y las dos menores, Eva y Sara, cursan estudios universitarios en Florida.

Al momento de la muerte de Patria, Noris no había cumplido dieciséis años y estudiaba en el colegio Inmaculada Concepción, en La Vega. Yo acompañaba a Patria a visitarla y a compartir con las monjas las celebraciones importantes del colegio.

Con un temperamento noble, de carácter suave y afectuoso, Noris no se queja jamás de nada; ni siquiera en los momentos difíciles que le ha tocado vivir. Siempre te espera con una sonrisa abierta y cariñosa. Estudió Secretariado en el colegio

Luis Muñoz Rivera y desde mediados de los noventa trabaja en la secretaría de Medio Ambiente. Cuando la veo, ya con sus tres hijos —Patria Mercedes, Francis Ernesto y Cristóbal Enrique— y ocupándose hasta el detalle del cuidado de sus varios nietos, pienso en Patria, en lo rápido que transcurre la vida.

Raúl, el más pequeño de los hijos de Patria, se graduó como ingeniero industrial. Nelson siempre le ha dado seguimiento y apoyo, sobre todo ayudándolo a superar una adolescencia un poco rebelde. Hijo de Patria al fin, heredó su temperamento comprensivo, organizado. Es sumamente trabajador, algo tímido y reservado, pero con un excelente sentido del humor. En la actualidad tiene una compañía que suple equipos de seguridad industrial. De su matrimonio con una mujer excelente y muy capaz, Ana Amaya Hernández, ha procreado a Raúl Ernesto y a Patria Marie, ya universitarios.

Son también mis hijos y a veces, cuando los miro haciendo sus vidas útiles y tratando de construirse su propia felicidad, siento que los ojos de Patria los miran a través de los míos.

Minou y Manolito

Como he dicho antes, tan pronto asesinaron a Minerva, mandamos a Minou al colegio Inmaculada Concepción. En esos momentos de tanto peligro —en el lapso entre la muerte de Minerva, en noviembre de 1960 y la excarcelación de Manolo, en julio de 1961— pensamos que la niña estaría más protegida y cuidada con las monjas. Además así no se interrumpía su educación, ya que su madre había prestado siempre gran atención al desarrollo de la capacidad intelectual que veía en Minou.

Después, Manolo decidió llevársela a la capital y la niña vivió con su padre hasta que él pasó a la clandestinidad, cuando ocurrió el golpe de Estado a Juan Bosch, en el año 1963. Manolo entonces me mandó a buscar para encargarme a Minou. Ese año los inscribimos, a ella y a Manolito, en el colegio Sagrado Corazón de Salcedo.

Minou siempre ha sido superinteligente. Se lo sabía todo en el colegio. Desde muy pequeña leía mucho y era muy responsable en los estudios. Recuerdo que como a los doce o trece años, con los veinticinco centavos que le daba mamá para la merienda, en vez de gastarlos en refrescos o galletitas, compraba los periódicos para leerlos. De hecho, leyó todas las obras de la biblioteca de Minerva. Era, eso sí, un poco distraída. Vivía tan metida en su mundo que alguien una vez dijo que tal vez no era normal. Mamá ordenó: «¡Cállense, que es igualita a la mamá!, pero eso no se le puede decir a ella. Si se lo dicen va a ser peor, porque entonces va a querer imitarla».

Se graduó de bachiller como a los quince años y también de una escuela comercial aquí en Salcedo, donde la habíamos inscrito para hacer un secretariado. En eso Emma y doña Fefita, la hermana y la madre de Manolo, empezaron a decir que la muchacha debía irse a la capital a estudiar. Mamá se resentía un poco con eso, pero Minou se fue, y como no tenía edad para entrar en la universidad, se inscribió en una escuela comercial que dirigía Consuelo Despradel.

Mamá empezó a preocuparse porque decía que Emma le daba a Minou libros sobre la revolución, los Tupamaros, y otros de temáticas parecidas. Yo diría que, de alguna manera, Emma Tavárez se había quedado al frente del 14 de Junio a la muerte de su hermano y luego de la partida a México de Leandro, quien encabezó la organización por poco tiempo. El grupo que había estado opuesto a que Manolo se fuera a la montaña medio se apartó. No quedaban líderes, la organización empezó a desmoronarse y a fragmentarse rápidamente. Luego, Emma pasó a formar parte del Partido Comunista Dominicano (PCD).

Recuerdo una vez que Minou trajo unos libros de política y sobre el Che Guevara a la casa. «¿Y qué es eso?», preguntó mamá, y los tiró a la letrina. Ella, que los estaba leyendo, se cansó de buscarlos por todas partes, pero más nunca aparecieron. «¿A meterle eso a Minou en la cabeza? ¡Eso no es verdad que va a ocurrir!», decía mamá.

A Minou, una jovencita llena de ilusión por la justicia, con una herencia como la suya, la ponen a leer todos esos libros políticos y la acercan al PCD. Sería por el influjo de su tía Emma. Eso nos preocupaba. Una vez nos enteramos de que Minou iba a asistir al Festival Mundial de la Juventud, en Moscú. En esa época ella se había hecho muy amiga del asesinado periodista Orlando Martínez, quien estaba muy activo en sus opiniones por la democracia y contra Balaguer. Eran años de una gran represión. Asesinaron a muchos jóvenes que se perfilaban con liderazgo. Teníamos razones para preocuparnos. Me opuse al viaje: «Minou no va para allá. Es menor de edad. A ésa me la entregó Manolo, ella es mi responsabilidad», me planté yo frente a Emma.

Creo que fue ahí cuando mamá, tratando de sacarla del peligro, se decidió a enviarla a estudiar inglés y Secretariado Bilingüe a Canadá, aunque tenía dieciséis años. Al regresar se inscribió a estudiar Letras en la UASD y consiguió un buen trabajo en la compañía Holanda Dominicana. Mamá, realista siempre, decía: «Ése es el empleo que ella necesita para que gane unos pesos. Que estudie Literatura después, que de eso no se vive». No es que la nieta le pesara de ninguna manera, sino que mamá pensaba que a través del trabajo se aprendía a ser responsable.

A Minou le interesaba seguir estudiando y poco después me informó que le habían otorgado una beca para irse a Cuba. Yo dije que sí porque pensaba que duraría un año o dos. En 1981, cuando mamá murió, ella no había terminado la carrera y no pudo venir al entierro, así que fui a Cuba con el propósito de acompañarla unos días. Yo no entendía lo que estaba estudiando y le pregunté qué era eso. «Mamá, Filología es el estudio de las lenguas y de la literatura», me explicó ella. A los cinco años vino graduada, pero retornó otro año a Cuba, a hacer una especialidad en Literatura Hispanoamericana.

A su regreso al país intentó conseguir trabajo en la Universidad Autónoma de Santo Domingo, sin embargo no la dejaron ingresar, le cerraron todos los caminos. Consiguió entrar como profesora de Literatura a la universidad APEC. Ahí adquirió fama de ser una profesora exigente, a la que hay que estudiarle mucho. Está muy bien preparada intelectualmente.

Cuando relato esto, puede parecer que hice presión para que los muchachos se abstuvieran de participar en política, y no es así, aunque debido a lo que habíamos pasado, es natural que tuviéramos temores. Reconozco que sí les manifestaba: «No los quiero a ustedes en política. Si nuestros familiares dieron sus vidas… ya nosotros hicimos lo que nos tocaba, ya pagamos una altísima cuota de sangre por la libertad de nuestro país». Lo mismo le decía a mi esposo cuando se metió al PRD.

En los noventa Minou ingresó al Partido de la Liberación Dominicana (PLD), del que mi hijo Jaime David ya era dirigente y senador. En el período 1996-2000 desempeñó funciones de vicecanciller. En 2006 fue reelecta para un segundo período como diputada al Congreso Nacional por la capital. Tiene una hija, Camila Minerva, y un varón, Manuel Aurelio.

Manolo, después de varios años en el colegio Evangélico, donde hizo algunas bellaquerías por las que casi lo expulsan, se fue a estudiar al Instituto Superior de Agricultura (ISA), donde estudiaba Jaime David desde hacía dos años. Ambos obtuvieron el título de bachilleres en Ciencias Agrícolas.

Como los muchachos empezaban a graduarse, mamá decidió comprar una casa en la capital con un amplio solar. El propósito fue que allí vivieran Jaime David, Manolo, Raúl y Jacqueline, pues Minou estudiaba en Cuba. Jimmy contrajo matrimonio y también se fue a vivir con ellos por un breve tiempo.

Mientras estudiaba Ingeniería Industrial en INTEC, recuerdo que Manolo consiguió empleo por breve tiempo en el Instituto Agrario Dominicano (IAD), hasta que tuvo la suerte de trabajar y adquirir una importante experiencia profesional en el INFOTEP. De ahí lo mandaron a Brasil a observar la elaboración de briquetas a partir de la cáscara de arroz, una experiencia que le fue de mucha utilidad, porque a partir de entonces decidió establecer en el país una empresa innovadora en el área de energías renovables: Briquetas Nacionales.

Siempre digo que Manolo es el que heredó el espíritu empresarial y la visión de comerciante de papá. En los negocios le ha ido muy bien. Aparte de ser un empresario agroindustrial, representa en el país a algunas casas brasileñas de maquinarias industriales y ha incursionado con éxito en el negocio del turismo en Las Terrenas, Samaná. Con su esposa, Clara, una mujer extremadamente trabajadora, han procreado a Minerva, Minou y Talía.

Con lo exigente que era Minerva y con la educación que quería para sus hijos, los veo y me pregunto si estaría conforme, si habría aprobado mis métodos educativos. Yo estoy tan satisfecha con Minou y Manolo, mientras observo a cada uno dar lo mejor de sí en su área a su país y a la sociedad, que casi la escucho responderme: «Sí, Dedé, aunque no te lo encomendé, sabía que harías bien tu trabajo de madre suplente».

Jacqueline

Desde que María Teresa estuvo en prisión me hice cargo de Jacqueline. A Jaimito le dice papá; a Leandro, papi. Fue una niña buena, que nunca nos dio tormento. A veces tosía durante la noche, entonces yo le untaba trementina en el pechito y el olor la aflojaba tanto que Jaimito me decía: «Oye, Dedé, pero es verdad que ése es un remedio bueno, mira como la niña no sigue tosiendo». Jacqueline fue la hija que nosotros no tuvimos y a la que queríamos ponerle ese mismo nombre.

Nosotras, cada una, teníamos nuestro carácter, pero María Teresa era bondadosa en exceso. Creo que Jacqueline heredó la bondad y hasta un poco de la ingenuidad de su madre. Sus hermanos se burlaban de ella porque creía todo lo que le decían.

Asistió a la escuela en Ojo de Agua hasta el cuarto curso y siguió en Salcedo hasta el segundo de bachillerato, cuando decidimos que cursara los dos años finales en el colegio Inmaculada Concepción.

Al terminar el bachillerato la enviamos a estudiar inglés al Lady Cliff College en Nueva York, situado cerca de West Point. Luego estudió Administración Hotelera en Boston. Con la ayuda de su padre terminó esta carrera y decidió irse a Madrid y a la Costa del Sol, en España, a hacer su pasantía. Al regresar a Santo Domingo se integró a trabajar con Leandro, que por ese entonces había incursionado en el negocio hotelero.

Me resulta simpática la anécdota de cómo conoció a Fernando Albaine, su esposo, porque me recuerda el decir popular de que el amor es ciego. Ella se había mudado para trabajar en un hotel de su papá en Puerto Plata. En una ocasión le dio varicela, casi una gravedad, y se le apretó el pecho, como le sucedía a su mamá. Fernando fue el médico que la trató y desde que la vio se enamoró de ella a pesar de que estaba horrorosa, llena de llagas y en el hueso. Contrajeron matrimonio y se han quedado a vivir en Puerto Plata.

Siempre digo que Jacqueline es la hija que toda madre quisiera tener, emprendedora, de buen gusto y solidaria con sus hermanos y con todo el mundo. Es un poco tímida, y aunque odia hablar en público, adora hacer amistades. Ha formado con su esposo, un hombre bueno y muy familiar, una linda familia de dos hijos: María Teresa y Leandro Arturo.

Si no la matan a los veinticinco años, María Teresa habría tenido varios hijos, pues siempre dijo que quería una familia grande. Creo que mi hermana me la entregó porque también estaba segura de que Jacqueline nunca sería como mi hija, sino que sería *mi hija*, la que ella tuvo y nombró por mí.

Mis tres Jaimes

Cada uno de mis tres hijos biológicos también hizo su propio camino. La actitud hacia el trabajo y la dedicación es una cualidad compartida por los tres.

Jaime Enrique no fue demasiado estudioso y salió medio enamorado, como su papá, hasta que se casó con Josefina Salcedo Canaán, su actual esposa, que ha sido como otra hija para mí. Se fueron a vivir un tiempo a Estados Unidos, donde nació su primer hijo. Esa estancia en Estados Unidos fue una escuela para mi hijo, según él mismo dice, y le sirvió para su trabajo al regresar al país.

Aunque no se ha dedicado de lleno a la política, tiene vocación para esa actividad. Fue militante del PRD, pero rápidamente se desencantó de ese partido.

La vida lo pone a uno frente a encrucijadas difíciles. Una de esas situaciones peculiares fue la que se presentó en las elecciones del año 1986 y que tuve que manejar con delicadeza de madre: Jaime Enrique era candidato a senador por Salcedo por el PRD y Jaime David era el jefe de la campaña provincial del PLD. De noche, después de sus actividades proselitistas, llegaban a esta casa y se ponían a conversar. Tenía temor de que discutieran, sobre todo por ese temperamento tan fuerte que Jaime Enrique heredó de su padre. Por suerte, Jaime David es algo más tolerante, siempre lo ha sido y nunca hubo malos entendidos entre ambos.

Para la campaña Jaime Enrique tomó unos meses de licencia de su trabajo en la Cervecería Nacional Dominicana. Cuando terminó, no lo aceptaron en la empresa. Entonces se asoció con Jimmy para poner una tienda de efectos eléctricos en Santo Domingo. Después se independizó y se ha dedicado también al negocio de equipos eléctricos.

Además de Wanda, la hija de su primer matrimonio, Jaime Enrique tiene con Josefina a Jaime Enrique, Jaime Nelson y José Enrique.

De Jaime Rafael recuerdo las muchas cosas graciosas que hacía cuando niño, como una vez, en clase, cuando la maestra preguntó: «¿Quién fue el libertador de Cuba?», y Jimmy respondió enseguida: «¡Fidel Castro!».

Jimmy, como le llamamos, siempre fue un buen estudiante, despierto y capaz. Estudió en el liceo Emiliano Tejera en Salcedo. Entró a la Universidad Católica Madre y Maestra a estudiar Ingeniería Electrónica. A punto de graduarse, alrededor del año 1973, debido a una crisis que sacudió la universidad, decidió terminar la carrera en INTEC, en la capital. Aunque mientras estudiaba trabajó en Guridi Comercial, poco después de graduarse nos dijo: «No nací para ser empleado». Nos preguntó si lo apoyaríamos por dos o tres meses, hasta que pudiera establecerse de manera independiente y le respondimos afirmativamente, pero no fue necesario darle nada porque al segundo mes nos hizo saber: «No voy a necesitar dinero, ya yo levanté vuelo». En la actualidad tiene una compañía de instalaciones eléctricas llamada Electrón S.A., y representa en el país a varias empresas internacionales.

Jimmy es el más abierto y amistoso de mis hijos, y posee una aguda capacidad analítica, de respuestas sagaces y con un gran sentido práctico de la vida. Recuerdo que monseñor Vinicio Disla me comentó en una ocasión: «Yo creía que de tus hijos era Jimmy el que iba a ser político». Le gusta viajar y disfrutar de los buenos vinos y de los mejores autos.

Conoció a Mayra Corominas, su esposa, durante sus años como estudiante de INTEC. Mayra ha sido un gran apoyo para él en todos sus proyectos. Tienen tres hijos: María Teresa, que es abogada; Jaime Rafael, ingeniero eléctrico, y Pedro David, estudiante de Administración.

De algunas de las ocurrencias de Jaime David, mi hijo menor, tengo imágenes muy vivas. A la edad de cinco años, cuando todavía no podía tener conciencia del peligro, veía guardias y les corría atrás voceándoles: «¡Guardias trujillistas!». Jacqueline lo seguía a él. Debo decir que entre las cosas que he disfrutado más a plenitud en la vida está la infancia de Jaime David y Jacqueline.

Algo que distinguió a Jaime David desde pequeño fue su disposición natural hacia el liderazgo. Los otros niños lo respetaban y le prestaban atención, como cuando les decía: «¡Qué es eso de andar jugando bola en los caminos, vayan a jugar béisbol».

Desde su adolescencia se convirtió en un líder comunitario. En 1977, organizó en Ojo de Agua los primeros Juegos Hermanas Mirabal, a cuya inauguración asistió el Secretario de Deportes de entonces.

El doctor Concepción, amigo de la familia, solía decir: «El heredero de Minerva fue Jaime David». Y es que, siempre, y de manera espontánea, prestó atención a la memoria no sólo de sus tías Patria, Minerva y María Teresa, sino también de Manolo.

Jaime David cumplió su sueño de estudiar Agronomía y graduarse en el ISA. Aunque cursó el primer año de universidad en el Centro Universitario Regional del Nordeste (CURNE), en San Francisco de Macorís, no se adaptó al sistema de estudios de la UASD, por lo que se trasladó al INTEC, donde se graduó de médico. Luego, en España, se especializó en Salud Mental, y después viajó a Trieste, Italia, para conocer los métodos modernos aplicados en Psiquiatría.

Al regresar a República Dominicana lo nombraron especialista en Salud Mental en Santiago. De allí venía dos días a la semana a trabajar gratuitamente al hospital de Salcedo. Consiguió que los italianos le apoyaran un programa modelo para enfermos mentales, con el objetivo de que se integraran a la sociedad y salieron del encierro en que los tenían sus familiares.

Como había hecho muy buenas amistades en Trieste, lo invitaron a trabajar allí con las cooperativas de enfermos mentales. Antes de partir, contrajo matrimonio con Carmen Lisette Campos Jorge (Lissy), una pediatra con profunda vocación médica, quien lo acompañó en ese viaje. Concluido el año, lo contrataron para trabajar en Centroamérica, junto a un equipo de médicos italianos, con los refugiados de las guerras que azotaron a esa región. Para las elecciones de 1990 su partido lo escogió como candidato a senador y tenía que viajar al país casi todas las semanas. En dos ocasiones fue electo senador por la provincia Salcedo, donde llevó a cabo numerosos proyectos de desarrollo, salud, medio ambiente y lucha contra la pobreza. Para estos fines puso en movimiento las amplias relaciones que había ido estableciendo con organismos de las Naciones Unidas y otras agencias de cooperación internacional, hasta 1996, cuando resultó electo vicepresidente de la República.

Jaime David y Lissy han procreado tres hijos: Adriana, y mis nietos más pequeños, los mellizos Antón David y Carmen Adela.

Mamá se apaga

Jaime David compartió mucho con mamá, sobre todo los últimos años de su vida. La admiraba mucho, pudo darle amor y cariño, y estableció con ella un vínculo muy estrecho, tanto que aún hoy es común oírlo citarla en sus discursos. «Todos luchamos por la igualdad, pero no todos somos iguales, como decía mamá Chea», suele repetir. Cuando ella murió, él la lloró como nadie.

Mamá vivía para sus nietos. Cuando ya estaban en el colegio o en la universidad, los esperaba impaciente: «Ya hoy es viernes. Ya vienen», decía. Cuando estaban por llegar Minou, Jacqueline, Manolito, Jimmy, Jaime David…, quienes a veces traían con ellos compañeros de estudio o amigos, mamá le decía a Tonó: «A esos muchachos les gusta comer mucho, prepárameles sus antojos». La llegada de sus nietas y nietos la ponía contenta. Trataba de ser igual con todos; lo que le compraba a uno, incluyendo a los míos, se lo compraba a los otros.

Paradójicamente, pues ella había llevado el apodo de Chea toda su vida, odiaba los sobrenombres: «No me les pongan apodos a los niños, que eso le quita personalidad a la gente», decía, cuidando como las gallinas a sus pollos. A Jimmy, por ejemplo, siempre lo llamó Rafael.

Los domingos nos reuníamos en su casa. Era un día de mucho ajetreo, de preparaciones. Los muchachos hacían travesuras cuando se juntaban todos. Cuenta Tonó que en una ocasión en que se pusieron a tirar cáscaras de mandarina hacia la carretera hubo un chofer que se enfureció muchísimo, y empezó a vocear insultos a la familia. Mamá no se inmutó, se paró en la marquesina y le dijo: «Es que ellos son medio locos porque a sus mamás se las mataron cuando estaban chiquitos».

En 1978, mamá se rompió una pierna al caerse de la cama. Desde entonces, rehusó caminar y pasó los últimos años de su vida en una silla de ruedas. Yo trataba de que se esforzara y diera algunos pasos por la casa, pero ella me decía: «No, Dedé, ¿caminar para caerme otra vez? Yo ya prefiero esperar aquí». Tampoco aceptó programas de rehabilitación. Se sentaba en su silla de ruedas cerca de la puerta, esperando que le lleváramos las orquídeas florecidas de su colección. Se llenaba los bolsillos de maíz para los pollitos que se acercaban. Cada vez que la recuerdo, me consuela pensar que quizás en esos años el dolor se le fue adormeciendo. La madrugada del 20 de enero de 1981 le dijo a Tonó que se sentía mal, con náuseas. Tonó salió a buscar un Alka-Seltzer, pero cuando regresó ya mamá no respiraba.

Desde la muerte de las muchachas, siempre venían muchas personas a visitarla. Había un grupo de mujeres de Puerto Plata que nunca dejó de venir a verla, año tras año, pues como ya he dicho antes, ella no salía. Sólo fue a la misa del primer aniversario de la muerte de sus hijas. Aquí, a la casa de Ojo de Agua, vino apenas una vez a ver a Jimmy que se había roto un brazo. Pensé que iba a llorar, pero cuando encontró todo tan bonito, tan bien conservado, se alegró y recordó sus días felices.

Otras muchas veces, sin embargo, la imagen de ella que me viene a la memoria es la de cuando, refiriéndose a la tragedia que se llevó a tres de sus hijas y a Manolo, me preguntaba: «Dedé, ¿cómo yo soporto todo este dolor?».

Ahora, cuando los domingos o los aniversarios nos reunimos en mi casa, tantos nietos y hasta biznietos alborotándolo todo, escucho sus nombres y responden, veo a mis hermanas multiplicadas en varias Patria, algunas María Teresa y más de una Minerva.

En esos momentos entiendo a mamá. Me la imagino con ese gesto suyo que no llegaba a ser sonrisa y la comprendo cuando afirmaba que la vida que le dejaron sus hijas fue lo que la ayudó a atenuar la muerte.

XV

EL VALOR DEL TRABAJO

No hay palabras que sirvan para describir lo difíciles que fueron los años posteriores a la tragedia. Vivía como de resorte, dejándome llevar por la rutina. Ese dolor, esa ausencia, ese recuerdo tan fresco y tan presente de mis hermanas. Veía a Patria... soñaba tanto, tanto, con las muchachas... Algunas noches aparecía Minerva, tan linda con un traje a media pierna, de organdí, con un ramo de violetas en la cintura. Las volvía a ver una y otra vez. Soñaba que nos encontrábamos, que volvían. Así fue pasando el tiempo, convencida, como le dije a una amiga, de que mis años felices habían terminado. Sin embargo tenía a mis hijos, a mis sobrinos, a mi marido. Esa responsabilidad me hizo sacudirme.

Mi esposo criaba cerdos y yo me iba con una manguera a echarles agua. Una tarde, mientras los bañaba reacioné y me di cuenta que no podía seguir viviendo así, en aquella inercia, sin deseos de nada, dominada por el dolor.

La muerte repentina en 1967 de la esposa del ingeniero Alfredo Manzano, muy valioso e importante para nuestra familia, pues había sido compañero de lucha de Manolo, me hizo reaccionar y preguntarme: ¿y mis hijos? ¿Qué pasaría con ellos si yo muero? Yo, que había trabajado en el comercio con papá y mamá, que había tenido una tienda, que siempre había producido, ¿me iba a quedar así?

En un viaje que hice por esos días a Santo Domingo me encontré casualmente con una prima de Jaimito que trabajaba en Panamerican Life Insurance Co. (PALIC), y ella fue quien me propuso vender seguros. «Tú eres una persona muy abierta, te puede ir bien. Ven un día para presentarte a don Juan Amell y a don Ernesto Ceara. Yo te voy a recomendar en la compañía».

En la próxima oportunidad, me presentó a don Juan, quien era el gerente general de Palic, un pionero de la venta de seguros en el país. Él y don Ernesto tuvieron una buena impresión de mi desenvolvimiento y de mi naturalidad. Me contrataron de inmediato para recibir entrenamiento y trabajar en la sucursal en Santiago. A los dos o tres meses vendí mi primer seguro de 25,000 pesos al señor Luis Peral, de San Francisco de Macorís, padre de una familia a la cual le estoy muy agradecida por su actitud solidaria conmigo y su trato de hermanos en los momentos duros en que la mayoría nos sacaba los pies.

Así fue cómo de repente me sacudí, me di cuenta de que necesitaba rehacer mi vida y volver a ser la mujer a la que siempre le ha gustado trabajar. Tenía que aprender y cumplir con mi deber. Las compañías norteamericanas son exigentes y yo me propuse cumplir con las metas. Esta nueva responsabilidad me exigió mucho, pero a la vez me dio mucha vida.

El trabajo templa el espíritu. Si me hubiese dejado llevar por la tristeza que me embargaba, creo que nunca me habría recuperado. La edad más productiva de una mujer, e incluso de un hombre, va de los 35 a los 50 años. En ese período tú creas, tienes más fuerza y necesidades. En la venta de seguros, cuando hacíamos proyectos, nos ubicábamos en los 35 años como punto de partida, pues a partir de esa edad es cuando se tienen responsabilidades de peso, cuando arranca la vida de formación e ingresos, a menos que se haya heredado una fortuna y en estos casos a veces lo que ocurre es que se despilfarra lo que no ha costado esfuerzo.

Cuando decidí trabajar en seguros todavía ignoraba que me iba a divorciar, pero sí pensaba que esa labor me daba independencia. Podía viajar, aportar a la solución de cualquier problema que se presentara en el hogar. Me tracé la meta de que debía producir para poder realizarme. ¿Y qué mayor realización que ver a tus hijos estudiar? ¿Qué mayor satisfacción que poder pagarle a uno de tus hijos su especialización en el extranjero, como ocurrió cuando Jaime David quiso estudiar Psiquiatría en España? Para eso quería trabajar y tuve que hacerlo.

No podía explotar la desgracia que había pasado en mi familia para diligenciarme clientes, ni quería que nadie me comprara un seguro pensando que yo era la hermana sobreviviente de las Mirabal. Hay personas que quieren sacar ventaja de la tragedia. Eso para mí es algo demasiado respetado. Es sagrado. Por demás, se trataba de una época en la que toda la generación que estuvo involucrada en la lucha antitrujillista y por la libertad, estaba frustrada, con limitaciones económicas y yo diría que hasta mentales, por lo que no podían ser mis clientes. De modo que me abrí campo entre personas que no eran precisamente «simpatizantes» de mi desgracia.

Sí me valí de las relaciones comerciales que había desarrollado junto a mi padre. Recuerdo que les vendí a los comisionistas. Utilicé, asimismo, un mercado que no había sido atendido y tuve éxito. Me iba a Cotuí, a Nagua, a Montecristi, a la capital y a otros pueblos donde conocía a tanta gente. A los pocos meses de estar vendiendo seguros, me gané el primer premio significativo: un viaje a Guatemala, a un congreso con representantes de toda Latinoamérica en el que participamos tres mujeres nada más. El trabajo me ha gustado toda la vida; necesito saber que puedo ser útil, que al despertarme tendré tareas pendientes por hacer.

Aún me levanto a las seis de la mañana a barrer el jardín, a recoger las hojas secas. Jaime David me dice: «Pero mamá, ya deja esa escoba». Yo le contesto que ése es mi ejercicio rutinario, lo que me mantiene en forma.

He perdido, sin embargo, el gusto por cocinar. Debe ser una reacción porque pasé 34 años esclavizada con la cocina, atendiendo al marido, como me enseñaron que debía ser. Por suerte ya las labores domésticas no son lo primordial para mí. De eso me liberé.

Ser vendedora no sólo me permitió ganar premios y reconocimientos, sino que me fue dando mejor desenvolvimiento. Aprendí a romper el hielo y a entablar una conversación amena sobre temas que no son necesariamente agradables, como los accidentes y la muerte.

Decidí retirarme, aunque seguía ganando numerosos premios, al final de mis veinte años de labor. Si bien me sentía con fuerzas y con ganas de trabajar y viajar, preferí hacerme corredora de seguros y venderle directamente a las compañías.

El aprendizaje de esa profesión me ha servido para algo más: para aparecer con naturalidad en televisión y en los actos públicos. También me ayuda el hábito de la lectura que me inculcó Minerva. Sin embargo, últimamente he estado reaccionando de una forma que me incomoda muchísimo: frente a ciertas preguntas —aunque me las hayan repetido cientos de veces y cientos de veces yo las haya respondido— me atraganto, me dan unos deseos incontrolables de llorar. Me trago las lágrimas y entonces trato de toser, como para ganar tiempo y recuperarme.

Mi amor por la agricultura no me ha abandonado nunca y no me molesta que conmigo bromeen: «¡Usted piensa vivir mucho que está sembrando aguacates, que duran cinco años para parir!». Necesito verlo todo limpio, las veras, las siembras. Siempre me digo: «Yo soy sobrina de tío Tilo y de Juancito Fernández Mirabal, gente que tenía sus conucos impecables, defendidos por mallas».

Ese gusto por y esa familiaridad con la agricultura las heredé de mamá. Levanté una finca que me dejó con cacao nuevo, híbrido. Con la crisis de los precios del cacao en las últimas décadas, me asocié con otros cincuenta cacaotaleros y decidimos formar la Asociación de Productores de Cacao del Cibao (APRO-CACI). Algunos nos propusimos ir convirtiendo nuestras fincas en productoras de cacao orgánico, pero lleva tiempo la desaparición de los restos químicos. Una parte de los productores está en ese proceso, otros ya tenemos nuestras fincas certificadas. Yo fui de las primeras en el país en tener parcelas certificadas, porque durante años, en lugar de usar herbicidas, prefería que se limpiaran a mano para darles trabajo a las personas que siempre habían estado conmigo. Eso me favoreció.

También tengo ganadería vacuna y de ovejos, pero de eso se ocupa más Jaime David. No concibo vivir lejos de la naturaleza. Para mí eso sería morir.

Me gusta estar cerca de todo lo que se hace en mis cacaotales. Superviso la poda y la cosecha y espero con ansiedad que lleguen las lluvias, pues como el cacao tiene unas raíces profundas, necesita que le llueva en la época de la floración, para que, como decimos los campesinos, cuaje la mazorca. Hasta noviembre está floreciendo. En los troncos de las plantas nacen cantidad de ramilletitos, como avispas, como uvas enormes. Luego maduran y están listas para ser cosechadas las hermosas mazorcas moradas, rojas o amarillas.

XVI

AMOR, MATRIMONIO, DIVORCIO Y ESTABILIDAD

Hace poco, alguien le preguntó a Jaimito delante de mí: «¿Qué ha significado Dedé en su vida?». Con su naturalidad habitual respondió:

> Ay, María santísima... Te voy a decir una cosa: todo mi afán de superación fue por merecerla a ella. Eso puedo decir. Dedé desde muchachita fue una mujer formada, tipo mamá. Me gustaba porque se me parecía a mamá. Y papá, por eso mismo, vivía más enamorado de ella que yo. Fueron tantos los momentos felices que pasé con ella.

Escuché estas palabras de quien fue mi marido por tantos años y no pude dejar de pensar en las vueltas que da la vida.

En realidad nuestro matrimonio fue feliz y estable por muchos años, sin que nada grave atentara contra nuestra pareja. Claro que a ello ayudó el hecho de que yo no fuera celosa.

A lo largo de lo que he contado se puede ver el lugar que tuvo mi esposo en mi vida y en la de mi familia, aunque quiero profundizar más en algunos aspectos de esa parte importante de mi historia.

Jaimito Fernández siempre fue un hombre extraordinariamente trabajador, lleno de visión y ambiciones. Ansiaba tener una finca grande, sembrar la tierra y hacerla producir. Al principio de los años setenta, Joaquín Balaguer declaró nuestra finca de Nagua «de utilidad pública». La perdimos. Esto destruyó a Jaimito. Esa finca había sido la realización de su aspiración más grande: tener algo suyo donde pudiera producir. Quizás fue a partir de ese momento cuando se profundizó el desequilibrio en nuestra relación.

Nosotros habíamos sufrido una constante persecución de parte del gobierno balaguerista. Con sus antecedentes antitrujillistas y proconstitucionalistas, a Jaimito lo metieron preso tres veces. Con frecuencia, quizás porque se compara con el régimen de Trujillo, se olvida lo que fue esa dictadura de los doce años de Balaguer, con su cantidad de crímenes y su represión selectiva e implacable.

Jaimito, que a su manera había pertenecido al 14 de Junio y apoyado a los constitucionalistas en 1965, por un tiempo no quiso involucrarse en política. Luego de la pérdida de la finca, quizás como reacción a lo que entendía un nuevo atropello, se puso a hacer campaña por el PRD. Yo trataba de disuadirlo, pero él no me hizo ningún caso.

No mucho después de que el PRD lo escogiera como su candidato a la presidencia, don Antonio Guzmán vino a visitarnos acompañado de José Delio Guzmán. Sentados en la galería, le pidió a Jaimito que se integrara a su campaña. Le explicó que como era una personalidad aquí, reconocido como serio y trabajador, con excelentes relaciones en todo el Cibao, necesitaba su apoyo.

Con el tiempo, la situación política se fue calmando, especialmente después del triunfo del PRD, en 1978, y de la valiente decisión del presidente Guzmán de destituir a buena cantidad de militares vinculados a los peores atropellos de los regímenes de Balaguer y Trujillo. Tan pronto tomó posesión, don Antonio Guzmán lo nombró gobernador de Salcedo. Con las nuevas actividades, con la gente detrás de él buscando empleo, empezó de nuevo con sus enamoramientos. Ahí finalizó mi matrimonio.

Temerario. Esa palabra define bien a Jaimito. Si decía «voy por ahí», nadie lo paraba. Buscaba los riesgos, provocaba el peligro. Vivíamos en ascuas. Cuando tenía las fincas por Nagua y Río San Juan, se quedó a vivir allá y daba muchos viajes. Yo a veces lo acompañaba, pero la carretera estaba casi intransitable. Para llegar había que cruzar el río Boba. Cuando el río crecía, rompía y arrastraba los puentes, que eran de vigas, una especie de badenes de madera. La gente pasaba días esperando que las aguas bajaran para poder cruzar.

En una oportunidad, íbamos con los niños en una camioneta repleta de gente y equipaje. Llegamos en la tardecita al cruce del río Boba, que estaba muy crecido. Ya eran las doce de la noche y el río no bajaba. Aparecía gente que ayudaba a cambio de dinero. «Se fue esta viga», «Aquí hay una viga», iban tentando, tentando. Jaimito se desmontó, dio vueltas, y dijo: «Pues yo sí voy a pasar». Con todos esos muchachos en la cama de la camioneta y yo al lado, gritando… pero daba igual. Por encima de mis gritos y mis protestas, Jaimito metió el vehículo a las aguas crecidas. Yo le rogaba: «¡Ay, Jaimito, en mi casa se han muerto todos, nada más quedo yo!». «No me voy a devolver», era cuanto me respondía. Las ruedas pasaron sobre dos vigas, sumergido el vehículo; yo sólo pensaba: ¿y si las corrientes traen algún tronco y nos empuja? ¿Y si les pasa algo a estos niños? Pero él cruzó sin inmutarse. Así era Jaimito, tenía ese temperamento.

También era muy machista. Contaba dizque que Dios una vez envió a san Pedro a la tierra con un grupo de caballos y gallinas. Se paraba en cada casa, mostraba los caballos: el rucio, el moro, el melado; si era la mujer la que escogía uno, él le dejaba una gallina y seguía para adelante con sus caballos bellísimos. Después de haber regalado muchas gallinas, llega a una casa en la que el hombre es quien escoge un animal. Cuando san Pedro se ha marchado con sus caballos, la mujer le dice al marido: «Qué lindo el caballo que escogiste, pero a mí me gustaba otro». Llama el hombre a san Pedro, para cambiar su caballo, entonces el santo dice: «Tenga la gallina, eso es lo que le toca». Hasta doña Lesbia sufría con ese machismo extremo de su hijo.

Hoy, cuando miro hacia aquellos años, pienso que me liberé de muchísimas situaciones engorrosas y de mayores sufrimientos porque nunca fui celosa.

Si mi marido llegaba tarde o se tenía que quedar en la finca, no se me ocurría pensar que estaba con otra mujer. Como él manejaba tan rápido —«¡Quítense del camino, que por ahí viene Jaimito!», decía la gente—, lo que me preocupaba era si le habría ocurrido un accidente. Quizás era tonta, pero como dije, esa forma de ser me evitó mucha angustia.

Las hermanas de Jaimito decían que yo era el amorcito de su mamá. Y así era. Doña Lesbia me quería muchísimo pues yo le había soportado todo a su hijo. Yo pensaba que si me divorciaba le iba a provocar un gran disgusto, como también a don Jaime, su padre, y a mi madre. Por eso dudé tanto antes de decidirme a hacerlo.

Para 1982, mamá había muerto, mi suegro también, yo ya había cumplido 58 años y me había cansado de aguantarle desconsideraciones, así que resolví poner el divorcio por mi cuenta, sin que él se enterara.

La publicación salió en el periódico *La Información*, en 1982, en los días en que se suicidó el presidente Antonio Guzmán. No voy a negar lo mucho que sufrí, especialmente porque Jaimito se volvió a casar el mismo día que salió publicado el divorcio. Fueron momentos difíciles, de nuevas pruebas para mí, las cuales superé refugiándome en el trabajo. Estaba destruida, pero no compartía ese sufrimiento con nadie y para colmo me carcomían los celos. Pero la verdad es que a pesar del dolor enorme, también me sentía por fin liberada.

«Tranquila, Dedé, tranquila», me decía a mí misma. Dormía en la cama matrimonial, ponía una almohada a mi lado tratando de engañar la soledad. A veces Jaime David venía a dormir conmigo. Fue mi apoyo principal. Se sentaba a mi lado y me confortaba durante horas. «Mamá, no sufras tanto, déjalo ya», me aconsejaba.

Si no hubiera aprendido a trabajar desde muy joven y a valerme por mí misma, el divorcio habría sido mucho más difícil. El hecho de que yo trabajara, de que hiciera aportes económicos al hogar, contribuyó también a evitar situaciones difíciles en la separación. A pesar de su machismo, Jaimito nunca se opuso a que yo viajara por toda la región. Me permitió esa libertad.

Después del divorcio me sumergí en el trabajo y en la educación de los muchachos. Siempre he pensado mucho en mis hijos, en que mi familia fuera unida, para mí eso era lo más importante. Mi mayor felicidad era, y es, que todos estén tranquilos. En esto he puesto mi empeño, así como en mantener un buen ambiente en el hogar.

He olvidado agravios y penas porque hoy Jaimito y yo hablamos normalmente. Comemos juntos, lo invito a las celebraciones familiares y comparte con todos nosotros. Él está bien, yo estoy feliz, hago lo que deseo, voy adonde quiera, económicamente me he estabilizado, y puedo viajar y conocer otros países y otras gentes.

El tiempo lo cura todo, dicen y así debe ser porque ahora pienso en esos días y me río a carcajadas: ¡de las que me salvé al divorciarme!

No voy a negar que por razones que cualquier persona entendería, hice resistencia a que mis hijos se involucraran en la política; sin embargo no he dejado de apoyarlos. De hecho, mi participación política ha estado ligada a la de Jaime David —que está haciendo un gran sacrificio y puede contar conmigo en lo que sea— y a la de Minou. Lo he hecho con satisfacción y con muchas expectativas. Quizás porque, como ellos dos dicen, somos «reincidentes en la esperanza».

La historia de nuestra familia ha estado determinada por un fuerte compromiso con los valores de la libertad, la justicia y la democracia. Por esa convicción y con esas esperanzas me he entregado, a pesar de las reticencias que acabo de mencionar, con entusiasmo y empeño a apoyar una nueva gestión del PLD en la conducción de los destinos de nuestra nación. Como ciudadana responsable, como dominicana, entiendo que las tareas de saneamiento económico e institucional continúan inconclusas y que nuestros esfuerzos en la política deben estar encaminados a mejorar la vida de dominicanos y dominicanas; a construir la institucionalidad debilitada por la dictadura y por la mayoría de los gobiernos que la sucedieron y, sobre todo, a trabajar para que el Estado sea eficiente ofreciendo los servicios universales que le corresponden a cada uno de los nacidos en esta tierra. Por esas ideas me levanto a trabajar cada día y seguiré levantándome mientras me lo permitan la salud y la edad.

Cuando las campañas y precampañas de Jaime David a senador (1990 y 1994), a vicepresidente (1996) y luego a presidente (1999 y 2003), él me pidió: «Hazte cargo de Salcedo». Asumí esa responsabilidad y algunos de los propios compañeros del partido se sorprendían y hasta le llegaron a decir a Jaime David que con veinte o treinta militantes como yo en cada provincia, el PLD no perdería nunca unas elecciones. Me pareció uno de los más lindos piropos y reconocimientos que haya recibido por mi esfuerzo en política.

Pero la política es también una actividad ingrata y llena de decepciones. En el proceso interno de 1999 para escoger su candidato presidencial, el PLD no actuó razonablemente, ni escuchó todas las encuestas y mediciones que señalaban claramente que

Jaime David era el candidato que el pueblo quería. En esos días me pregunté, sin encontrar respuesta, dónde había quedado el partido con capacidad de análisis político y con respeto por las reglas del juego que Juan Bosch había fundado. Las consecuencias de esa «equivocación» fueron muy negativas para República Dominicana.

En la precampaña de 2003, con los compañeros y compañeras más comprometidos, organicé treinta y seis comités de base de apoyo a Jaime David. Salíamos por los campos. Esta casa vivía llena de gente. A menudo pienso que si Jaimito, con lo egoísta que es, hubiera vivido aquí, eso habría sido imposible. Era el hombre y los hombres se ponen egoístas. A veces los maridos se ponen celosos hasta con los hijos. Luego, todo nuestro trabajo se encaminó a promover al candidato del PLD, el doctor Leonel Fernández.

Soy austera, pero he ayudado a cada uno de mis hijos e hijas y aunque los de mis hermanas ya están bien posicionados y han recibido y dispuesto de la herencia que les tocaba, saben que pueden contar conmigo siempre.

Me acusan de que soy tacaña para ir a un restaurante caro o para comprar un carro lujoso. «¡Mamá, cambia ese carro que ya tiene más de diez años!», me dicen. Yo les respondo que todavía dura diez años más. «Dentro de diez años van a estar muy caros», me señalan, pero yo insisto porque nunca he querido gastar, y menos aun endeudarme, adquiriendo cosas o bienes superfluos. Es un asunto de formación: como el agricultor por lo general no tiene dinero a mano, debe ser precavido.

La producción agropecuaria conlleva muchos riesgos y en nuestro país está sujeta a demasiadas eventualidades y a frecuentes desastres naturales. En momentos así he dicho que voy a vender la finca, porque lo que me da es tormento. Pero sé que nunca lo haría porque no podría vivir sin ocuparme de la tierra, sin hacerla producir alimentos y flores.

Viajar, mirarlo todo, plantar jardines

Para poder satisfacer mi pasión por conocer el resto del mundo, organicé viajes para ganarme los pasajes y de esa forma visité México y algunos países europeos.

En dos de los viajes que hice —premios a mi éxito como vendedora de seguros— me acompañó Jaimito, pero a él todo le molestaba; no le gustaban las camas de los hoteles, ni la comida. «Aquí hay demasiadas iglesias, estoy harto de iglesias y museos». Era incómodo y bastante desagradable viajar en su compañía.

He visitado muchas otras veces Europa. Un viaje que recuerdo con gran agrado empezó en una convención en Portugal. Propuse: «Señores, ya que estamos en Europa, vamos a visitar otros países». Nadie me secundó, así que tomé la decisión de irme sola. Alguien sugirió que llamara a una agencia de las que organizan tours, a lo mejor había personas que hablaban español y que iban a los mismos sitios. Aparecieron dos parejas portuguesas que iban para Grecia. «Bueno, me voy con ellas». Caminamos juntos toda Atenas, nos hicimos amigos, conocí las ruinas y monumentos. Disfruté muchísimo con esa compañía inesperada.

Cuando planificaba ese tipo de viajes, mis hijos se preocupaban: «Mamá, ¿y con quién va usted?». Yo les respondía que en el camino haría las amistades. Soy así, no me resulta difícil entablar conversación con la gente. Desde niña soñaba con ir a Rusia, con atravesar el Bósforo y visitar los bazares de Estambul. En esta ciudad me impresionó no ver casi mujeres por las calles y plazas, sólo esa masa de hombres que viene y va, todos tan bien vestidos, tan elegantes y atractivos con sus negros bigotes.

Ese impulso mío por viajar por el mundo, por verlo todo y encontrar en cada cosa la belleza que tiene, debe hallar su explicación en el hecho de haber crecido y madurado en un espacio cerrado, en un país cárcel en el que aspirar a tener un pasaporte podía ser un crimen. Mirar, mirarlo todo; descubrir ciudades y olores nuevos, distintos a los de mi país; apreciar tantos tonos de verde diferentes a los de mi valle y mis montañas cibaeñas; ver la gente con sus rostros tan variados y sus comportamientos, costumbres y características peculiares, similares o bien opuestas a las nuestras, ha sido una manera de recuperar un poco la felicidad que nos rompieron a pedazos.

El amor, la afición por las plantas y por los jardines que mis hermanas y yo heredamos de mi madre, es la otra cosa que le ha hecho gran bien a mi vida. Muchos de los árboles y plantas de los jardines de mi casa en Ojo de Agua y de la que fuera la casa de mamá en Conuco, hoy Museo Hermanas Mirabal, los he plantado yo y tienen cada uno su historia.

De Fantino, cuando empecé a vender seguros, traje una jacaranda que me volvía loca. Sembré jacarandas en los jardines de las dos casas. Ahora me levanto tempranito, con mi escoba y antes de empezar a barrer me detengo y disfruto ver el suelo alfombrado de flores moradas.

Cada año espero impaciente y emocionada la floración del palo borracho que hay a la entrada de la Casa-Museo. Gozo cuando recuerdo el viaje por Argentina y Uruguay, de donde traje los toconcitos de contrabando envueltos en un papel de aluminio. Hasta Jaime David me dijo: «Pero mamá, puede que no prenda en el clima tropical». La gente llega y se asombra de ver ese árbol tan frondoso y tan raro. Yo les regalo estacas para que las reproduzcan y pienso quién recogerá del suelo todas esas flores rosadas cuando yo ya no pueda hacerlo.

Barriendo o recogiendo hojas secas, no recuerdo bien, me lastimé un hombro hace dos o tres años. Me ordenaron hacer terapia de rehabilitación. Tenía que viajar diariamente a Santiago o a San Francisco de Macorís. Cuando me puse a sacar cuenta del tiempo que me tomaba y de lo que gastaba en combustible me pregunté cómo se harían las personas discapacitadas con menos facilidades o recursos que yo para tener acceso a una terapia. De ahí me surgió la idea de construir un centro de rehabilitación en Salcedo. A ese proyecto le he dedicado muchas horas de trabajo y me da satisfacción que en relativamente corto tiempo ya esté en funcionamiento gracias al apoyo de todas las personas, empresas e instituciones públicas cuyas puertas he tocado en busca de ayuda.

Afano mucho todo el día, así que cuando me acuesto, duermo como un lirón. Una amiga psicóloga le atribuye este bienestar que siento a mis años, no solamente a mi buena salud, sino a mi temperamento abierto y a la energía y la serenidad de mi carácter.

XVII

Ya no hay lugar para dictaduras

El único problema verdaderamente sin solución es la muerte. Después, todo se puede resolver de una u otra forma: la mala situación económica, la quiebra, la cárcel. Pero ¿qué hacer frente a la muerte? Por eso la dictadura fue tan horrenda. Trujillo no toleraba, no perdonaba. El menor asomo de disidencia lo resolvía asesinando y después de muerto alguien, ya no hay remedio para nada.

Esas tres décadas de tiranía dejaron en un enorme atraso al país. No se avanzó, aunque algunos quieran decir lo contrario. Se conculcaron todos los derechos. Hasta la materia de Moral y Cívica se eliminó de las escuelas para que no se hablara de los derechos que asistían a los ciudadanos y ciudadanas. Vivíamos en el miedo, y no hay nada tan dañino como el miedo.

Durante todos los años de la dictadura surgieron numerosos movimientos en su contra. Mucha gente tuvo que irse al exilio desde sus mismos inicios. A los muchachos que vienen al museo les cuento de algunos: de don Ángel Morales, de un militar de apellido Marchena Justo, de otro grupo de militares que se sublevaron, así como de la familia Estévez y los Perozo, que fueron prácticamente exterminados; de don Juancito Rodríguez, quien dio toda su fortuna para subvencionar la expedición de Cayo Confites, en 1947, entre otros.

También hablo del rol que jugó Balaguer para beneficio de esa dictadura. Y luego, ya no como presidente títere, sino durante sus períodos como presidente de verdad, nos dejó tantos males, como las dádivas y la pedidera, prácticas clientelares denigrantes que se han hecho ley y empobrecen al país. No recuerdo que en este país existieran esos vicios cuando yo era niña.

Lo positivo es que a estas generaciones ya no es posible imponerles una dictadura. Y los norteamericanos ahora tienen otro discurso y defienden la democracia no sólo para su país. Sin embargo, a Trujillo, como a muchos otros dictadores latinoamericanos, lo apoyaron de manera incondicional casi hasta que era inminente el final de su régimen.

El deber de quienes vivimos el horror de la tiranía es educar a esas generaciones jóvenes, con el fin de que aprecien el justo valor de quienes se sacrificaron por la libertad y, sobre todo, para prevenir que se repita tanta desgracia y humillación para nuestro pueblo.

La Casa-Museo Hermanas Mirabal

La idea la tuvo Violeta Martínez, la amiga de Minerva desde 1945 o 1946, prima de su compañera de colegio que lleva el mismo nombre: Violeta Martínez de Ortega, de San Francisco de Macorís. En su casa conoció Minerva a esta otra Violeta Martínez, que ya tenía inquietudes políticas y pertenecía a la Juventud Democrática. Le gustaba mucho leer y por el año 1946 o el 1947 distribuía un periodiquito contra el régimen. Aunque no había cumplido aún los diecinueve años, se desempeñaba como profesora. A pesar de que Minerva le llevaba unos tres años, se hicieron muy amigas. Intercambiaban libros, hablaban de política y compartían intereses.

Violeta emigró a Estados Unidos en 1950 y volvió de visita al país en 1965, de modo que la Revolución la sorprendió aquí.

Vino a pasarse unos días a casa y me propuso: «Vamos a reunir y organizar las cosas de Minerva». Hicimos una vitrina, buscamos los libros de Minerva, muebles y objetos. Así comenzó la Casa-Museo. Pasó el conflicto y Violeta se marchó. Mi madre aún vivía. Ambas seguimos recolectando objetos de las muchachas. Luego, en 1982, ya desaparecida mi madre, le pedí a la reconocida museógrafa Reyna Alfau que hiciera una evaluación y que nos ayudara a darle más consistencia al museo. Arreglamos las habitaciones, organizamos lo que teníamos y me decidí a poner en exhibición la trenza de María Teresa que había mantenido muy bien escondida de mamá para evitarle más dolor.

Así estuvo hasta bien entrados los años noventa, cuando Violeta regresó definitivamente al país con nuevas ideas. Desde entonces se ha dedicado con amor a la tarea de reorganizar el museo. Cerramos la casa, pues Tonó, que era la única que seguía viviendo en ella, tuvo que mudarse a cuidar a su madre.

Un nuevo recinto para ampliar el museo, de arquitectura similar a la casa original, fue construido al lado. Las habitaciones donde Minerva, Patria y María Teresa con sus hijos e hijas pasaron los últimos meses de sus vidas, fueron integradas también a la exposición, recreando el ambiente de esos días. Para hacer todo ese trabajo de montaje y recuperación contamos con la contribución desinteresada y generosa de compañeros de lucha de mis hermanas, como Miguel Feris Iglesias y Gianni Vicini, entre otros.

En general, la gente ha sido muy solidaria con la memoria de las muchachas y con lo que hacemos para preservarla. Esa solidaridad quedó de manifiesto cuando a mediados de los ochenta Freddy Beras Goico tuvo la iniciativa de involucrar a la población en la construcción de un monumento aquí, en Ojo de Agua. Organizó un concurso y el proyecto ganador se llevó a cabo con aportes que recogió durante varios meses a través de su programa *El Gordo de la Semana*. El acto de inauguración fue transmitido en directo a todo el país y asistió una verdadera multitud de personas.

En la Casa-Museo hemos dispuesto prendas y objetos de gran significado en la vida de las muchachas, los cuales revelan también los gustos y la personalidad de cada una.

De los libros de Minerva, sólo se conservaron y están en exposición aquéllos que ella dejó aquí cuando se fue a vivir a Montecristi. Los que tenían ella y Manolo en su biblioteca fueron destruidos por los caliés cuando los apresaron.

Se exhibe una amplia colección de fotos familiares y con amigos. Me parecen especialmente importantes las que nos tomamos las cuatro junto a mamá en la capital, con un fotógrafo llamado Barón Castillo.

En el museo pueden verse los títulos universitarios de Minerva y de Manolo y el vestido que ella usó para sacarse su última foto cuando salió de la cárcel. Cuando la soltaron no le devolvieron su cédula de identidad, por lo que se vio obligada a tomarse la que fue su última fotografía en Salcedo para una nueva cédula.

Están en el museo la máquina de escribir de Minerva y su colección de cactus, e igualmente, los jarros y las tacitas de café de porcelana que coleccionaba Patria. Esos y otros objetos son de los pocos que se pudieron recuperar antes de que los caliés subastaran sus muebles y pertenencias (camas, armarios, mecedoritas antiguas…), los cuales nunca supimos a qué hogar fueron a parar.

En la Casa-Museo Hermanas Mirabal se pueden ver los manteles y paños tejidos y bordados por las muchachas en el colegio. Luego de su graduación como bachiller, de 1946 a 1952, Minerva tuvo tiempo de bordar y de disfrutar. De esa época son los utensilios domésticos de aluminio martillado, pedidos por nosotras a Sears, a través de catálogos; los dibujos a lápiz hechos por Patria; los cuadros al óleo de Minerva, casi todos copias de cuadros españoles pintados en el colegio Inmaculada Concepción. El niño descalzo fue su preferido. Se lo llevó para Montecristi y fue de las pocas cosas que trajo de allá. Recuperamos también la nevera de Minerva, aquélla que, cuando se estableció en la casa de Conuco, meses antes de su muerte, había vendido para ayudar a mamá con los gastos de la casa.

Buena parte de los objetos en exhibición pertenecieron a María Teresa, porque, como conté en otra parte de estas memorias, tuvimos tiempo, antes de que saquearan su hogar por completo, de mandar a buscar sus cosas a su apartamento en Santo Domingo.

En una de las habitaciones están algunas de las prendas bordadas por Patria para sus hijos y también la toalla que los días de visita María Teresa y Minerva colgaban de la ventanita de su celda en la cárcel La Victoria, para indicarnos que aún estaban vivas.

En la habitación que correspondió a María Teresa, quien fue la única de nosotras que vivió como soltera en esa casa con mamá, además de la trenza que la distinguió, se encuentra un manojo de cartas de ella y Leandro, su canasto de costura y su llamativa colección de aretes, entre otros objetos.

De no haber sido por esa costumbre casi obsesiva de mamá por guardarlo todo, muchos objetos que hoy llaman la atención en el museo no se habrían conservado en tan buen estado. Así sucede con el moisés que compró para el nacimiento de Patria, el cual se usó luego con cada una de nosotras y en el que nacieron nuestros hijos y se mecieron muchos de nuestros nietos.

En fin, tanto el museo como mi propia casa se encuentran poblados por nuestra historia familiar y por historia de cada una de mis hermanas.

A diario recibimos visitantes del país y del extranjero en ambas casas. De acuerdo con la Secretaría de Cultura, éste es el museo más visitado del país. Por aquí estuvo Mario Vargas Llosa cuando investigaba para escribir *La fiesta del Chivo*, y han pasado otros muchos artistas y personalidades reconocidas. Salma Hayek y Mía Maestro estuvieron en el museo poco después de terminar la filmación de la película basada en la novela de Julia Álvarez. Es curioso que su visita coincidió con el día de la muerte de Ciriaco de la Rosa y de un hijo de Ramfis.

De manera regular nos visitan maestras, maestros y escolares. A veces encuentro que la memoria social se ha ido perdiendo. Me sorprende lo poco que niños y jóvenes saben de nuestra historia. Entre los grupos, suelen haber sólo dos o tres estudiantes auténticamente interesados, los cuales se empeñan en preguntar y anotan las respuestas. Sin embargo, el hecho común es que los escolares ni siquiera hayan oído hablar sobre las hermanas Mirabal o tengan una versión distorsionada de la historia. Prueba de ello es que me han hecho preguntas tales como: «¿Y era que Trujillo quería vivir con las tres?». Trato de no impacientarme y vuelvo a contarles la historia de mis hermanas.

Ésa es mi labor y la labor de este museo: enseñarles a las nuevas generaciones lo que fue la Era de Trujillo. Les recalco que mis hermanas representan a otra generación, la que se inmoló en la lucha por la libertad de la que hoy disfrutamos.

A los jóvenes que nos visitan siempre les digo lo mismo: «Este museo simboliza el ejemplo de toda una generación. Mis hermanas, por lo que les ocurrió, por lo terrible que fue esa tragedia que les pasó, están destacadas en este lugar donde estuvo nuestra casa familiar. Pero aquí está representado también el más humilde y anónimo luchador antitrujillista».

La biblioteca, abierta a todo el mundo, en particular a los estudiantes, se especializa en libros que abordan esa etapa ominosa de nuestra historia nacional. Nuestra meta es que su uso se amplíe cada vez más.

Siento una satisfacción profunda con la labor que llevamos a cabo. Cada vez que vienen personas extrañas o conocidas, periodistas, jóvenes, niños, a conocer la vida y el sacrificio de mis hermanas, se me renueva esa satisfacción. Me digo: «Entonces ellas no han muerto, están vivas. ¿Quién dijo que han muerto? Las muchachas están más vivas que yo». Mi labor de concienciación se ha vuelto algo natural, forma parte de mi vida, lo que también entiendo como un reconocimiento.

Una fecha universal

Un ejemplo de ello se ve cada 25 de noviembre, declarado en 1998 por las Naciones Unidas como el Día Internacional de la No Violencia contra la Mujer. En esa fecha me invitan de lugares cercanos y lejanos, de Canadá, de Italia, de Buenos Aires, de Puerto Rico…

La fecha se ha convertido en una importante ocasión para crear conciencia y luchar por erradicar la violencia que se ejerce contra las mujeres en todo el mundo. No solamente en países pobres como el nuestro, sino también en sociedades muy desarrolladas y ricas, muchas mujeres mueren todos los días a manos de quienes se supone que más debían quererlas.

El hecho de que el 25 de noviembre se haya convertido en una fecha universal también ha contribuido a aumentar el interés por la historia y el legado de mis hermanas, y siento que eso compensa en algo su sacrificio.

En días recientes vinieron unas niñas de apellido Perozo. Yo me emocioné, las llamé aparte, me retraté con ellas y les dije: «Su familia está viva, presente en este recinto. Porque fue una familia que se entregó, en la que murieron casi todos luchando contra el tirano».

Los niños y niñas tienen una curiosidad inagotable. Se quedan muy satisfechos y dispuestos a que yo les narre la historia cuando les respondo que me dejaron viva para que pudiera contarles la verdad. Tengo que firmarles de puño y letra todos los folletitos. Nada de ponerles un sello. Los firmo uno a uno, les complazco. Ellos son las generaciones venideras.

A veces vienen personas procurándome mientras estoy comiendo y les mando a decir que me esperen, que estoy en el baño, para que no se sientan mal. Termino de comer, me cepillo los dientes y enseguida voy a atenderlas con toda la motivación y el buen humor. Ninguna visita me molesta.

Yo siempre quise traer los restos de las muchachas para el museo. Violeta Martínez también insistía en esa idea, pero no podíamos. Durante los primeros doce años del gobierno de Joaquín Balaguer no se podía casi hablar de las hermanas Mirabal y se reprimía a quienes participaban en los homenajes que religiosamente se han realizado cada 25 de noviembre. Reaccionaban como si se tratara de una manifestación subversiva. La maquinaria que montó Trujillo seguía sin desmantelar, viva. Ese andamiaje militar creía que las muchachas todavía eran un ejército viviente, peligroso para el régimen.

Trasladamos los restos de Patria, Minerva y María Teresa a su jardín el 25 de noviembre del año 2000. Días antes, cuando abrimos la tumba, me llamó la atención el pelo de María Teresa. Aquel mazo de cabello negrísimo, pesado, parecía haber crecido. Yo lo tomé con delicadeza y lo dispuse encima de los huesos, que quedaron cubiertos por el pelo. Los restos se colocaron primero dentro de una cajita de fibra de vidrio, para evitar la humedad, y luego en otra de caoba, regalo solidario de Arlette Fernández, la viuda del coronel Rafael Fernández Domínguez, héroe de la Revolución de abril de 1965.

Por decreto presidencial, este recinto fue declarado extensión del Panteón Nacional. También traje los restos de Manolo, aunque aún no había sido declarado héroe nacional. Él me lo había pedido: «Mi muerte es inminente. Si muero, no me separen de Minerva». Había personas, como Violeta, que no estaban de acuerdo, porque él no había vivido aquí. Pero ésa había sido su última voluntad y yo no podía violentarla. Minou y Manolo consideraron además que él se había inmolado por la misma causa. Cuatro años después, en 2004, Manolo Tavárez Justo fue oficialmente declarado héroe nacional por el Congreso de la República.

Alguien insistía en poner una llama en el mausoleo. Yo estoy conforme con el agua que circula y con los peces que en ella se mantienen en movimiento. El agua simboliza la continuación de la vida. Raúl fue el de la idea del agua. Los árboles de laurel criollo, el caimito y el samán dan sombra a la tumba. En sus troncos florecen diversas variedades de orquídeas, pero la que más llama la atención es la que tiene forma de mariposa. En el sonido del agua corriendo, en los colores de los peces nadando, en el ruido de la brisa entre las hojas del caimito y del laurel, pero más que nada en el olor de sus flores predilectas, viven las muchachas.

El diseño del mausoleo estuvo a cargo del arquitecto Rodolfo Pou, quien trabajaba para la UNESCO. Lo escogimos porque armonizaba con el entorno y nos pareció significativo y hermoso. Así eran mis hermanas: sencillas, alegres, vitales.

Cerca del mausoleo, entre el musgo y las piedras, bañados por los rayos del sol o por las sombras del laurel, se encuentran dispuestos unos impresionantes bustos de las muchachas y de Manolo, esculpidos por Mark Liveweavel, un artista norteamericano que vive desde hace años en las lomas de la provincia.

Los árboles cubiertos de flores rosadas o moradas que pueden verse en el frente de la casa son astromelias gigantes, traídas por Minerva desde Manzanillo. Recuerdo que al principio mamá las confundía con mamones. Un poco más allá de las astromelias, en un solar al cruzar la carretera, está lo que mamá llamaba «la frutera», porque allí, sembradora como era, fue plantando todo tipo de árboles frutales. Hay mangos, naranjas, toronjas, mandarinas, mezclados con otras frutas exóticas como los tamarindos chinos que hicieron la delicia de nietos y nietas mientras eran pequeños.

Un lugar especial de la Casa-Museo es el dedicado a recordar a Rufino de la Cruz, el chofer que murió con mis hermanas. Un amigo y vecino nuestro, don René Bournigal, nos prestó un jeep que tenía para ir a la montaña, de manera que ellas no tuvieran que gastar alquilando un carro. Él mismo les sugirió que contrataran a Rufino, quien solidaria y valientemente accedió. Nunca hemos olvidado su sacrificio y su valor sin límites.

Cuando yo regresé con los cuerpos de las muchachas y el de Rufino, su familia reclamó el cadáver, pues querían enterrarlo en Tenares, donde sus parientes tenían un panteón, y no en el nuestro, en Salcedo, como les ofrecimos en aquellos terribles momentos.

Durante una de las numerosas visitas que recibo a diario, una joven hizo un comentario despiadado: «Trujillo, con haberlas matado, las inmortalizó». Creyó que yo me iba a sentir ofendida por su pronunciamiento. Sin dudas, es duro escuchar eso. Pero cuando vi sus ojos pesarosos, arrepentidos, me dio pena y le dije que nada compensa la pérdida de una vida útil, pero que si jóvenes como ella recuerdan la lección de valor e integridad que dieron Patria, Minerva y María Teresa, entonces ciertamente su legado será perenne para el pueblo dominicano.

No hay nada tan porfiado como la memoria, que se empeña en mantener vivos los recuerdos aunque a veces duelan tanto. Cada día que pasa se me hace más difícil separar el pasado del presente. Quizás porque he dedicado mi vida a preservar la memoria de mis hermanas. Cumplo con ese deber. Ya he dicho que no me molesta que vengan visitas a toda hora, e incluso que me interrumpan si estoy comiendo. Ni me molesta dar entrevistas, responder a invitaciones. Para eso quedé viva. A veces me mortifico pensando que el día que yo muera dejen deteriorar esto. No estaré para verlo o no estaré para ver quién se ocupará de cuidar estas cosas que tanto quisimos. Mientras tanto, mi responsabilidad es hacer florecer permanentemente su memoria y transmitirla a la juventud y a los niños.

Puedo decir: he cumplido con la patria. Puedo decir: he levantado una familia honesta. A mis años, ¡qué mayor satisfacción que decir he cumplido con mi patria y con mi familia! En el cementerio, junto a mi madre y a mi padre, está mi sitio esperándome. Mientras tanto, el día de hoy y cada día, trabajo y vivo con dedicación y entusiasmo.

CRONOLOGÍA

1899

Muerte violenta del dictador Ulises Heureaux (Lilís). Juan Isidro Jimenes es su sucesor.

1900

Nace, cerca de Santiago, Enrique Mirabal Fernández, padre de las hermanas Mirabal. Su madre Mercedes Reyes Camilo (Chea) nace en el mismo año.

1902

Revuelta de Horacio Vásquez contra Jimenes.

1903

Alejandro Woss y Gil, presidente.

1904

Carlos Morales Languasco, presidente.

1905

Intervención norteamericana en las finanzas públicas, asumiendo el control de las aduanas. Ramón Cáceres, presidente.

1906

Empréstito norteamericano para pagar la deuda europea.

1907

Se firma la Convención Domínico-Americana.

1908

Ramón Cáceres, reelecto presidente.

1911

Ramón Cáceres, asesinado.

1912

Eladio Victoria, presidente por breve lapso. Es sustituido por monseñor Adolfo Alejandro Nouel.

1913

José Bordas Valdez, presidente.

1914

Ramón Báez, presidente provisional. Juan Isidro Jimenes, presidente.

1915

Ocupación militar norteamericana en Haití; coincide con la apertura del canal de Panamá.

1916

Ocupación militar norteamericana de Santo Domingo. Enrique Mirabal se traslada a Ojo de Agua, cerca de Salcedo.

1923

Enrique Mirabal Fernández se casa con doña Chea Reyes Camilo.

1924

Termina la ocupación militar norteamericana. Horacio Vásquez es elegido presidente. Nace Patria Mirabal en Ojo de Agua.

1925

Nace Bélgica Adela Mirabal (Dedé) en Ojo de Agua.

1926
Nace Minerva Mirabal en Ojo de Agua.

1928
Horacio Vásquez logra la prolongación de su mandato de cuatro años, al quedarse por dos años más.

1929
Horacio Vásquez aspira a quedarse en el poder más allá de 1930. Se inicia la depresión mundial.

1930
Trujillo derroca a Horacio Vásquez y gana fraudulentamente las elecciones. El ciclón de San Zenón azota Santo Domingo. Virgilio Martínez Reyna y su esposa, asesinados. Cipriano Bencosme se alza y muere. Alberto Larancuent, asesinado.

1931
Muere Desiderio Arias. Andrés Perozo, asesinado. Nace Manuel Tavárez Justo (Manolo) en Montecristi.

193? (no se tiene precisión del año)
Jesús María Patiño (Chichí) es asesinado.

1934
Leoncio Blanco es asesinado.

1935
Sergio Bencosme es asesinado en Nueva York. Nace María Teresa Mirabal en Ojo de Agua.

1936
Enrique Mirabal Fernández sufre de hemoptisis.

1937
Patria, Dedé y Minerva Mirabal ingresan, en distintas fechas, al co-

legio Inmaculada Concepción de La Vega. Matanza de haitianos afecta la zona de Salcedo.

1938
Aníbal Vallejo muere asesinado.

1939
Tancredo Saviñón (Quero), asesinado en La Vega.

1940
El coronel Vásquez Rivera es asesinado. Enrique Mirabal Fernández sufre un derrame cerebral.

1941
Patria Mirabal, con 17 años, se casa con Pedro González (Pedrito), originario de Conuco. Se inicia la Segunda Guerra Mundial.

1942
Nace Nelson, primer hijo de Patria.

1945
Nace Noris Mercedes, hija de Patria Mirabal y Pedro González. Termina la Segunda Guerra Mundial.

1946-1947
La Juventud Democrática y el Partido Socialista Popular (PSP) hacen oposición abierta a la dictadura de Trujillo con mítines en la capital, La Vega y Santiago, e imprimen periódicos. El padre de Minerva la saca del colegio por temor a que actúe políticamente. El complot militar encabezado por el capitán Eugenio de Marchena es descubierto.

1947
Trujillo da fin al interludio de tolerancia y reprime a la oposición. Muchos se asilan. Fracasa la expedición de Cayo Confites. Minerva Mirabal y Pericles Franco Ornes, uno de los líderes de la oposición, comparten afinidades políticas y una amistad entrañable. Leandro Guzmán, de 15 años, conoce a María Teresa Mirabal.

1948

Dedé Mirabal se casa con Jaime Fernández (Jaimito).

1949

Después de estar preso, Pericles Franco Ornes se asila. No regresará hasta la muerte de Trujillo. Fracasa la expedición de Luperón. En una fiesta en San Cristóbal, Minerva, de 23 años, desafía políticamente a Trujillo. Apresan a su padre y a la misma Minerva. Nace Jaime Enrique, primer hijo de Dedé Mirabal.

1950

Mauricio Báez, asesinado en La Habana. Porfirio Ramírez Alcántara (Prin) y sus seis acompañantes, asesinados. Freddy Valdés, asesinado.

1951

Nace Jaime Rafael Fernández (Jimmy), segundo hijo de Dedé, mientras ella reside en San Francisco de Macorís. El padre de las Mirabal es apresado de nuevo y sufre su segundo derrame cerebral. Minerva Mirabal, bajo arresto domiciliario en un hotel de Ciudad Trujillo.

1952

Andrés Requena es asesinado en Nueva York. Minerva Mirabal se inscribe en la universidad.

1953

Muere el padre de las hermanas Mirabal. Minerva conoce en Jarabacoa a Manuel Tavárez Justo (Manolo).

1954

En agosto, después del regreso de Trujillo de su viaje a España, se le niega la inscripción a Minerva en la universidad para cursar su segundo año. Se ve obligada a pronunciar unas palabras en un acto a favor de Trujillo con el fin de que le autoricen la inscripción. Se comienza a construir la casa de la familia Mirabal en Conuco. María Teresa Mirabal entra a la universidad. Leandro Guzmán se gradúa de ingeniero civil.

1955
Celebración de la Feria de la Paz, conmemorando los 25 años de la Era de Trujillo. Un Foro Público ataca a Minerva, quien en este año se casa con Manolo Tavárez. En otro Foro Público se critica su boda con una "roja comunista". Pipí Hernández, asesinado en La Habana.

1956
Jesús de Galíndez es secuestrado en Nueva York y asesinado en República Dominicana. Octavio de la Maza (Tavito), asesinado. Nace Jaime David Fernández, hijo de Dedé. Nace Minou, hija de Minerva y Manolo. La familia Mirabal se muda a la casa en Conuco. María Teresa, con 19 años de edad, es excluida en un concurso de belleza por razones políticas.

1957
Dedé y Jaimito se marchan por motivos económicos, durante dos años, a trabajar en una finca cerca de Nagua. Minerva se gradúa de abogada. Ramfis no pasa los exámenes en Fort Leavenworth y es criticado por la prensa norteamericana. Falla el atentado en México para asesinar al exiliado Tancredo Eloy Martínez. Luis Escotto Gómez, asesinado.

1958
Matrimonio de María Teresa Mirabal y Leandro Guzmán. Nace Manuel Enrique Tavárez (Manolito), hijo de Manolo y Minerva. A fines de año, Fidel Castro asume el poder en Cuba tras la victoria del Movimiento 26 de Julio.

1959
Fulgencio Batista se refugia en Ciudad Trujillo. Juan Morales, gerente del Banco de Reservas, asesinado. Nace Milka Jacqueline, hija de María Teresa y Leandro Guzmán. Minerva, Manolo y Leandro participan en una reunión clandestina en casa de Guido D'Alessandro (Yuyo), donde Minerva propone un movimiento similar al cubano 26 de Julio. Cinco meses después llegan los expedicionarios de Constanza, Maimón y Estero Hondo. Trujillo crea la Legión Extranjera. En julio,

Ramón Marrero Aristy es asesinado. Complot de los mecánicos de San Isidro. Trujillo ordena la salida de las misiones militares americanas. Nace Raúl Fidel Ernesto, hijo de Patria.

1960

Enero: El día 9, en la casa de Patria y Pedrito, en Conuco, tiene lugar la primera reunión del Movimiento 14 de Junio. Al día siguiente Minerva participa en otra reunión similar en Mao. Pocos días después, más de doscientas personas son apresadas en todo el país. Manolo es apresado el 13 de enero, Leandro Guzmán el 19 y María Teresa y Minerva el 21. Nelson también es apresado y Pedrito se entrega. El día 25, en todas las iglesias del país se lee la Pastoral. Trujillo rompe con la Iglesia católica.

Febrero: El día 8 Minerva y María Teresa salen de la cárcel.

Abril: El gobierno de Eisenhower autoriza al embajador Joseph Farland a contactar clandestinamente a elementos de la oposición.

Mayo: Minerva y María Teresa son reapresadas y condenadas a cinco años. Permanecerán detenidas hasta agosto, cuando pasan a prisión domiciliaria. Trujillo critica públicamente a la familia Mirabal, acusándola de ser comunista. José Almoina es asesinado en México.

Junio: Trujillo autoriza la llegada de exiliados del Movimiento Popular Dominicano (MPD) procedentes de Cuba. Fracasa el intento de Trujillo de asesinar al presidente de Venezuela, Rómulo Betancourt. Balaguer se convierte en presidente ante la renuncia de Héctor Trujillo.

Agosto: Sina Cabral se asila en la embajada de Argentina. La OEA sanciona al país por el atentado contra Betancourt. Las embajadas latinoamericanas y la norteamericana se retiran, al romperse las relaciones diplomáticas.

Octubre: El gobierno de Eisenhower envía un emisario a Trujillo para pedirle que deje el poder.

Noviembre:

Día 8: Manolo y Leandro son trasladados a la cárcel de Puerto Plata.

Día 17: Las hermanas Mirabal van a Puerto Plata a visitar a sus esposos presos.

Día 20: En Venezuela se suicida el líder del exilio, Juancito Rodríguez.

Día 24: Patria visita a su esposo, Pedrito, en La Victoria.

Día 25: Las tres hermanas Mirabal son asesinadas al caer la noche.

Día 27: La prensa dominicana reporta el "accidente" en que murieron las hermanas Mirabal.

Día 28: Manolo y Leandro son trasladados a la prisión La Cuarenta.

Diciembre:

Día 4: Pedrito es llevado de La Victoria a La Cuarenta, donde se reúne con Leandro y Manolo. Allí las autoridades les enseñan los recortes de prensa sobre la muerte de sus esposas y se mofan de ellos.

Día 5: Ante la denuncia internacional por el crimen, la madre de las Mirabal es presionada para que declare que fue un accidente. Cables internacionales recogen esa declaración. La OEA impone sanciones económicas al gobierno de Trujillo, quien trata de acercarse a los soviéticos y a Fidel Castro.

1961

Enero: Kennedy se juramenta como presidente de Estados Unidos.

Febrero: Se inicia el Programa de la Alianza para el Progreso.

Marzo: Monseñor Francisco Panal critica a Trujillo en su presencia. Campaña de violencia contra los obispos Thomas O'Reilly (San Juan de la Maguana) y Panal (La Vega).

Abril: Murphy, enviado por Kennedy, se entrevista con Trujillo. Fracasa la expedición de Playa Girón, o Bahía de Cochinos.

Mayo: Trujillo es ajusticiado. Ramfis regresa de Europa.

Junio: Llega una subcomisión de la OEA y se entrevista con los presos políticos. Insisten en ver a los viudos de las hermanas y a la familia Mirabal.

Julio: Líderes del PRD llegan del exilio. Sueltan a Leandro, Pedrito y Manolo. El PRD celebra varios mítines. Radio Caribe es destruida. Se crea la Unión Cívica Nacional (UCN). Cuatro días después de Manolo ser liberado, el 14 de Junio se convierte en agrupación política, escogiéndolo como su presidente. Abre su local en la calle El Conde. Los "paleros" atacan físicamente a los asistentes a los mítines de la oposición. Se constituye la Federación Estudiantil Dominicana (FED).

Agosto: Mitin del Partido Dominicano en Santiago. Mueren Erasmo Bermúdez y otros luego de un mitin de la UCN. Balaguer propone un gobierno de coalición. La policía entra a los locales de la UCN y el 14 de Junio a la búsqueda de armas. El primer mitin del 14 de Junio en Santiago. Salen del país la viuda de Trujillo, María Martínez, y su hijo Radhamés.

Septiembre: Llega una subcomisión de la OEA. Muertos en el puente Duarte. Balaguer, buscando crear un gobierno de coalición, recibe a Manolo Tavárez Justo y Leandro Guzmán, líderes del 14 de Junio. Primera manifestación del 14 de Junio en Santo Domingo. Concentración del Partido Dominicano.

Octubre: Balaguer critica a Trujillo en su discurso ante las Naciones Unidas. McGhee negocia con Ramfis la salida de la familia Trujillo y el levantamiento de las sanciones. Ocurre un estallido de violencia en la calle Espaillat. Llega la Comisión Interamericana de Derechos Humanos. Arriba al país Juan Bosch. Salen Petán y Negro Trujillo. El periódico del 14 de Junio denuncia a los miembros del Servicio de Inteligencia Militar (SIM).

Noviembre: La OEA tan sólo recomienda un levantamiento parcial de las sanciones.

Día 8: Manolo Tavárez, Leandro Guzmán y otros líderes de la oposición visitan Washington invitados por la Comisión Interamericana de Derechos Humanos. Ramfis decide abandonar el país.

Día 15: Regresan Petán y Negro Trujillo.

Día 18: Ramfis asesina a los héroes del 30 de mayo y abandona el país. Estados Unidos envía una flota bélica para que pueda ser vista desde el malecón y sus aviones sobrevuelan la zona. Rodríguez Echavarría da un golpe contra la Base Aérea de San Isidro. Petán y Héctor Trujillo abandonan el país.

Día 21: Regresan Manolo Tavárez y otros líderes de la oposición. Una multitud los recibe. Saqueo de las casas y otras propiedades de la familia Trujillo. López Molina es deportado. La capital vuelve a llamarse Santo Domingo.

Día 30: El cadáver de Trujillo regresa temporalmente al país. Se inicia la fase de instrucción del juicio contra los asesinos de las hermanas Mirabal.

Diciembre: Huelga de 13 días. Se crea el Consejo de Estado.

1962
Balaguer se asila. El Consejo de Estado es presidido por Rafael F. Bonnelly. En junio se inicia el juicio de los asesinos de las hermanas Mirabal. En noviembre son sentenciados. En este mes Juan Bosch gana las primeras elecciones presidenciales democráticas en 38 años.

1963
En febrero, Bosch toma posesión y es derrocado en septiembre. Se crea el Triunvirato. El 22 de noviembre, el mismo día del asesinato de Kennedy, Manolo Tavárez se alza en un movimiento guerrillero. Un mes más tarde, al tratar de rendirse, es asesinado con sus compañeros.

1964
Gobierna el Triunvirato.

1965
El 24 de abril se inicia una guerra civil. Alicinio Peña Rivera, el organizador de la muerte de las hermanas Mirabal, es soltado de la prisión que guardaba en la fortaleza Ozama. La victoria de los constitucionalistas se ve interrumpida por una intervención militar norteamericana. En septiembre, Héctor García Godoy deviene en presidente.

1966
El 28 de enero la prensa reporta que los asesinos de las hermanas Mirabal salieron de la cárcel y se fueron del país. El 1 de junio Joaquín Balaguer le gana a Bosch las elecciones. Durante los 12 años del régimen de Balaguer (1966-1978) se efectuaron 28 allanamientos a la casa de las Mirabal en Conuco, buscando armas.

1969
Pedro Mir publica su poema "Amén de Mariposas".

1970 (aproximadamente)
Balaguer declara de utilidad pública la finca, cerca de Nagua, de Dedé Mirabal y su esposo Jaimito.

1978
Antonio Guzmán, del PRD, gana las elecciones presidenciales.

1981
Muere la madre de las hermanas Mirabal, doña Chea.

1982
Dedé se divorcia de su esposo. Salvador Jorge Blanco, del PRD, gana las elecciones.

1983
El Banco Central emite moneda fraccionaria con las imágenes de las hermanas Mirabal.

1986
Joaquín Balaguer gana las elecciones.

1990
Balaguer se queda en el poder por cuatro años más. Jaime David Fernández Mirabal es elegido senador de la República.

1992
Peña Rivera, organizador de la muerte de las Mirabal, regresa al país brevemente y es entrevistado por la prensa y la televisión.

1994
Balaguer gana fraudulentamente las elecciones y se llega a un acuerdo para que gobierne tan sólo hasta 1996. Julia Álvarez publica *En el tiempo de las Mariposas* en Estados Unidos, novela que ha sido traducida a once idiomas.

1994
Jaime David Fernández Mirabal es reelegido senador de la República.

1996-2000
Leonel Fernández, del PLD, gana las elecciones presidenciales. Jaime

David Fernández Mirabal es electo vicepresidente de la República y Minou Tavárez Mirabal es nombrada vicecanciller.

1998
Las Naciones Unidas declaran el 25 de noviembre como "Día Internacional de la No Violencia contra la Mujer".

2000
Jaime David Fernández Mirabal no logra ganar la candidatura presidencial en la convención del PLD. El que la gana, Danilo Medina, pierde las elecciones. Hipólito Mejía, del PRD, presidente. El 25 de noviembre los restos de las tres hermanas Mirabal y de Manolo Tavárez son trasladados a la casa en Conuco. Por decreto, ese recinto es declarado extensión del Panteón Nacional.

2001
Un elenco de Hollywood actúa en la película *En el tiempo de las Mariposas*, producida por Salma Hayek.

2002
Minou Tavárez Mirabal, elegida diputada.

2004
Leonel Fernández gana las elecciones presidenciales. Manolo Tavárez Justo es declarado héroe nacional por el Congreso dominicano.

2006
Minou Tavárez, reelegida diputada.

2007
El Congreso Nacional cambia el nombre de la provincia de Salcedo por el de Hermanas Mirabal. El Banco Central emite un billete de alta denominación en honor de las hermanas Mirabal.